跨文化之旅：奥尼尔与中国

Intercultural Journey:
O'Neill and China

沈建青◎著

本书得到富布莱特出版项目资助（Fulbright Publication Funding）

中国书籍出版社
China Book Press

This project was funded, in part, through Grant Agreement from the U.S. Department of State. However, the opinions, findings and conclusions or recommendations expressed herein are those of the Author and do not necessarily reflect those of the Department of State.

目 录

CONTENTS

引　言 / 001

第一部分
从东到西，从西向东：寻找奥尼尔的足迹 / 015

一、奥尼尔与波士顿 / 015
二、奥尼尔与哈佛 / 024
三、访问大道别墅 / 035
四、奥尼尔在波士顿的最后岁月 / 054
五、海上经历与奥尼尔的戏剧创作 / 065

第二部分
重读奥尼尔：奥尼尔戏剧中的性别问题和女性形象 / 081

一、奥尼尔早期戏剧中的女性形象 / 081

二、此处无声胜有声：谈《送冰的人来了》/ 097

三、疯癫中的挣扎和抵抗：谈《进入黑夜的漫长旅程》中的玛丽 / 108

四、寻找女性的天空：再谈《进入黑夜的漫长旅程》中的玛丽 / 118

五、夹缝中求生存：谈《月照不幸人》中的乔茜 / 124

六、局限与超越：再谈《月照不幸人》/ 133

第三部分
奥尼尔戏剧在中国 / 143

一、同气相求：廖可兑与中国的奥尼尔研究 / 143

二、戏曲舞台上的《榆树下的欲望》：观川剧《欲海狂潮》/ 154

三、教室里的《天边外》：奥尼尔戏剧教学活动侧记 / 164

四、奥尼尔热在中国：奥尼尔戏剧近百年的中国之旅 / 170

主要参考文献 / 189

附录一 / 203

附录二 / 223

附录三 / 227

附录四 / 230

附录五 / 232

附录六 / 235

附录七 / 240

后　记 / 246

引　言

尤金·奥尼尔（Eugene O' Neill，1888—1953）是美国现代戏剧的奠基人，被誉为"美国现代戏剧之父""美国的莎士比亚""美国20世纪最伟大的剧作家"。由于他在戏剧领域的杰出成就，他先后四次获得普利策奖，并且于1936年获得诺贝尔文学奖。他的戏剧不仅对美国戏剧的发展产生了深远的影响，对中国现当代戏剧也产生了推动作用；他既是世界戏剧史上一位伟大的戏剧家，也是中美文化交流的杰出使者。

（一）

1888年10月16日，奥尼尔诞生于纽约一个爱尔兰移民家庭，父亲詹姆斯（James O' Neill）是一位自学成才、颇有名气的戏剧演员；母亲埃拉（Ella Quinlan O' Neill）出身富裕商人家庭，婚后伴随丈夫在各地巡回演出，过着行无定所的生活，产后染

奥尼尔父亲年轻时　　奥尼尔母亲年轻时

跨文化之旅：奥尼尔与中国

上毒瘾并且多次复发。奥尼尔在父亲演出的后台度过幼年。1895年，奥尼尔被送进寄宿学校；1906年，就读于普林斯顿大学，第二年辍学未归，被学校除名；之后的几年，在茫然和苦恼中度过。1910年，奥尼尔开始海上漂泊和闯荡，当过水手，打过零工；1912年，因患肺结核住进一家农场疗养院。在疗养院期间，他开始创作独幕剧，从此走上戏剧创作之路。1914年，奥尼尔进入哈佛大学戏剧写作班，学习戏剧写作技巧；1915年，来到纽约格林威治村，继续进行戏剧创作；1916年，投入美国小剧场运动，成为普罗文斯顿剧社（Provincetown Players）的核心人物之一，陆续上演了一系列早期剧作。1920年，《天边外》（*Beyond Horizon*, 1918）[①]在纽约成功上演，奥尼尔一举成名。成名后的奥尼尔笔耕不辍，直到最后疾病夺走了他写作的能力。

婴儿时的奥尼尔，照片上有1931年他的题献手迹

纽约巴里特旅馆，奥尼尔出生在四层的一个房间

---

① 括号内的时间为剧本的完稿时间。正文中，奥尼尔作品后面所附时间皆为完稿时间。

引 言

奥尼尔一生充满了悲剧色彩。他生于纽约百老汇大街巴里特旅馆（Barrett House），[①]在孤独中长大。由于缺乏稳定的生活环境和家庭温暖，他从小产生了一种无家可归的失落感。这种失落感在其性格和创作中留下了很深的痕迹。他有过三次婚姻，前两次都以离婚告终。1909 年，奥尼尔与凯思琳·詹金斯（Kathleen Jenkins）因一夜情而有了孩子，不得已秘密结婚，但从未一起生活，1912 年正式离婚。1918 年，奥尼尔与通俗小说家艾格妮丝·博尔顿（Agnes Boulton）相爱并结婚，1927 年关系破裂，1929 年正式离婚。同年，奥尼尔与演员卡洛塔·蒙特雷（Carlotta Monterey）在法国正式结婚。[②]奥尼尔有三个亲生子女，但他们都成了他晚年苦涩的回忆：长子小尤金（Eugene, Jr.）曾经事业有成，后染上酗酒恶习，于 1950 年自杀；次子沙恩（Shane）常年颓废，吸毒成瘾，1948 年因毒品交易被警方拘留，奥尼尔拒绝支付赎金，此后父子往来断绝；女儿乌拉（Oona）不顾奥尼尔反对，1943 年嫁给年龄比父亲还大的影星卓别林，父女关系决裂。[③]此外，这位死后备受推崇的作家，晚年还遭到美国剧场的冷落。种种不幸使奥尼尔饱经人间的苍凉。更为不幸的是，晚年的奥尼尔还

1922年奥尼尔与艾格妮丝、儿子沙恩

---

① 现在是一家星巴克咖啡店所在地。
② 卡洛塔·蒙特雷·奥尼尔（1888—1970），奥尼尔第三任也是最后一任妻子。1922 年在《毛猿》首演时扮演富家小姐米尔德里德。
③ 长子（小尤金）是第一任妻子凯思琳·詹金斯所生，次子（沙恩）和女儿（乌拉）是第二任妻子艾格妮丝·博尔顿所生。长子和次子先后于 1950 年、1977 年自杀。乌拉婚后育了八个子女，1991 年病逝。

奥尼尔与艾格妮丝、儿子沙恩（前）、女儿乌拉（中）

遭受了一种疑似帕金森症的疾病折磨，双手颤抖严重，无法握笔写作，令他感到生不如死。他在波士顿一家酒店的病床上度过了生命最后的两年多时间，于1953年11月27日去世。去世前，他对自己的坎坷的一生归结为：生于旅馆，死于旅馆。

奥尼尔去世后，按照其遗愿，没有举行公开葬礼。他的墓碑和碑文也非常简朴。然而，他留给世人的艺术遗产和精神财富，却为他在世界戏剧史上立起了一座不朽的丰碑。

（二）

奥尼尔是一位勤奋、执着的戏剧家。他在三十余年的时间里完成了五十余部作品。他的戏剧创作大致可分为三个时期。

1913—1919年，是奥尼尔创作的早期，也是其创作的实习期。这一时期的创作以独幕剧为主，主要取材于作家早年的生活经历。不少独幕剧或以海洋为背景，或以水手的海上生活为题材，被称为"海洋剧"，其中主要有：《渴》(Thirst, 1913)、《警报》(Warnings, 1913)、《雾》(Fog, 1914)、《东航加迪夫》(Bound East for Cardiff, 1914)、《归途迢迢》(The Long Voyage Home, 1917)、《在交战区》(In the Zone, 1917)、《鲸油》(Ile, 1917)、《加勒比群岛之月》(Moon of the Caribbees, 1917)、《划十字的地方》(Where the Cross Is Made, 1918)等。奥尼尔的早期作品还涉及婚姻和家庭、两性关系、梦想与现实等题材，这类作品主要包括：《热爱生活的妻子》(*A Wife for a Life*, 1913)、《网》(*The Web*, 1913)、《堕胎》(*Abortion*, 1914)、《早餐之前》(*Before Breakfast*, 1916)、《绳索》(*The Rope*, 1918)、《爱幻想的孩子》(*The Dreamy Kid*, 1918) 等独幕剧，以及《奴役》(*Servitude*, 1914)、《救命草》(*The Straw*, 1919) 和《天边外》等多幕剧。

《天边外》是奥尼尔早期的代表作。该剧创作于1918年，是一部以写实主义为主、具有浪漫色彩的命运悲剧，集中体现了作家早期创作的主题和风格。该剧关注人的悲剧命运，侧重表现人物的内心感受，作品具有忧伤、浪漫的情调。

主人公罗伯特是作家笔下一个典型的理想主义者。他生性敏感，具有诗人气质，向往天边外的世界，渴望离开闭塞的农庄，却与哥哥安德鲁同时暗恋着邻家女孩露丝。罗伯特因爱情放弃了追求梦想的机会，留在农庄；在遭遇许多不幸之后，身染重病，病入膏肓。最后，他拼命爬到山坡，再次眺望远方，含恨死去。剧中其他主要人物也都遭受了命运的无情捉弄：安德鲁因失恋离开了他所热爱的农庄，最后变成了一个唯利是图的投机商人；露丝婚后不久发现自己爱的其实不是罗伯特，而是安德鲁，而她苦苦等待的结果却是绝望。该剧情节曲折，人物命运跌宕起伏，扣人心弦。作品通过人物的悲惨命运，刻画了理想和现实之间的矛盾，以及人违反本性所造成的悲剧结局。作家使用舞台分割技巧和象征手法，在开阔的室外和狭窄的室内两个场景的变换中，推进剧情，凸显理想与现实的冲突，着力表现人物的内心感受。该剧1920年在百老汇上演，一鸣惊人，获得普利策奖。该剧的成功上演，标志着作家实习期的结束和成熟期的开始。

1920—1934年，是奥尼尔创作的中期，也是他对戏剧艺术进行广泛实验和探索的时期。这一时期的主要作品有：以表现主义为主的《琼斯皇》(*The Emperor Jones*, 1920) 和《毛猿》(*The Hairy Ape*, 1921)，以写实为主、兼容表现主义的作品《安娜·克里斯蒂》(*Anna Christie*, 1920)、《上帝的儿

跨文化之旅：奥尼尔与中国

1931年奥尼尔正在修改《悲悼》

女都有翅膀》(*All God's Chillun Got Wings*, 1923)、《榆树下的欲望》(*Desire Under the Elms*, 1924)，以中国元代为主要背景、大量使用反讽艺术的《马可百万》(*Marco Millions*, 1925)，以象征主义为主的《大神布朗》(*The Great God Brown*, 1925)，带有浓郁神秘主义色彩的《拉扎勒斯笑了》(*Lazurus Laughed*, 1927)，以意识流手法为主的九幕长剧《奇异的插曲》(*Strange Interlude*, 1927)，具有古希腊悲剧风格和现代心理分析特点的《悲悼》(*Mourning Becomes Electra*, 1931)，以及充满家庭温馨气氛的喜剧《啊，荒野！》(*Ah, Wilderness!* 1933)。在这一创作阶段，作家不仅关注普通人的不幸遭遇，而且关注现代社会的异化问题和现代人的心灵悲剧，作品更为成熟，人物形象也更加丰满。这一时期的作品上演后，赢得了国内外高度赞扬。其中，《安娜·克里斯蒂》《奇异的插曲》分别于1922年、1928年获得普利策奖，《悲悼》得到西方评论界的一致好评，《琼斯皇》更是在世界各地广泛流传。

《琼斯皇》被公认为表现主义的经典之作。剧中主人公琼斯原处于美国社会底层，后从白人老爷那里学会了狡诈和残忍，在一个黑人岛屿当上皇帝，变本加厉地剥削和欺压当地黑人。在阵阵鼓声召集下，当地黑人联合起来反抗。琼斯逃入原始森林后迷路，最后在极度恐惧中丧命。该剧以高超的艺术手法，生动形象地展示了琼斯在逃亡中的复杂心理活动。作家对非洲鼓声的运用尤其令人折服：随着主人公紧张情绪的加剧，从幕后传来的阵阵鼓声愈加急促，产生了强大的艺术感染力。

1934—1943 年，是奥尼尔创作的后期。这个时期是奥尼尔戏剧的冷遇期，也恰恰是他创作最成熟的时期。1934 年，《无穷的岁月》（*Days Without End*, 1933）上演时受到美国剧场的冷遇。奥尼尔在失望中离开了纽约。在此后的十年时间里，他离群索居，没有上演任何新作品。由于疾病加重，他的写作越来越困难，但他仍然以非凡的毅力坚持潜心创作；人们普遍认为他已经江郎才尽，而他却默默地完成了多部杰作。

1920年《琼斯皇》首演（查尔斯·吉平主演）

1935 年，奥尼尔开始构思和创作大型组剧。这个大型组剧共包括 11 部剧，总称为《占有者自己剥夺自己的故事》（*A Tale of Possessors Self-Dispossessed*），主题是通过一个爱尔兰移民家庭几代人在美国的兴衰史，揭示拜金主义对心灵的腐蚀。可惜，由于疾病日益严重，奥尼尔没能完成这个大型组剧。1939 年，他意识到自己在有生之年无法完成全部的写作计划时，他决定烧毁所有未完成的组剧作品。①

1939—1943 年，是奥尼尔创作的最后阶段，也是他创作的巅峰阶段。除了继续创作组剧中的《更庄严的大厦》（*More Stately Mansions*, 1939）和《诗人的气质》（*A Touch of the Poet*, 1942），作家将目光转向自己的早年生活和过去所熟悉的人，完成了《送冰的人来了》（*The Iceman Cometh*, 1939）、《进入黑夜的漫长旅程》（*Long Day's Journey into Nigh*, 1941）、《休伊》（*Hughie*,

---

① 现存于世的组剧作品仅有两部，一部是《诗人的气质》，另一部是未经作家最后修订的《更庄严的大厦》。

跨文化之旅：奥尼尔与中国

1942）、《月照不幸人》(*A Moon for the Misbegotten*, 1943)。这几部作品侧重描写现代人的生存困境和悲剧性，着力表现"没有希望的希望"和悲剧中人性的崇高。在这几部作品中，作家给予人物深切的同情，戏剧冲突也多以人物间的和解而告终。这些作品，不论是在思想内容上还是在创作手法上，都达到了一个新的艺术高峰。

《送冰的人来了》是奥尼尔后期最重要的作品之一，对西方后现代主义戏剧具有不可低估的影响。该剧描写一群被社会遗弃、无路可走的人聚集在一家下等酒馆，醉生梦死，同病相怜，依靠自欺欺人的"白日梦"活着；他们谈论过去和明天，只是为了忘却今天的痛苦。作家在谈到这部作品时说："世上总会有一个梦想存在，一个最后的梦，不管你跌进多深的深渊，即使跌到深渊的底部。"[①] 在他笔下，被世人视为荒诞可笑的"白日梦"成了剧中人物赖以为生的寄托。该剧深刻揭示了社会底层的生存悲剧，以及人与人之间相互依存的关系。[②] 21世纪的评论界把该剧称作"存在主义戏剧"，并且常常将该剧与贝克特的名剧《等待戈多》相提并论。[③] 其实，不论是从创作的时间看，还是从作品的主题和艺术特点看，奥尼尔的《送冰的人来了》都领先于《等待戈多》，领先于时代。

《进入黑夜的漫长旅程》是一部"凝聚着泪和血"的自传体家庭悲剧。该剧以深沉的感情、质朴的写实风格、鲜活的人物形象而著称，被视为奥尼尔的代表作。剧中的埃德蒙（以作家自己为原型），内心敏感，渴望家庭温暖；詹姆斯（以作家的父亲为原型），出身贫困，成名后靠商业演出挣钱，视钱如命，放弃了艺术追求；玛丽（以作家的母亲为原型），婚前生活环境优越，婚后陪同丈夫巡回演出，常年四处奔波，明显不适，产后被庸医所

---

① Gelbs, *O'Neill*（1973），833.
② 作家后来又在独幕剧《休伊》延续和强调了这一主题。
③ 贝克特（Samuel Beckett, 1906—1989），爱尔兰裔法国作家，以荒诞派戏剧著称，代表作是《等待戈多》(*Waiting for Godot*, 1952)。

引 言

误，染上毒瘾；吉米（以作家的兄长为原型），愤世嫉俗，酗酒纵欲，有恋母情结。作家深刻表现了剧中每一位家庭成员的内心痛苦和矛盾、爱恨交织的复杂感情，以及最终相互的谅解和宽容。该剧结尾时，玛丽进入了吗啡的迷幻状态，以大段的舞台独白追忆少女时代的生活和理想，而其他三人几乎同时放下手中的酒杯，一动不动地听着她的诉说，产生了极强的艺术感染力。作家后来又在《月照不幸人》中续写了吉米的悲剧命运，通过女主人公对吉米的爱情和宽恕，再次表达了作家对心酸往事"深深的怜悯、理解和原谅"。

1945 年，奥尼尔重返纽约。在接下来的两年时间里，他先后推出了《送冰的人来了》和《月照不幸人》。这两部作品的上演，结束了奥尼尔戏剧多年在美国舞台上的沉寂，在一定程度上重新引起世人的注意，但这两部剧并未受到应有的重视。当时的美国观众仍然沉浸在二战结束后的狂欢与战胜国的自豪中，无法理解奥尼尔关于普通人的深沉悲剧。奥尼尔对美国剧场再度感到失望，决定不再上演其他作品。奥尼尔去世后，《进入黑夜的漫长旅程》于 1956 年 2 月在瑞典斯德哥尔摩成功上演，同年 10 月和 11 月又先后在美国波士顿和纽约上演，震撼了戏剧界和评论界。1957 年，该剧被追授普利策文学奖——这是奥尼尔第四次获得该奖。继《进入黑夜的漫长旅程》之后，《送冰的人来了》和《月照不幸人》东山再起，重新上演后产生了热烈反响。接着，奥尼尔其他后期作

1946年奥尼尔在纽约排演《送冰的人来了》

009

品也陆续成功上演。现在，奥尼尔的戏剧不仅经常出现在世界各地的舞台上，而且作为文学作品被广泛阅读和研究。

（三）

奥尼尔不仅具有丰富的人生阅历，而且博览群书，深谙古希腊悲剧、莎士比亚戏剧，以及易卜生、斯特林堡等人的现代戏剧，熟悉叔本华、尼采、克鲁泡特金、马克思等人的思想理论，对东方哲学和宗教也有不同程度的了解，对中国的道家思想尤其感兴趣。他从自己熟悉的真实生活中获取思想和创作源泉，同时又从东西方文学艺术和各种思想中汲取养分，博采众长，形成了自己独特的戏剧美学思想和艺术风格。

奥尼尔是一位现代悲剧作家。他的戏剧创造性地继承了西方古典悲剧的传统，具有很强的悲剧精神和现代特点。他主张写悲剧。对他而言，悲剧具有古希腊人所赋予的意义。"生活的悲剧给人类带来了无穷的意义。人如果不在与命运的斗争中失败，人就成了平庸的动物。"[①] 他认为悲剧具有使人精神升华、使生活变得崇高的巨大力量。悲剧使人振奋，激发人追求更丰富的生活，使人摆脱现实生活中的各种贪婪。"悲剧能使人在精神上对生活产生更深刻的理解，使人从日常生活的琐碎考虑中解脱出来，使生活变得崇高。"[②] 他主张写现代生活的悲剧性、悲剧中人性的美和理想的崇高。他认为：理想使人不断奋斗，使生活有了意义；理想越高，实现理想的可能性就越小；当人追求一种无法实现的理想时，他必然成为悲剧性的人物。然而，"只有悲剧性才包含具有真理价值的美，崇高的东西永远最具有悲剧性。"[③] 当人们

---

① 详见：O'Neill, "To Marya A. Clark" (Aug. 5, 1923). *Selected Letters*. Eds. Bogard and Bryer. 180.

② Malcolm Mollan, "Making Plays with a Tragic End." Halfmann, ed, *Eugene O'Neill: Comments on the Drama and the Theater*, 15.

③ Mary B. Mullett, "The Extraordinary Story of Eugene O'Neill." Halfmann, ed, *Eugene O'Neill: Comments on the Drama and the Theater*, 26.

在舞台上看到悲剧时,"会感到自己没有希望的希望在艺术中变得崇高。"①在戏剧功能方面,他认为戏剧应该成为一种激励人心的源泉,将人的自我认知提升到一个更高的水平;剧作家要从日常生活中发掘戏剧性和悲剧性,并且要像心理学家那样探索心灵的奥秘,揭示出内心深处最隐秘的矛盾,展现人生真实的面貌。剧作家还应该挖掘"当代疾病的根子,即旧的上帝已经死去,而科学与物质主义又不能成为新的上帝以满足人类原始的宗教本能,使他们找到生活的意义,面对死亡无所畏惧。"②奥尼尔在创作中,以各种形式揭示现代社会人为物役、心灵无处归依的悲剧,并且努力"在似乎是最卑鄙下贱的生活中找到悲剧那种使人理想化的崇高品质。"③正如诺贝尔颁奖辞所言,他的戏剧表现了一种令人钦佩的"力量、真诚和深切的激情",以及"独到的悲剧观"。④

奥尼尔是一位具有很强社会责任感和批判精神的剧作家。对拜金主义的抨击,以及寻找现代人灵魂的家园,构成了奥尼尔戏剧一贯的主题。1946年,在《送冰的人来了》上演前夕,他在接受采访时,对美国社会的物质主义价值观进行了毫不留情的批评:"我的基本理论是:美国并不是世界上最成功的国家,而是最大的失败者……实际上,《圣经》对此已经说得很清楚:'如果一个人得到了整个世界而失去了自己的灵魂,这对他有什么好处呢?'我们美国就是最好的例子。"⑤他在另一次接受采访时再次强调:"我们应该告诉学校的孩子们:我们和世界上别的国家一样,走的是一条自私和贪婪的道路。我们谈论美国梦,而且要向世界宣讲美国梦,但是什么是美国梦呢?在大多数情

---

① Mary B. Mullett, "The Extraordinary Story of Eugene O' Neill." Halfmann, ed, *Eugene O' Neill: Comments on the Drama and the Theater*, 25-26.

② O' Neill, "To George J. Nathan" (Aug. 26, 1928). *Selected Letters*. Eds. Bogard and Bryer. 311.

③ O' Neill, "To Arthur H. Quinn" (Apr. 3, 25). *Selected Letters*. Eds. Bogard and Bryer. 195.

④ Nobel Prize Library, *William Faulkner, Eugene O' Neill, John Steinbeck*, 123-130.

⑤ John S. Wilson, "O' Neill on the World and the Ice Man." Halfmann, ed, *Eugene O' Neill: Comments on the Drama and the Theater*, 138.

况下，不外乎是追求物质享受之梦罢了。"[1]他的作品从不同方面，揭示贪婪对理想的毁灭和对灵魂的毒害，展示现代人的精神危机和生存悲剧，具有深刻的思想性和现实意义。

奥尼尔毕生反对商业化戏剧和肤浅的舞台风格，不断地进行戏剧实践与创造，不断地探寻新的表现方法。他在创作中将现实主义与现代主义融合在一起，把小说手法与戏剧技巧结合在一起，拓展了戏剧表现范围。他擅长使用各种舞台手段，诸如面具、合唱队、内外景混合布景、独白和旁白、背景和道具、音响效果等，烘托气氛，外化人物的内心世界。他还善于使用形式多样的象征手法，深化主题思想，增强艺术表现力。在人物形象、戏剧情节和戏剧冲突方面，他注重以现代社会的普通人、底层人物为描写对象，着力表现他们的悲剧人生。随着戏剧艺术的成熟，他笔下的人物形象越来越丰满，情节和戏剧冲突在剧中的作用越来越淡化，而人物的心理矛盾和内心冲突越来越重要。他以不懈的努力，为人类的戏剧艺术做出了创造性贡献，不愧是一位伟大的艺术家。

（四）

奥尼尔与中国有着不解之缘。他收藏和阅读了不少有关中国历史和文学艺术的书籍，对老子和庄子的神秘主义思想尤其感兴趣。他力图从东方哲学思想中寻找解决美国社会问题的良药，从东方文学艺术中寻找素材和灵感，以丰富自己的创作题材和表现方法。1925年，他创作了以中国元代为主要背景的《马可百万》。1928年，他实现了东方之旅的愿望，到达了上海。1937年，奥尼尔夫妇在加州僻静的山谷建造了一所中式住宅，并以汉字命名为"大道别墅"（Tao House）；他在那里完成了最后几部不朽之作。

---

[1] Croswell Bowen, "The Black Irishman." Halfmann, ed, *Eugene O'Neill: Comments on the Drama and the Theater*, 148页. 该文作者后来在奥尼尔传记中，对这段话有所修改、补充。详见：克罗斯维尔·鲍恩：《尤金·奥尼尔传》，陈渊译，第405-406页。

奥尼尔和中国的缘分，不仅体现在他对中国文化（尤其是道家思想）的兴趣，以及其作品所具有的东方色彩，而且表现在其戏剧在中国长达近一个世纪的传播和影响上。

奥尼尔戏剧于20世纪20年代初开始被介绍和引进到中国。在之后的二十多年里，他的不少作品都陆续有了中译本。其中，《早餐之前》、《天边外》、《琼斯皇》等剧还在中国改编和演出。他的戏剧艺术影响了洪深、曹禺等剧作家的创作，对中国现代话剧的发展产生了重要的推动作用。80年代，奥尼尔戏剧在中国再度引起浓厚兴趣；奥尼尔戏剧的翻译、出版、教学、研究、改编和演出在中国全面展开。《天边外》、《安娜·克里斯蒂》、《榆树下的欲望》、《悲悼》等剧多次出现在中国话剧舞台上。其中，根据《安娜·克里斯蒂》改编的中国话剧《安娣》（*Andi*），于1984年在美国导演、奥尼尔戏剧中心主席乔治·怀特（George White）指导下，由中央戏剧学院成功搬上舞台，揭开了中美艺术界围绕奥尼尔戏剧进行友好交流与合作的新篇章。

1985年，奥尼尔研究中心在北京成立。此后，中心每隔两年组织一次全国奥尼尔戏剧研讨会，推动了奥尼尔戏剧在中国的传播和研究。1988年，国际奥尼尔学术会议在南京举办、奥尼尔戏剧艺术节在南京和上海举办，促进了中国与外国学界和艺术界的广泛交流。1989年，根据《榆树下的欲望》改编的川剧《欲海狂潮》在成都上演，拉开了中国戏曲舞台改编和演出奥尼尔戏剧的序幕。90年代以后，围绕奥尼尔戏剧的研究热、改编热和演出热持续升温。除了《榆树下的欲望》《奇异的插曲》《悲悼》等中期作品，奥尼尔的《送冰的人来了》《进入黑夜的漫长旅程》等后期作品也都开始在中国上演。除了话剧演出，他的戏剧还改编为京剧、越剧、川剧、曲剧、甬剧等，出现在中国多姿多彩的戏曲舞台上。其中，《榆树下的欲望》尤其受到中国舞台的青睐。该剧涉及现代社会常见的物欲、情欲问题，以及由此所导致的家庭矛盾和悲剧，具有很强的现实性和舞台表演性，成为改编和演出的热点。继川剧《欲海狂潮》之后,《榆树下的欲望》改编为曲剧《榆树古宅》,于 2000 年由河南曲剧团推向舞台。

  在 21 世纪的今天,中国研究界和艺术界对奥尼尔戏剧的热情仍然不减当年。关于奥尼尔的研究成果不断推陈出新,改编后的奥尼尔戏剧不断亮相舞台。《榆树古宅》于 2002 年成功访美演出;2014 年,甬剧《安娣》、川剧《欲海狂潮》也都先后在美国进行了访问演出。奥尼尔戏剧已经成为中美两国文化交流的一座重要桥梁。

第一部分
从东到西,从西向东:寻找奥尼尔的足迹

2008年9月,笔者作为富布莱特学者,从北京飞往波士顿,开始了为期一年的中美文化交流项目。访美期间,笔者先在波士顿寻找奥尼尔的足迹,又从东海岸飞往西海岸,前往旧金山不远处的一个小镇,访问了奥尼尔"仿中国式"的故居——"大道别墅"(Tao House),之后,返回波士顿,访问了奥尼尔的安息地。在寻访奥尼尔足迹过程中,笔者一次次走近奥尼尔的戏剧人生,对其创作生涯和作品风格有了更多的理解。这次在美国从东到西、又从西到东的寻访,恰好与笔者从中国到美国、又从美国回到中国的旅程相吻合,形成了一次跨文化探索的循环。

一、奥尼尔与波士顿

波士顿是奥尼尔生命中一个具有特殊意义的地方。1910年,为追求人生的自由和梦想,年轻的奥尼尔从这里出海远航;1914年,立志成为艺术家的奥尼尔再次来到这里,求学于哈佛大学。1948—1953年,名扬天下但疾病缠身的奥尼尔归隐于波士顿,在波士顿度过了人生最后的岁月。对于年轻、苦闷的奥尼尔,波士顿意味着"天边外"的梦想和希望;对于晚年因病辍笔的奥尼尔,波士顿成了人生最后的港湾和安息之地。奥尼尔在波士顿留下的遗迹,

见证了他青年时代的探索和追求、晚年的痛苦和不幸，成为世人走近作家及其戏剧世界的重要线索。

1. 波士顿港（Boston Harbor）：位于美国马萨诸塞湾的北端，面对大西洋，是新英格兰地区通往大西洋的最大海港，在美国历史上被称为"自由的摇篮"。① 1910年4月，前途未卜的奥尼尔随父亲所在的《白衣修女》（The White Sister）剧组巡回演出，来到波士顿。在波士顿停留期间，他经常独自在码头附近徘徊，找刚下船的水手攀谈。港口进进出出的船只唤起了他对大海和自由的向往。5月，纽约一家报纸对他的秘密婚姻和儿子小尤金的出生进行了曝光，② 使无力承担婚姻和家庭责任的奥尼尔倍感内疚和难堪，也使他更加渴望出海远行。

1910年6月初，奥尼尔从纽约专程来到波士顿，在"神秘码头"（Mystic Wharf）登上从波士顿开往布宜诺斯艾利斯的大型帆船"查尔斯·拉辛号"（Charles Racine），开始了约两个月的航海生活。这次以及后来的海上经历，对奥尼尔的创作生涯产生了长久而深刻的影响。他此后一直保持了对水手及其命运的同情、对大海和帆船的热爱，以及对早年海上经历的怀念。

如今，波士顿港还保留了不少码头，不过，当年的繁忙热闹的景象一去不复返，奥尼尔乘坐过的大帆船早已无处寻觅。2009年的1月20日下午，笔者再次来到这里。眼前，浓雾与飞雪交织，白茫茫的一片，让人难以分清哪里是水面、哪里是陆地。耳畔，海水不知疲倦地拍打着堤岸，仿佛是在回应奥尼尔剧中船夫曲的调子，以及他在《大海在呼唤》一诗中的低吟："遥远的

---

① 1730年左右，大批英国清教徒移民到波士顿附近。随着定居点的建立和扩大，波士顿港迅速成为北美殖民地的海运和贸易中心。18世纪六七十年代，波士顿港成为殖民地反英的主要阵地。1773年，波士顿港口发生了抵制英国茶叶税的"波士顿倾茶事件"。1774年英国下令关闭波士顿港，引起了殖民地更强烈的反抗，直接导致了1775年美国革命独立战争爆发。从19世纪初到20世纪70年代，波士顿港不仅是美国东海岸的海运、贸易、造船中心，而且还拥有重要的海军基地。

② 1909年10月，由于造成女友凯思琳未婚先孕，奥尼尔不得已与她秘密结婚，随后离开纽约去洪都拉斯勘探金矿，1910年春天返回纽约后一直回避凯思琳。1912年10月，两人正式离婚。

1910年奥尼尔第一次出海乘坐的大帆船"查尔斯·拉辛号"

天边有颗星,空气中传来海的呼唤。"①

2. 马萨诸塞楼(Massachusetts Hall):是一座风格典雅、四层楼高的 18 世纪红砖建筑,也是哈佛大学现存最古老的建筑,②位于哈佛园(Harvard Yard)西角,紧靠约翰斯顿门(Johnston Gate)。该楼最初为学生宿舍,1870 年修缮时在一楼添加了上课用的教室。1914 年 9 月至 1915 年 5 月,奥尼尔作为哈佛戏剧写作班的学生,师从著名的乔治·皮尔斯·贝克教授(George Pierce Baker)③,在这里学习戏剧写作技巧。

在哈佛学习期间,奥尼尔完成了独幕剧《狙击手》、四幕剧《人为误差》等习作,得到了贝克的充分肯定和表扬。奥尼尔并不喜欢哈佛,但对老师贝克充满感激。1935 年,贝克去世后,奥尼尔发表了纪念文章,赞扬

---

① O'Neill, "The Call"(1912)。Gelbs, *O' Neill: Life with Monte Cristo*(2000),292.
② 建于 1718—1720,由校长莱福奈特(John Leverett)及其继任华兹沃斯(Benjamin Wadsworth)亲自设计。
③ 贝克(1865—1935),美国著名教育家、戏剧评论家。他在美国率先开设了戏剧写作课程,培养了一批卓有成就的美国剧作家和舞台艺术家,推动和影响了美国现代戏剧的发展,被誉为"美国现代剧作家之父"。参见: Sheaffer, *O' Neill: Son and Playwright*, 294.

跨文化之旅：奥尼尔与中国

1913年奥尼尔在哈佛求学时

贝克对美国现代戏剧的贡献；他在致贝克遗孀的信中，感谢贝克在美国戏剧舞台的"黑暗时代"，使刚刚走上创作道路、缺乏自信的年轻人有了继续前行的勇气。

现在，马萨诸塞楼除了四层仍然是学生宿舍，其他楼层则是校长及其他校级行政人员的办公室。楼里不再设上课用的教室，也没有留下当年戏剧写作课堂的标记。只有在它对面的教学楼"哈佛楼"（Harvard Hall）[①]，每学年还在开设戏剧类课程。

3. 马萨诸塞大街1105号（1105 Massachusetts Ave.）：这里是奥尼尔在哈佛学习期间住宿的地方。从马萨诸塞楼与哈佛楼之间的约翰斯顿门出哈佛园左转，沿着皮宝迪大街（Peabody St.）、马萨诸塞大街的人行道直行（沿途经过哈佛广场、哈佛客栈），步行约15分钟可到。

1914年9月28日，奥尼尔到达波士顿。他在离哈佛不远的马萨诸塞大街1105号一户人家里租住了一间带家具的房间，房租和伙食费每月30美元。在这里，除了完成戏剧写作课的作业，他每天还用一两个小时自学德语，以便直接阅读原文作品。奥尼尔还在这里给当时的女友阿比（Beatrice Ashe）写了大量书信和诗歌。根据他当年的书信，他住的是"一楼顶角一间不错的房间，房间有三个大窗子"，周围环境比较安静。[②]

现在，奥尼尔住过的小楼已不存在，取而代之的是一座高层公寓大楼，

[①] 位于约翰斯顿门的另一边，与马萨诸塞楼相对而立。原来的哈佛楼是哈佛学院的图书馆，1764年毁于一场大火。现在的哈佛楼于1766年在原址上修建而成，建筑风格与马萨诸塞楼相似。

[②] O'Neill, *Selected Letters*. Eds. Bogard and Bryer. 28.

第一部分　从东到西，从西向东：寻找奥尼尔的足迹

楼前是一条车流不断的主路。

4. 德金-帕克餐馆（Durgin-Park Restaurant）：是波士顿一家百年老店，位于市区法纳尔大厅集贸广场340号（340 Faneuil Hall Market Place），毗邻波士顿港口和昆西市场（Quincy Market）。这里是奥尼尔在哈佛学习期间曾与同学聚餐、聊天的地方。

德金-帕克餐馆　　　　　　　　　　二楼的餐厅布置保持着当年的风格

德金-帕克餐馆的历史可以追溯到18世纪40年代，其前身是一家五金店楼上的小餐馆。1827年，德金（John Durgin）、帕克（Eldridge Park）等三人合伙买下这家餐馆并扩大了餐馆的经营规模，取名"德金-帕克餐馆"。这里的生意一直很红火，几乎所有来往于市场和码头的人都会到这里吃饭。餐馆一直保留了当年的店名和特色——新英格兰的传统风味、粗犷的室内装饰风格、朴素的红格桌布、供多人聚餐的长餐桌。这里最受欢迎的菜谱包括新英格兰烤牛排、波士顿烤豆、印第安布丁、玉米糕等。奥尼尔很喜欢这里物美价廉的饭菜。[①]

如今，这家老店还在老地方，还保存着老传统。它成了新英格兰传统烹饪的标牌，也成了老波士顿的标志，不少人因此从世界各地慕名而来。

5. 丽思-卡尔顿酒店（Ritz-Carlton Hotel）：位于波士顿阿灵顿街15号

---

① 据餐馆介绍，老罗斯福和小罗斯福等人就读哈佛时也很喜欢这家餐馆。

（15 Arlington St.），地处波士顿河湾区中心，离麻省总医院不远。酒店建于1927年，是一座红砖高层建筑，可以俯瞰附近的查尔斯河和"公共花园"（Public Gardens）。1948年，奥尼尔在这里居住了约半年时间。

1945年，奥尼尔从加州重返纽约；1946—1947年，先后上演了《送冰的人来了》《月照不幸人》，但两剧都没有受到应有的重视。这期间，他的健康每况愈下，双手颤抖不止，完全无法执笔写作；与此同时，他与夫人卡洛塔的关系也变得紧张起来。他们决定离开喧嚣的纽约，到波士顿寻找一个僻静处安居。1948年4月，奥尼尔夫妇来到波士顿，住进就医方便的丽思-卡尔顿酒店。他们在这里住了大约半年时间，直到10月搬入位于海边的新家。①

波士顿的丽思-卡尔顿酒店曾是世界上最大的酒店，但现在已失去了往日的辉煌。2007年，该酒店被印度泰姬集团收购，改名"泰姬酒店"（Taj Hotel）。

6. 大理石岬（Marblehead Neck）：位于波士顿以北，距波士顿市区约26公里，属于大波士顿地区。1948—1951年，奥尼尔在这里居住了两年多时间。这是他自1944年离开大道别墅之后第一次、也是最后一次住在自己家里。

1948年10月，刚刚度过60岁生日的奥尼尔从丽思-卡尔顿酒店入住新家。新家位于紧贴大海的地方。行动不便的奥尼尔经常待在二楼的阳台，眺望海面正在训练航行的帆船、码头上来来往往的船只。因为病情加重，他无法再继续写作，内心非常痛苦。1950年9月，儿子小尤金自杀身亡的消息使他遭受了又一次沉重打击。与此同时，他与卡洛塔的冲突也不断升级。1951年2月，奥尼尔在雪地摔倒时骨折。在纽约住院期间，夫妻关系一度破裂。最终，两人和解。奥尼尔离开纽约，回到波士顿。

7. 谢尔顿酒店（Shelton Hotel）：位于波士顿河湾区路91号（91 Bay

---

① 1948年7月，卡洛塔在大理石岬海边买下一座简易的房屋，开始改造、装修。10月，奥尼尔夫妇入住。

State Rd.），① 紧邻查尔斯河畔。这是一座八层楼高的红砖建筑，建筑风格与丽思 - 卡尔顿酒店相似，外观为 H 形，楼顶有一个视野开阔的观景台，可以俯瞰波士顿市区、查尔斯河以及河对岸的哈佛大学。该酒店是一家高档的住家式酒店，② 建于 1923 年，原名"谢瑞顿公寓式酒店"（Sheraton Apartment Hotel），简称"谢瑞顿公寓"，1950 年，酒店易主后改名为"谢尔顿酒店"。

谢尔顿酒店原址，现在是波士顿大学学生宿舍楼

1951 年 5 月，奥尼尔离开医院，住进谢尔顿酒店。在夫人、医生和护士的照料下，奥尼尔在这里度过了人生最后也是最痛苦的两年半时间。疾病剥夺了这个伟大作家的写作能力和行动自由，使他犹如一头困兽。他病得越来

---

① 坐绿线地铁到肯摩广场站（Kenmore Square）下车，步行几分钟即到。
② 在美国 19 世纪 50 年代到 20 世纪 50 年代，这种酒店对经常搬家的有钱人很有吸引力。酒店设有大厅、门房、餐厅，提供床单换洗和房间打扫服务，还经常举办社交活动。房客既可享受城市的便利，又无需为管理佣人、料理花园、举办晚宴而受累，因此一般都租住很长时间。

越重。1953年11月27日下午，他在酒店的房间里离世。此后不久，波士顿大学（Boston University）买下谢尔顿酒店，把酒店改造为学生宿舍楼，取名为"谢尔顿楼"（Shelton Hall）。

8. 沃特曼父子殡仪馆（J.S. Waterman & Sons' Funeral Home）：位于波士顿共和大街495号（495 Common-Wealth Ave.），距离谢尔顿酒店不远。奥尼尔的灵车当时就是从这里静静地驶向安葬地的。

这是一座风格独特、红砖建筑，由三座楼和谐地连成一体，外观呈三角形状，最高楼层为四层。楼群包括一个屋顶为天蓝色的、用于举行葬礼的小教堂。该建筑建于1895年，是波士顿标志性的历史建筑之一。1921—2005年，这里一直是"沃特曼父子殡仪馆"①总部所在地。2005年，公司关闭了这里的业务。2007年，一家房地产公司买下了这座建筑，宣布要把它改造成一座分为七个单元的住宅公寓楼。2009年1月22日，当笔者来到楼前时，这里已人去楼空、大门紧闭。冬日的余晖无力地斜照着老楼，给它涂抹上了一层沧桑的色彩，使人更觉伤感、惆怅。

9. 森林山墓园（Forest Hills Cemetery）：位于波士顿西南部的森林山大街95号（95 Forest Hills Ave.）。坐黄色地铁在森林山站下，步行约20分钟可到。1953年12月3日上午，奥尼尔的棺木静静地落葬在这里。他的墓地编号是栗树路8188号（Lot 8188, Chestnut Ave.）。

按照奥尼尔生前的意愿，他的后事处理得非常低调，有意回避了媒体和公众的视线。下葬时，没有隆重的葬礼，没有前呼后拥的车队和人群。送葬人只有奥尼尔的遗孀卡洛塔、他的主治医生和护士。奥尼尔墓碑设计风格非常简洁，与周围那些雕刻风格浓郁的墓碑相比，显得格外素朴。碑文也非常简约，上面几行刻着奥尼尔的名字、生卒时间和地点，下面几行刻着夫人卡

---

① "沃特曼父子殡仪馆"是波士顿地区十分有影响的家族企业，1832年由约瑟夫·沃特曼（Joseph Sampson Waterman）创立。

洛塔的名字、生卒的时间和地点，①最后一行是"安息"。

奥尼尔去世后，波士顿并没有忘记奥尼尔。奥尼尔在波士顿留下的遗迹，记录了他青年时代艰难的成长和晚年的痛苦，成为他坎坷一生的缩影，也成为波士顿对他的永久怀念。

奥尼尔墓碑，最后一行"安息"被白雪覆盖

1956年，奥尼尔自传体悲剧《进入黑夜的漫长旅程》公布于世后，波士顿成为该剧在美国的首演城市。1958年，奥尼尔的剧组作品《诗人气质》上演后，波士顿再次成为公演该剧的主要城市之一。

在奥尼尔曾经就读过的哈佛大学，霍顿图书馆（Houghton Library）保存了奥尼尔《人为误差》唯一的一份打字稿，收藏了奥尼尔致第二任妻子艾格妮丝·博尔顿的近百封信函，以及《大神布朗》首演时的面具。此外，哈佛大学涉及20世纪戏剧的文学类课程都把奥尼尔的剧作列入了教学内容。

在波士顿大学，1984年，为了纪念奥尼尔，波士顿大学将他住过的谢尔顿楼第四层命名为"作家楼"，供爱好文学、立志成为作家的高年级学生住宿。2003年，奥尼尔去世50周年的时候，谢尔顿楼的学生在大厅挂上了奥尼尔的画像。每年，谢尔顿楼的学生还会举行各种纪念活动。

在位于波士顿市中心的萨福科大学（Suffolk University），②弗莱德·威尔

---

① 1970年11月18日，卡洛塔在新泽西一家养老院去世。11月28日，她的骨灰葬入奥尼尔墓地。

② 萨福科大学创建于1906年，是一所没有围墙的大学。

跨文化之旅：奥尼尔与中国

金斯教授于1977年创办了奥尼尔研究专刊《奥尼尔通讯》(*The Eugene O' Neill Newsletter*)，1988年改版为《奥尼尔评论》(*The Eugene O' Neill Review*)。[①] 该刊物发表了大量有关奥尼尔戏剧的研究成果以及演出、教学等方面的信息，推动了美国及世界范围内的奥尼尔戏剧研究和演出。此外，萨福科大学还和奥尼尔学会于1984年、1986年、1995年联合举办了国际奥尼尔专题研讨会，促进了世界各地奥尼尔学者间的合作与交流。奥尼尔生前或许从未到过萨福科大学，但他的戏剧曾多次将世界各地的奥尼尔学者聚集在波士顿。

二、奥尼尔与哈佛

哈佛大学，位于美丽的查尔斯河畔，建于1636年，以"北美第一所高等院校"著称，对美国的思想和文化产生过重要影响，是许许多多中国学生和家长向往的名牌大学，也是重视教育的中国游客必到之处。1914年，为寻求戏剧创作的成功之路，名不见经传的奥尼尔来到这里求学，师从贝克教授，在哈佛选修了一学年的戏剧写作课。这位后来成为美国最伟大的剧作家当年在哈佛的学习情况如何？他如何看待贝克和哈佛？本文以奥尼尔在哈佛的求学经历为线索，参考有关奥尼尔的传记、访谈、书信、评论等资料，探讨贝克对奥尼尔戏剧创作的影响，以及奥尼尔眼中的哈佛。

（一）

20世纪初，受清教主义的束缚和影响，美国戏剧发展依旧迟缓，戏剧创作处于较低水平。针对美国戏剧的落后状况，贝克率先在高校开设了被同行视为"无法教授"的戏剧写作课，希望通过指导和训练创作方法和艺术技巧，帮助美国剧作家和舞台艺术家缩短实习期。他先后于1903年在拉德克里夫

[①] 威尔金斯（Frederick Wilkins, 1935—2013）是著名的奥尼尔学者，长期担任奥尼尔专刊主编，对奥尼尔研究做出了突出贡献。

哈佛教授贝克（第一排左四）与戏剧写作高级班学员

（Radcliffe）女校、1905年在哈佛大学英语系，开始教授编号为"English 47"的戏剧写作课，每学年招收12名学员。1908年，他开办戏剧写作讲习班（47 Workshop）、创建了旨在讨论、演出写作班作品的"哈佛戏剧俱乐部"（Harvard Dramatic Club）。1912年，他又在哈佛开设了戏剧写作的高级课程（English 47a），分别从哈佛和拉德克里夫的戏剧写作班各挑选四名优秀学员，进入第二学年的高级课程学习。贝克通过他的戏剧写作课，培养了一批卓越的剧作家和舞台艺术家，推动了美国本土现代戏剧的发展，被誉为"美国现代剧作家之父"。[①]

[①] 参见：Sheaffer, O'Neill: Son and Playwright, 294. 除了谢尔登和奥尼尔，从贝克戏剧写作课堂走出的剧作家、舞台艺术家还包括：Samuel N. Behrman, George Abbott, Sidney Howard, Thomas Wolfe, Philip Barry, Theresa Helburn, Frederick H. Koch, John Mason Brown, Kenneth Macgowan 等。中国现代话剧先驱洪深留学美国时也曾上过贝克的戏剧写作课。

跨文化之旅：奥尼尔与中国

　　在奥尼尔进入哈佛之前，贝克的戏剧写作课在美国戏剧界已开始享有盛名。1907年，谢尔登（Edward Sheldon）在哈佛上戏剧写作班时，在贝克的指导下，创作了反映城市贫民窟真实生活的剧作《拯救内尔》(Salvation Nell)。[1] 1908年，该剧上演，获得了巨大成功，同时也使贝克及其戏剧写作课名声远扬。当年轻的谢尔登已经功成名就，奥尼尔却还在苦苦寻找人生的出：1910—1912年，他经历了尴尬的婚姻、失望的淘金、漂泊的海上生活、蒙羞的离婚案、绝望中的自杀、可怕的肺结核等坎坷；1912—1913年，在隔离治疗肺结核期间，他开始试笔创作独幕剧；1914年夏，他在波士顿自费出版了独幕剧选集《渴：五个独幕剧》，[2] 但发行量非常小，几乎无人问津。奥尼尔非常羡慕谢尔登，渴望找到戏剧创作的成功之路。在戏剧评论家汉密尔顿（Clayton Hamilton）[3] 的建议下，奥尼尔决定拜贝克为师，到哈佛学习戏剧创作的方法和技巧。

　　1914年7月14日，奥尼尔写信给贝克，申请以"特殊学生"的身份到贝克的课堂学习，并在信中表达了立志成为艺术家的决心。他在信中写道："虽然我已经读了所有我能找到的现代剧，以及许多有关戏剧的书籍，但我意识到这种缺乏计划和指导的学习肯定是不够的。以我现有的训练，我或许能够成为一个普普通通的编剧匠。我现在写信给您正是因为我不想做一个平庸的剧作家，我要么做个艺术家要么什么也不做。"[4] 他随后又给贝克寄去了两个习

---

[1] 谢尔登（1886—1946），一战前美国最著名的剧作家之一，是贝克最早的戏剧写作班学生。他的成名作《拯救内尔》虽带有情节剧的陈迹，却是当时美国舞台上最接近于本土现实主义的戏剧，被视为美国戏剧史上一个转折点。他后来又成功上演了几部剧作：*The Nigger*（1909）、*The Boss*（1911）、*The High Road*（1912）、*Romance*（1913），成为美国20世纪初期最有希望的剧作家。

[2] 奥尼尔第一部戏剧作品集，收入了早期的五个独幕剧：《渴》《网》《鲁莽》《雾》《警报》。

[3] 汉密尔顿是奥尼尔父亲的朋友。《渴：五个独幕剧》出版后，汉密尔顿是唯一发表剧评、对奥尼尔表示肯定的评论家。他建议奥尼尔到贝克的戏剧写作班去学习，还说服奥尼尔的父亲提供了求学的费用。

[4] O'Neill, *Selected Letters*. Eds. Bogard and Bryer. 26.

作。他的求学申请得到贝克的同意。9 月 28 日,奥尼尔到达哈佛所在地剑桥镇(Cambridge),在离校园不远的马萨诸塞大街 1105 号,租了一个带家具、包伙食的房间住下,在哈佛正式注册为贝克戏剧写作课的学员。

哈佛并非奥尼尔就读的第一所大学。1906 年 9 月,他成为普林斯顿大学的一名学生,但是,大学循规蹈矩的氛围让他感到乏味,而校方要求学生周日到教堂祷告的规定更让他反感。他感兴趣的是校园外的世界——纽约具有波西米亚风格的格林威治村(Greenwich Village)、充满激进主义思想的"独家书店"(Unique Book Shop)、莫斯科艺术剧团演出的易卜生现代心理剧《海达·高布乐》(*Hedda Gabler*, 1890),无不让他流连忘返。[1] 他很快成为普林斯顿校园里的"另类"。第一个学年还未结束,他因不守校规、酒后滋事被校方责令停课反省两周,从此辍学不归。1907 年 6 月底,他被校方除名。奥尼尔后来在采访中提到早年这段经历时,表达了对美国大学教育的不满:"也许我是在为自己在普林斯顿游手好闲、虚度光阴、贪玩懒惰的行为找借口,但我当时本能地感到我们的大学脱离了现实生活和真实事物。这是我当年离开学校的一个原因……为什么我们的教育不能符合我们的需要呢?如果我们的教育能做到这一点,我们就可以及时地吸收并掌握我们所需要的东西。"在他看来,"脱离了现实生活和真实事物"的大学教育无法造就真正的作家;他作为剧作家的

奥尼尔在哈佛求学前后与女友阿比

---

[1] 在格林威治村,奥尼尔接触了聚集在那里的社会活动家、穷作家和艺术家;在记者塔克(Benjamin R. Tucker)开办的"独家书店",他阅读了社会主义、无政府主义、个人主义、无神论等方面的书籍。1907 年,当莫斯科艺术剧团在纽约演出易卜生的《海达·高布乐》时,他连续十个晚上观看了演出。

真正开端是"离开学校、和水手们一起出海的时候。"①

在哈佛，这个当年普林斯顿的离经叛道者，再次成为校园里的"另类"。据写作班的同学回忆，在学校，大家都是哈佛式的整齐穿戴：免烫的"布鲁克斯兄弟"（Brooks Brothers）牌子的外套、白衬衣、领带、礼帽，而奥尼尔常常穿着随便：灯芯绒裤、法兰绒衬衣，衣领敞开，不戴领带和礼帽。在课堂上，作为"贝克的十二门徒"之一②，他同样显得格格不入。贝克讲课时，其他学员都正襟危坐，而奥尼尔常常无精打采地靠在椅背上或者烦躁不安地扭动着身子。课堂讨论时，奥尼尔常常表现出一副不以为然、桀骜不驯的样子。除了他，课堂上没有学员敢这么"放肆"。当百老汇的知名剧作家托马斯（Augustus Thomas）应邀到课堂传授成功之道时，奥尼尔表现得更加"傲慢无礼"：其他学员都毕恭毕敬地坐在教室聆听托马斯讲授如何写出一部让百老汇喜欢的情节剧，而奥尼尔竟然厌烦地站起身，当众拂袖而去。他鄙视托马斯成功光环后面的浅薄和空洞，认为美国戏剧应该像斯特林堡、易卜生、萧伯纳等人的戏剧那样，抓住大主题、表现真实生活；他希望在哈佛学习创作内涵深刻的作品，而非哗众取宠的情节剧。奥尼尔对贝克邀请托马斯讲座感到非常不满。他埋怨贝克"对商业化戏剧太宽容"③，并且抱怨戏剧写作课"没有多少用处"，因为课程几乎把一年都花在戏剧最基础、他从儿时就已经耳濡目染的常识上。他甚至把自己在哈佛写的习作称为"蹩脚货"④。对于生在戏剧演员之家、从小熟悉剧院和舞台的奥尼尔而言，那些戏剧基础方面的教学内容似乎太浪费时间。

---

① Olin Downes, "Playwright Finds His Inspiration on Lonely Sand Dunes by the Sea." Halfmann, ed, *Eugene O'Neill: Comments on the Drama and the Theater*, 8.

② 上课时，椭圆形木桌的一头坐着贝克教授，围坐在桌边的是他的十二个学生，戏剧写作班的学生因此被戏称为"贝克的十二门徒"（"Baker's Dozen"）。

③ 参见：Sheaffer, *O'Neill: Son and Playwright*, 297-298, 306; Gelbs, *O'Neill: Life with Monte Cristo*（2000），465-466, 471, 474.

④ Clark, *Eugene O'Neill: The Man and His Plays*, 18；Gelbs, *O'Neill: Life with Monte Cristo*（2000），462-463, 466. 有学者因此认为贝克的写作课对奥尼尔当时的创作产生了负面作用，参见：Bogard, *Contour in Time: The Plays of Eugene O'Neill*, 62.

（二）

虽然奥尼尔对哈佛之行产生了失望，但贝克及其戏剧写作课对他成为一名杰出的艺术家仍然具有十分重要的意义。奥尼尔后来明确表示：他在贝克的课上"学到了不少有用的东西——尤其是不要做什么，例如，能用一行字表达，就不要用十行字"①。在后来的创作生涯，他一直采用贝克当年教授的基本方法：记下最初的设想、先写提纲、再写对话。②此外，贝克的写作课无疑使奥尼尔增强了将创作扎根于现实的意识。贝克经常教导戏剧写作班的学生："写你知道的真实人物，别写你不知道是否真实的东西"，并且告诫他们：要从身边所见所闻的事情中获取写作素材。③奥尼尔关于码头工人和水手罢工的四幕剧《人为误差》，就是他按照贝克"要写真实人物"的要求和忠告，根据1911年他在英国利物浦码头的所见所闻创作而成的。1920年，奥尼尔在采访中提到自己在贝克课堂的学习经历，表达了对贝克戏剧原则的认同："我认为真正的戏剧作品不是凭空制造出来的，用贝克教授的妙语来说，'不是从脑子里冒出来的'。也就是说，不论情节写得多么精致巧妙或多么具有象征性或多么富于想象力，戏剧作品必须扎根于生活。"④此外，经过贝克写作课的训练，奥尼尔还增强了使用各种戏剧手段（例如：背景、灯光和音像效果、舞台调度），以及把握情节结构、进度和节奏的能力；从他期末完成的课程作业《人为误差》来看，"剧中主要人物形象已经具有了一定的心理深度和悲剧性"⑤。

---

① Halfmann, ed, *Eugene O'Neill: Comments on the Drama and the Theater*, 22.

② 参见：弗吉尼亚·弗洛伊德：《尤金·奥尼尔的剧本：一种新的评价》，陈良廷等译，第490页；Sheaffer, *O'Neill: Son and Playwright*, 295—296; Gelbs, *O'Neill: Life with Monte Cristo*（2000），466.

③ 参见：Sheaffer, *O'Neill: Son and Playwright*, 295; Gelbs, *O'Neill: Life with Monte Cristo*（2000），431—432.

④ Halfmann, ed. *Eugene O'Neill: Comments on the Drama and the Theater*, 8.

⑤ Paul D. Voelker, "O'Neill and George Pierce Baker." Wilkins, ed, *The Eugene O'Neill's Newsletter*. Vol. I, No. 2, 1977.

更为重要的是，奥尼尔从贝克及其戏剧写作课获得了他在成长中最急需的肯定和鼓励。作为哈佛的"另类"学生，奥尼尔非常幸运；贝克对他这个"另类"学生在课堂上"傲慢无礼"的态度和表现给予了难能可贵的包容和理解。在贝克看来，奥尼尔显得有些孤傲、冷淡，主要是因为他性格内向，同学们对他有种敬畏感；奥尼尔只比其他学员大几岁，却显得比他们大很多，因为他的生活经历比他们多得多。贝克后来回忆到：有一次他问奥尼尔偏爱严肃、沉重题材是否只是一种故作姿态，奥尼尔回答"不是"；在经历了海上生活、四处漂泊以后，在奥尼尔看来，"生活就是那样"。贝克欣赏这个"另类"学生的丰富经历，认为他具有卓尔不群之处，"他的灵魂里有很多诗意"①。贝克的赏识令奥尼尔大受鼓舞。

按照贝克的课程要求，奥尼尔在哈佛先后完成了三个习作：一是根据短篇小说改编的喜剧《亲爱的医生》(The Dear Doctor)，二是以战争为题材的《狙击手》(The Sniper)，三是以罢工为题材的《人为误差》。② 奥尼尔在给女友阿比的信中，谈到这三份作业的完成情况和贝克对他的好评，字里行间流露出兴奋和喜悦。他在1914年10月的一封信中写道：贝克上课时朗读了他的第一份作业《亲爱的医生》，对他的改编非常满意，仅对几处小地方提了修改意见。奥尼尔还得意地告诉她：他的改编剧把同学们"笑得前俯后仰"，甚至连不喜欢他的同学也承认他的作业是全班最好的；倘若不是因为发现改编所依据的那个短篇小说涉嫌剽窃，他的这个剧本来是可以上演的。1915年1月6日，他又兴致勃勃地在信中写道：贝克在班上朗读了他的《狙击手》以后，毫不迟疑地评价说"棒极了"！称《狙击手》是一部现实主义的反战剧。3月2日，他又高兴地写信告诉她：他被贝克选为哈佛戏剧写作高级班的学员，而且，《狙

---

① Gelbs, *O'Neill: Life with Monte Cristo*（2000），482.

② 因发现《亲爱的医生》(独幕剧)所依据的短篇小说是剽窃品，奥尼尔不久销毁了该剧本。《狙击手》(独幕剧)于1915年5月获得版权，1917年2月由剧作家剧院上演。《人为误差》(四幕剧)初名《二等工程师》(*The Second Engineer*)，从未上演，唯一的打印稿现存于哈佛大学霍顿图书馆。

击手》在独幕剧比赛中获得了"荣誉提名";该剧最后没有得奖,只是由于贝克出于政治方面的考虑,认为让哈佛戏剧俱乐部当时上演一个反战剧可能不妥。此外,奥尼尔还在1月31日的信中,兴奋地记叙了他与贝克会谈的情形:两人坐在贝克家的壁炉前一边抽烟一边聊天,从晚上七点半一直聊到十点半。他向贝克讲述了自己的生活经历,贝克对他说的很感兴趣;贝克不仅耐心听他讲述,而且还帮他分析写作中的优缺点。贝克鼓励他说:他的作品"特别有价值",具有"货真价实的东西",只需时间和努力工作把它打磨出来。贝克的话使他非常振奋。他在信中表示:他很久没有这么愉快过了,这次谈话的收获"胜过自己上过的所有课程之和"①。对于刚刚走上创作道路、在戏剧界默默无闻的奥尼尔而言,贝克的赞赏和勉励极其珍贵。

在创作的最初阶段,奥尼尔的作品鲜为人知,更没有上演的机会。《渴》和其他几个独幕剧自费出版后,在去哈佛报到的前一个星期,他曾专程到纽约寻找上演的机会。但百老汇的剧院经理们在他的作品里没有看到赚钱的可能性,对上演他的作品毫无兴趣。受挫的奥尼尔在纽约写信给阿比,感叹在成为剧作家道路上所面临的障碍:"如果你目睹了一个未来剧作家所面对的重重困难,如同今天我所看到的那样,恐怕你也会感到自己如同一个希望渺茫的战士,在漫长的道路上,面临着许许多多严酷的挫折。"②另外,在创作的起步阶段,奥尼尔脚步踉跄不稳、情绪起伏不定,写作不时因沮丧和酗酒而中断。贝克的鼓励和支持使他增强了自信,坚定了创作方向。1920年,他在信中坦言:"在那个时刻,我非常需要我所尊敬的某个权威人士承认我是有所进展的。"③

---

① 阿比(Beatrice Ashe)保留了奥尼尔从1914年7月到1916年7月给她写的60封书信和30首诗歌,1974年她去世前,由纽约公立图书馆收购。关于奥尼尔信中涉及自己在哈佛期间的情况,详见:O' Neill, "To Beatrice Ashe"(Sept. 1914-May 1915). *Selected Letters*. Eds. Bogard and Bryer. 28—68.

② O' Neill, "To Beatrice Ashe"(Sept. 21, 1914). *Selected Letters*. Eds. Bogard and Bryer. 27.

③ 克罗斯维尔·鲍恩:《尤金·奥尼尔传》,陈渊译,第82页。

奥尼尔因此对贝克充满了感激。离开哈佛后,他多次在致贝克的信中表达了对贝克的感激之情。贝克去世(1935年1月6日)以后不久,奥尼尔在《纽约时报》发表了题为《乔治·皮尔斯·贝克教授》的纪念文章,赞扬贝克在激励美国现代戏剧的诞生方面产生了深远影响。奥尼尔写道:"对于我们这些有可能成为艺术家和作家的人而言,那时最需要学习的东西,是相信自己的作品并且坚持写下去,是满怀希望——谢天谢地!这也是任何人在任何时候和任何地方最需要学习的东西!贝克使我们充满希望。我们因此以充满感激和友情之心深切地怀念他。"[①] 奥尼尔随后在致贝克遗孀的信中,再次表达了对贝克的感谢,感谢贝克在美国戏剧舞台的"黑暗时代"给予年轻剧作家最需要的鼓励。他信中写道:贝克给予他和其他人"一份人类最伟大的礼物",即"相信自己、继续前行的勇气";他将永远怀念贝克的"人格魅力"以及贝克给予他的"信任、理解、同情和友谊"。[②] 贝克这份"人类最伟大的礼物",对奥尼尔具有非同寻常的意义。

(三)

奥尼尔对老师贝克充满感恩之心,对哈佛却似乎并不领情。虽然,他很高兴自己作为优秀学员被贝克选入戏剧写作高级班,但他没有再回到哈佛。1915年秋,奥尼尔去了格林威治村,结识了一批投身于美国戏剧改革的作家、艺术家;第二年加入了普罗文斯顿剧社,找到了自由发挥和展现创作才能的舞台。1916年夏,以大海为主旋律的独幕剧《东航卡迪夫》,在海边简陋的"码头剧场"成功上演。随着一个又一个作品的上演,奥尼尔的戏剧开始从普罗文斯顿走向美国舞台的中心,走向了世界各地。

[①] O'Neill, "Professor George Pierce Baker." *New York Times*, Jan. 13, 1935, sec. 9, 1. Halfmann, ed, *Eugene O'Neill: Comments on the Drama and the Theater*, 125.

[②] O'Neill, "To Mrs. George Pierce Baker" (Jan. 20, 1935). *Selected Letters*. Eds. Bogard and Bryer. 443.

纵观奥尼尔的剧作，我们不难看出他对早年的海上生活充满自豪和怀念，却很难找到他对哈佛的美好回忆。除了偶尔提及哈佛的名字（例如，《早餐之前》提到未出场的男主人公是"哈佛毕业生"、《奇异的插曲》提到哈佛—耶鲁划船赛），他在剧中几乎没有留下有关哈佛的痕迹。实际上，奥尼尔在哈佛求学时并不喜欢哈佛，也不喜欢哈佛所在地剑桥镇。他认为那里"太死气沉沉"。①

普罗文斯顿剧场所在地，1916年《东航卡迪夫》在这里首演

奥尼尔对哈佛的反感，主要源于哈佛长期对戏剧艺术根深蒂固的偏见，以及哈佛对美国现代戏剧的冷淡态度。哈佛的文学权威认为：有价值的戏剧终止于英国的伊丽莎白时代，美国现代戏剧没有任何前途；哈佛校方长期忽视贝克的戏剧写作课，墨守成规的英文系同行也看不起这门课。早在1902年，贝克就申请在哈佛开设这门课程，但没有得到校方允许。贝克只好转向思想开明的拉德克里夫女校寻求支持。直到1905年，随着这门课的知名度增加，贝克的开课申请才终于得到哈佛校方的同意。在哈佛开设戏剧写作课的头几年，贝克和他的学生们不得不在弥漫着刺鼻气味的化学实验楼"戴恩楼"（Dane Hall）上课。后来，上课地点虽然搬到马萨诸塞楼，但教学条件仍然比较差，冬天的供暖也不好。奥尼尔注意到：贝克这位备受戏剧界尊敬的教授"在哈佛英文系根本没有地位"，"英文系的教员在校园遇到贝克时几乎从不向贝克点头致意"；当戏剧写作班需要上演剧作时，他们"不得不借用拉德克里夫女校

---

① Gelbs, *O'Neill: Life with Monte Cristo*（2000），482.

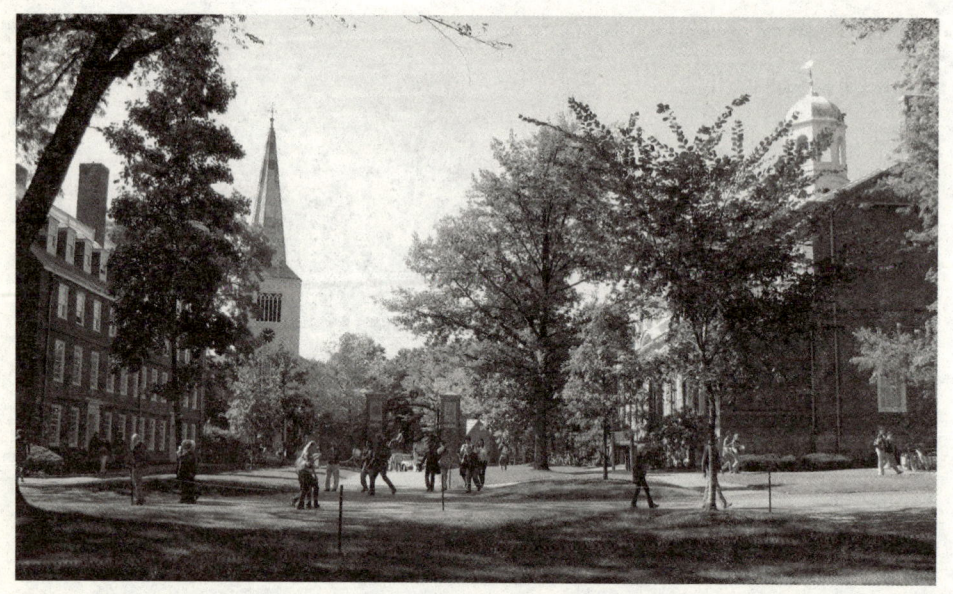

跨文化之旅：奥尼尔与中国

哈佛大学马萨诸塞楼（左），1914—1915年奥尼尔在一楼上戏剧写作课

的礼堂。"[1] 贝克和他的学生一直希望在哈佛建立一个剧院，却从未如愿。奥尼尔离开哈佛后，情况仍然如此。1924年，哈佛再次否决了贝克关于建立剧院的提案。贝克不得不带着他的戏剧写作课"English 47"，离开了任教了36年的哈佛，成为耶鲁首任戏剧系主任兼耶鲁剧院主任——此事在哈佛校史被戏称为"耶鲁以47比0战胜哈佛。"[2] 在耶鲁，贝克及其戏剧写作课受到很高的礼遇，贝克想建立剧院的夙愿终于得以实现。1926年，在贝克的举荐下，耶鲁授予崭露头角的奥尼尔荣誉博士学位。耶鲁对贝克和美国现代戏剧的重视和支持，衬托出哈佛的保守和冷漠。难怪奥尼尔在1942年选择安置手稿的地点时，有意排除了哈佛而选择了耶鲁。在给儿子小尤金的信中，奥尼尔明确

---

[1] Gelbs, *O'Neill: Life with Monte Cristo*（2000），452, 462—463.

[2] Charles A. Wagner, *Harvard: Four Centuries and Freedoms*, 175; Samuel Eliot Morison, *Three Centuries of Harvard: 1636—1936*, 432.

表达了对哈佛的反感:"我就是不喜欢那个讨厌的地方。"①

不过,哈佛师生并没有因此忘记奥尼尔。在马萨诸塞楼对面的教学楼"哈佛楼",2008—2009学年,西蒙教授(Bennett Simon)为本科生开设了一门文学艺术类选修课"悲剧与家庭冲突"(A-35),教学内容的重点之一就是奥尼尔的代表作《进入黑夜的漫长旅程》。与此同时,黎曼教授(Elizabeth Lyman)也为英语系研究生开设了一门戏剧研讨课(En 90xt),其中一个专题就是奥尼尔戏剧。显然,奥尼尔戏剧已经进入了哈佛的课程体系,但不知有多少人知道奥尼尔在哈佛那段令人回味的往事,以及他为何感激贝克却反感哈佛的缘由。

三、访问大道别墅

在奥尼尔留下的遗迹中,"大道别墅"格外引人注目。大道别墅距离旧金山大约35英里,位于僻静的圣·拉蒙山谷(San Ramon Valley),占地面积158公顷,以道家核心思想中的"道"命名。奥尼尔在这里居住了六年多(1937—1944)。在夫人卡洛塔的细致照顾下,奥尼尔在这里潜心写

大道别墅坐落在丘陵环抱的山谷中

作,先后完成了《送冰的人来了》《休矣》《进入黑夜的漫长旅程》《月照不幸人》,并且创作了剧组《更庄严的大厦》和《诗人气质》等不朽之作——这些作品因为大道别墅的缘故也被评论界称为"大道别墅剧"(Tao House Plays)。在大道别墅的庇护下,奥尼尔的创作思路源源不断,创造力和戏剧艺术都达

---

① Gelbs, *O' Neill: Life with Monte Cristo*(2000),483.

跨文化之旅：奥尼尔与中国

到新的高峰。可惜，病魔终止了他的创作；二战期间人力和汽油的匮乏，及其随之而来的交通和医疗方面的不便，更是雪上加霜，令奥尼尔夫妇陷入困境。1944年，奥尼尔夫妇不得不卖掉大道别墅，离别了这座精心建造和设计的家园。"大道别墅剧"成了奥尼尔创作生涯的"绝唱"。

（一）

大道别墅挂牌成为美国国家历史名胜

20世纪70年代初，在奥尼尔基金会的多方努力下，在大道别墅所在地丹维尔镇（Daville）居民的积极支持下，大道别墅作为美国现代戏剧之父奥尼尔的故居，被列入国家历史名胜名单，得到政府保护。1976年，"尤金·奥尼尔国家历史名胜"正式挂牌，由奥尼尔基金会、国家公园服务部共同维护和管理。基金会和服务部根据当年的设计图纸、奥尼尔夫妇当年的照片、奥尼尔夫人的日记，以及期间曾到访这里的友人回忆，对大道别墅进行了全面修复。复原后的大道别墅对所有来自世界各地的参观者免费开放。根据管理规定，参观时间分为上下午两个时段，参观者需提前预约；另外，私家车不能进入景区，参观者需自驾到丹维尔镇，在指定的地点换乘景区班车。由于小镇与外界不通公交，对于远道的游人，尤其来自国外的访客，前往大道别墅不是一件容易的事。多亏在洛杉矶工作的老同学田杰和学会秘书长戴安妮的帮助，笔者得以成行。

2008年圣诞节的前一周，笔者暂别冰天雪地的波士顿，飞往温暖如春的

第一部分 从东到西，从西向东：寻找奥尼尔的足迹

加州，与驱车从洛杉矶赶来的田洁在旧金山汇合。12月17日上午八点左右，我们一同踏上了心中的"朝圣之旅"。车从伯克利大学城出发，约两小时左右到达丹维尔镇博物馆停车场。我们在停车场见到了亲自开车前来接应的戴安妮。换乘了她的专车后，我们开始前往久闻大名的大道别墅。

车很快驶出小镇上的街道，沿着幽静、弯曲的山谷小路行驶。沿途的树木和草地不断从车窗前掠过，笔者的思绪如同天马行空，闪现出美国奥尼尔专家、奥尼尔基金会主席博加德（Travis Bogard）关于大道别墅地理环境的全景式描写：

> 大道别墅处于丘陵环抱的山谷中，被逶迤而东的山脉以及拉斯·特朗帕斯（Las Trampas）山脉之巅向下伸展的许多沟壑所遮挡。除了从谷底少数地点望去以外，大道别墅隐藏在人们的视线以外……别墅的东边，大片果林形成一道风景线，峰峦重叠的狄亚伯罗山（Mount Diablo）景色宜人……[①]

的确，眼前世外桃源般的景色，让人不禁叹服奥尼尔夫妇当年选址建造大道别墅的眼光。

车经过一个写有"尤金·奥尼尔国家历史名胜"字样的朱红色指示牌，停在奥尼尔学会的小图书馆门前。在等待参观时间到来的同时，我们在戴安妮的陪同下参观了图书馆。图书馆陈列着奥尼尔的全部剧作，以及世界各地学者赠送的奥尼尔研究专著。在这里，笔者有机会阅读了奥尼尔夫人卡洛塔在大道别墅期间的日记（电子版）。日记记录了有关奥尼尔在大道别墅的创作

---

① 博加德："在寂静的大道别墅所想到的"，西门露沙译。载廖可兑主编：《尤金·奥尼尔戏剧研究论文集》（1997），第7—8页。该文是博加德于1978年在现代语言协会的会议上宣读的论文，1993年刊于其论文集。参见：Bogard, *"From the Silence of Tao House": Essays about Eugene O'Neill & Carlotta O'Neill and the Tao House Plays*, 19—27.

进展、健康状况的大事件,以及奥尼尔夫妇在大道别墅期间的日常生活,引起笔者的特别关注。在与大道别墅近在咫尺的地方阅读卡洛塔关于奥尼尔和大道别墅的日记,使得笔者对奥尼尔在大道别墅期间的创作和生活多了一些身临其境的感受和了解。

下午一点,在工作人员乔安娜(Joanne Jarvis)的引导下,我们按捺住激动的心情,慢慢走向山坡上的大道别墅。

(二)

大道别墅是一座以白色为基调的两层楼高的建筑,屋顶覆盖着中国老式房屋常用的青瓦。在绿色草地与湛蓝的天空之间,这座白墙配青瓦的建筑显得非常素朴、宁静,与在哈佛校园和波士顿常见的维多利亚式建筑风格迥然有别。关于大道别墅的建筑设计风格,博加德做过以下详细描述:

复原后的大道别墅正面

房屋的设计构想和它的建筑结构一样,明快而简洁。只有很少几堵墙带有钢筋。外墙和大部分内墙都由玄武岩制成的砖块垒成,看上去有如土墙模样……上了颜色的砖块使墙壁显得粉刷一新,它们和青砖覆盖的长长的屋顶形成鲜明的对比。当年奥尼尔住在这幢屋子里的时候,外墙和内墙都是清一色的洁白。[①]

中国奥尼尔专家刘海平在访问了大道别墅以后,对大道别墅建筑风格中的中国特色做过重点描写:"鱼脊状的屋顶上一排排中国式的黑色园瓦……屋后花园中,顺墙还修了一条传说能避鬼邪的九曲红砖道。"[②]

在笔者看来,大道别墅的室外建筑风格,既有在加州常见的西班牙式风格,又有许多中国式的建筑特点,可谓中西合璧,别具一格。随着参观的深入,大道别墅向我们展现出更多的中国元素:中国文字、中国风格的朱红色(又称"中国红")、中国明清式家具、中国丝绸和工艺品、有关中国历史文化和艺术的图书等。奥尼尔夫妇称大道别墅是"一座仿中国式的房屋"。

走近大道别墅白色的院墙,迎面是一扇朴素而醒目的黑色院

大道别墅院门上有四个铁铸的汉字"大道别墅"

[①] 博加德:"在寂静的大道别墅所想到的",西门露沙译。载廖可兑主编:《尤金·奥尼尔戏剧研究论文集》(1997),第7—8页。

[②] 刘海平:"奥尼尔与老庄哲学"。载廖可兑主编:《奥尼尔戏剧研究论文集》(1988),第21页。

门,门上是四个铁铸的汉字"大道别墅"。① 眼前熟悉的汉字,使笔者在异国他乡感到格外亲切,一种宾至如归的感觉油然而生。笔者好奇地猜想:不知情的人看到门上的这个中文名字或许会以为这是一座华人的宅院。

进入院门,我们沿着庭院草地上的红砖道来到屋前,不禁为大道别墅室内外的颜色设计艺术而叹服:前廊和两侧回廊的地砖,以及草地小径的地砖,都是稳重的棕红色;窗户的挡阳板和屋内的地板砖也都是棕红色;房屋所有的墙壁是白色;屋内的天花板是深邃的海蓝色,令人马上联想到一望无际的海洋和奥尼尔对大海的热爱——据资料记载,当年的天花板总共上过八道漆,直到卡洛塔对颜色感到满意为止。② 在景色优美却无法看到大海的山谷,这种海蓝色的设计可谓用心良苦。③ 大道别墅别出心裁的设计还体现在"中国红"的使用上:房屋的门和横梁都模仿中国漆器的风格,漆成了朱红色。这种堂皇大气的"中国红"与室内简洁的建筑结构和白色的墙壁相互衬托,相得益彰。

屋顶的青瓦、院门上的汉字、房门和横梁的朱红色,无不体现出大道别墅建筑

大道别墅客厅部分中国明清风格家具

奥尼尔在大道别墅穿的中国丝绸睡衣样品

① 根据卡洛塔1937年10月27日的日记,奥尼尔夫妇在入住之前就开始用"Tao House"(大道别墅)称呼他们的新家。
② 博加德:"在寂静的大道别墅所想到的",西门露沙译。载廖可兑主编:《尤金·奥尼尔戏剧研究论文集》(1997),第7—8页。
③ 同样,大道别墅的室外游泳池也是为喜爱在海里游泳的奥尼尔而建。

风格的中国元素,而大道别墅的客厅更是充满了中国情调。奥尼尔夫妇在客厅拍摄的照片,为我们提供了当年客厅的原貌:明清时期的红木家具,镶着瓷画的雕花屏风,寓意平安的镂花瓷瓶,织着吉祥图案的中国地毯等等。①据卡洛塔的日记记载,入住大道别墅前后,奥尼尔夫妇曾数次到旧金山唐人街购买中国瓷器、丝绸睡衣、信签等中式用品。②他们还在旧金山专门经营东方工艺品和收藏品的"甘普店"(Gump's)购买了不少中国红木家具,其中包括屏风、矮柜、圆凳、卧床等。现在奥尼尔卧室里陈列的红木床就购自这家商店。

奥尼尔卧室里的这张红木床原为中国清代的鸦片床。奥尼尔夫妇在1937年买下,放在卧室当作睡觉用的大床。③大道别墅成为国家历史名胜以后,奥尼尔基金会几经周折,找到这张床的下落。在著名影星赫本的劝说下,④收藏这张床的甘普家族后人,把它捐献给了大道别墅。1992年,这张床终于回到奥尼尔当年的卧室,成为如今大道别墅屈指可数的珍贵原件之一。大道别墅的其他原件,除了大门上的四个铁铸汉字"大道别墅",还有客厅壁炉里一对铁架,上面各铸两个汉字,合成"大道别墅"四个字。这对架柴烤火用的铁架和大门上的四个铁铸汉字,是奥尼尔夫妇当初一起配套订做的。如同大门上的四个铁铸汉字,这对铁架一直"留守"在大道别墅,至今仍然牢固坚实。

---

① 据卡洛塔日记记载,两个屏风是明清时期的真品,购买时已有上百年历史。
② 大道别墅绝大多数展品非原件,是奥尼尔基金会按原件风格收集的样品。
③ 奥尼尔夫妇卖掉大道别墅时,把包括这张床在内的红木家具折价卖给了甘普店。
④ 卡瑟琳·赫本(Katharine Hepburn, 1929—1993),电影明星、奥尼尔的朋友。1962年,她在根据奥尼尔《进入黑夜的漫长旅程》改编的同名影片中扮演女主人公。

跨文化之旅：奥尼尔与中国

奥尼尔在大道别墅卧室的红木床，原件　　1992年赫本写信劝说家具收藏商将奥尼尔当年的卧床赠给大道别墅

（三）

除了充满中国文化符号的客厅，奥尼尔的书房也给人留下了深刻的印象。奥尼尔的书房设在楼上，通往书房楼梯两边的白墙上挂了许多神态各异、来自中国等地的面具，令人目不暇接。① 笔者一边浏览，一边拾梯而上，很快就来到书房门口。

眼前是一间非常宽敞的房间，满墙都是书架；临窗是一张宽大的写字桌，窗外是绵延起伏的山峦和树林，给人一种与世隔绝的感觉。从奥尼尔在书房拍的照片看，他当年就是在这里伏案写作，完成了被称为"大道别墅剧"的最后几部作品。

---

① 奥尼尔非常重视在剧中使用面具，他在《大神布朗》《拉撒路笑了》中多处使用了面具。他还收藏了不少来自中国和非洲等地的面具。现在大道别墅陈列的这些面具，是大道别墅基金会根据奥尼尔当年的照片陆续收集的样品。

第一部分　从东到西，从西向东：寻找奥尼尔的足迹

1940年奥尼尔在大道别墅楼梯上（楼梯的墙上挂着面具等艺术收藏品）

1939年奥尼尔在大道别墅书房

复原后的大道别墅书房一侧

跨文化之旅：奥尼尔与中国

走近满墙的书架，笔者不禁感叹奥尼尔阅读范围之广泛。奥尼尔书房的图书数量，据说大约有 8000 册。① 奥尼尔去世后，卡洛塔捐出了奥尼尔当年阅读和收藏的图书。约有 800 册现存于耶鲁大学，② 另有约 1000 册现存于长岛大学。③ 其他藏书下落不明。奥尼尔基金会秘书长戴安妮告诉笔者：根据统计，截至 1944 年，奥尼尔的藏书目录长达 16 页。现在大道别墅书架上的图书并非原件，而是基金会按照当年的藏书目录陆续收集的，数量只是当年藏书的一部分。④

奥尼尔书房里的书籍可谓从古到今，从西方到东方，无所不包。笔者根据有关资料统计，大道别墅有关中国的藏书至少有 40 册，内容涉及中国哲学、历史、文学、艺术等方面。仅英译的道家经典就有三个版本：一是由英国汉学家理雅各（James Legge）翻译、收录在法国汉学家穆勒（Max Müller）主编的《东方圣书》第 39 卷和第 40 卷（1891）的《道德经》和《庄子》，二是理雅各翻译的道家经典合订版（1927），三是美国传教士哥达德（Dwight Goddard）翻译的《道德经》（1919）⑤。其中，1891 年版的理雅各译本是奥尼尔自己所购，后两个版本是奥尼尔夫妇的华人朋友、女画家施梅美（Mai-mai Sze）所赠，书的扉页上有她赠书时的签名。

奥尼尔的藏书还包括英国汉学家、驻华外交官道格拉斯（Robert K. Douglas）关于清代社会的《中国》（1899）；英国驻华外交官庄延龄（Edward Harper Parker）关于中国历史、外交和贸易的《中国》（1917）；英国女作家格兰瑟姆夫人（A. E. Grantham）关于中国历史的概述《青山：中国历史长卷，从远古到公元 1799 年乾隆驾崩》（1927）；美国地理学家盖洛（William Edgar

---

① "Tao House Architect Recalls Eugene O'Neill." *Contra Costa County Times*, Oct. 13, 1968.
② 其中包括奥尼尔自己留存的出版样书，以及其他作家签名后赠送给奥尼尔的作品。
③ 参见：Donald Gallup, "The Eugene O'Neill Collection at Yale." *The Eugene O'Neill Newsletter*, Vol. IX, No. 2, Summer-Fall, 1985.
④ Email from Diane Schinnerer, dated May 17, 2011.
⑤ 哥达德的译本附上了一篇解读文章，载于《老子的道与无为》一书（1919）。

第一部分 从东到西，从西向东：寻找奥尼尔的足迹

Geil）根据多次在中国的旅行撰写的历史地理著作《中国的18个省府》（1911）；美国汉学家顾立雅（Herrlee G. Creel）关于中国文明的著述《中国的诞生》（1937）。奥尼尔的藏书中还有一些是有关中国的传记、回忆录和游记，例如英国记者濮兰德（J.O.P. Bland）与英国驻华外交官巴恪思（Edmund Backhouse）合著的《太后统治下的中国》（另译《慈禧外传》，1910；1914修订）；慈禧御前女官德龄（Der Ling）关于慈禧的传记《老佛爷》（1928）；末代皇帝溥仪的英籍老师庄士敦（Reginald F. Johnston）关于帝师期间的感伤回忆《紫禁城的黄昏》（1934）；英国作家毛姆（William S. Maugham）关于自己在中国的见闻札记《在中国的屏风上》（1922，扉页有毛姆签名）；美国记者莫勒（Edgar A. Mowrer）有关中国的游记《莫勒在中国》（1938，扉页有莫勒签名）等。

大道别墅书房有关中国的部分藏书

奥尼尔还收藏了不少关于中国文学、艺术的书籍，其中包括中国作家熊式一（Hsiung S. I.）根据王宝钏的故事改写的英语戏剧《王宝钏》（1934）；英国汉学家亚瑟·伟雷（Arthur Waley）的汉译诗选《古今诗赋》（1919）；日裔美国学者小畑薰良（Shigeyoshi Obata）翻译的《李白诗集》（1922）；美国诗人陶友白（Harold W. Bynner）与中国学者江亢虎（Kiang Kang-hu）合译的中国古诗选集《玉山：唐诗三百首》（1929）；英裔日本作家小泉八云

045

跨文化之旅：奥尼尔与中国

（Patrick Lafcadio Hearn）编辑的《中国鬼怪故事》（1887）；英国汉学家、驻华外交官文仁亭（E. T. C. Werner）编写的《中国的神话与传说》（1922）；英国作家比尼恩（Laurence Binyon）关于东方艺术的著作《龙之飞舞》（1922）；德国建筑师鲍希曼（Ernst Boerschmann）根据他在中国的游历撰写的《中国的建筑与景观：穿越12个省的旅程》（1923）；英国美学家罗杰·弗莱（Roger E. Fry）等人关于中国艺术的概述《中国艺术：浅谈绘画、陶器、纺织品、青铜器、雕刻、玉器等》（1925）；英国学者霍布森（R. L. Hobson）关于中国历代陶瓷、玉器、青铜器、雕塑、地毯、绘画等艺术品的介绍《中国艺术》（1927）；美国女摄影家多萝西·格雷（Dorothy Graham）关于中国园林艺术与道家思想的著述《中国园林：当代园林的景观，设计及象征意义之诠释》（1938）等。除此之外，奥尼尔还收藏了几本是关于中国文化与民族性格等方面的书籍，其中包括美国传教士明恩溥（Arthur Henderson Smith）撰写的《中国人的性格》（1894）；林语堂的《吾国吾民》（1935）和《生活的艺术》（1937，扉页上有林语堂的签名）等。①

奥尼尔在大道别墅的这些藏书佐证了他对中国文化的兴趣。虽然我们无法判断奥尼尔是否读过所有这些藏书，但根据奥尼尔的工作笔记记载，从1922年到1934年，为了创作《马可百万》和《秦始皇》，他阅读了不少有关中国历史、哲学、文学和艺术等方面的书籍。虽然他后来放弃了《秦始皇》的写作计划，但从他在格兰瑟姆夫人《青山》一书有关秦始皇的部分所做的边注看，他当时认真看过这本书的相关部分。

1928年《马可百万》在纽约上演（主演：阿尔弗雷德·伦特、玛丽·布莱尔）

① 关于奥尼尔有关中国的藏书，详见附录。

第一部分　从东到西，从西向东：寻找奥尼尔的足迹

作为剧作家，奥尼尔在戏剧创作中不时流露出了对东方、对中国的向往。《天边外》《泉》《马可百万》《悲悼》《无穷的岁月》等剧，都不同程度地表现了作家对中国这个东方文明古国的浪漫想象和憧憬。这一点在《马可百万》中最为明显。该剧取材于《马可·波罗游记》，主要场景设在中国元代，主要人物包括开明睿智的忽必烈可汗和美丽纯情的阔阔真公主，该剧因而也被称为奥尼尔的"中国剧"。该剧以阔阔真公主的凄美爱情和伤逝，反衬西方商人马可对金钱的贪婪和灵魂的空虚，对后者不可救药的铜臭味进行了辛辣讽刺。在该剧尾声，作家让马可摇身一变成为现实中的美国百万富商，其寓意不言自明。

1929年身穿中国服装的奥尼尔夫妇

奥尼尔不仅在阅读和写作中"眺望"东方，而且他从很早就向往到达东方。1922年，他在给好友凯尼斯·麦高文的信中提到中国之行的愿望："冬天的计划还没头绪，但也许由于绝望，我们会突然去中国。我也希望如此，因为欧洲对我已经毫无意义。"[1] 信中的"我们"指他和第二任妻子艾格尼丝。1928年，这个愿望终于得以实现。不过，"我们"中的另一半已不是艾格尼丝，而是后来成为第三任奥尼尔夫人的卡洛塔。这一年的二月，为了躲避社会舆论的压力，恋爱中的奥尼尔与卡洛塔"私奔"到欧洲，希望找到安宁。在等待艾

---

[1] O'Neill, "To Magowan"（Sept. 23, 1922）. *"The Theater We Worked For": The Letters of Eugene O'Neill to Kenneth Macgowan*. Ed. Brye. 34.

跨文化之旅：奥尼尔与中国

1926年10月奥尼尔与卡洛塔（照片上有两人的签名）

格尼丝同意离婚协议期间，他变得越来越紧张、焦虑。他决定与卡洛塔以隐姓埋名的方式，一起踏上梦想已久的东方之旅。出发前，他在信中说："我无法形容这次去东方旅行对我多么重要。到那里住上一段时间并且吸收一点背景是我一生的梦想。这次旅行必定对我以后的创作产生有益的影响……这是我一直向往的旅行，我内心对此充满了期望。"[①]10月5日，奥尼尔与卡洛塔从法国马赛港出发，乘坐远洋邮轮"安德烈·勒邦号"（Andre Lebon），沿途经停新加坡、越南和中国香港各数日，于11月9日到达上海港。这对情侣在上海待

---

① O'Neill, "To Benjamin De Casseres"(Sept. 15, 1928). *Selected Letters*. Eds. Bogard and Bryer. 318.

第一部分　从东到西，从西向东：寻找奥尼尔的足迹

了一个月。和在欧洲一样，奥尼尔没有在上海找到安宁。离婚纠葛带来的各种压力和心理负担，以及记者的跟踪，令他心力交瘁，他到达上海后不久就病倒了，在医院住了两周。与此同时，他与卡洛塔的关系也变得紧张。两人发生了激烈争吵，最后匆匆离开上海，提前结束了盼望已久的东方之旅。① 这次在上海的短暂停留或许给奥尼尔留下了不少遗憾，不过，奥尼尔对中国的兴趣显然没有因此受到影响。从两人随后在法国的合影看，奥尼尔兴致勃勃地穿着在上海购买的长袍马褂，卡洛塔也是一身民国时期的中式服装。奥尼尔给子女的信中说：这次东方之旅非常棒，即使给他一百万美元他也不愿错过这次旅行。他说道："我看到了各种各样的奇特地方，在船上和上岸后达到的城镇，我见到了许许多多不同的人，我感到我的人生经历增加了一个全新的世界。""尽管又生病又遇上讨厌的新闻曝光，不过，总而言之，整个旅行是一次非常棒的、令人激动的经历。"② 从奥尼尔夫妇多年后在加州建造的大道别墅看，奥尼尔夫妇对中国的兴趣有增无减。

大道别墅的楼梯口，两侧各有一个中国风格的狮子木雕

早在 20 世纪七八十年代，奥尼尔对东方的兴趣以及他戏剧中的东方特

---

① 返回途中，两人和好；1929 年 1 月底，回到法国。这次东方之旅历时四个月，原计划为一年。详见：Gelbs, *O' Neill* (1973), 680—684. 关于此行对奥尼尔戏剧在中国传播的影响，参见：刘文尧："奥尼尔东方之行及其对中国现代戏剧的影响"。载《成都大学学报》（社哲版），2015 年第 6 期，第 66—75 页。

② 详见：O' Neill, "To Shane and Oona O' Neill"(Jan. 31, 1929)；"To Eugene O' Neill, Jr."(Feb. 5, 1929). *Selected Letters*. Eds. Bogard and Bryer. 322—323.

色，就引起了国内外学者的关注。卡彭特在《尤金·奥尼尔：东方与美国超验主义》(1976)一文中指出："东方特色是奥尼尔艺术中最重要、最显著的一个方面，也是最难阐释的一方面。"① 弗伦茨继而在《奥尼尔与中国》(1979)、《<马可百万>、奥尼尔的中国经历与中国戏剧》(1981)专文讨论了奥尼尔对中国、对道家思想的兴趣，提出：奥尼尔对东方的兴趣在《马可百万》中表现得最为明显，"他在戏中出色地描述了东方思想，并融入了他博览东方各种宗教书籍的心得……这位美国剧作家也许希望，在东方哲学中，道家思想能够为物质主义西方的弊病提供一种疗法"②。罗宾森在《尤金·奥尼尔和东方思想》(1982)中也强调指出：奥尼尔"在众多东方思想流派中对道家情有独钟"③。刘海平进而在论文《奥尼尔与老庄哲学》中指出："如果把奥尼尔早年创作和中、后期创作中的东方特征加以分析比较，我们能发现它有着一个从笼统、泛泛的东方观念逐步向道家思想靠拢的发展过程。"④ 八九十年代以来，不少中国学者纷纷撰文论述了道家思想对奥尼尔的重要影响。⑤

1932年，奥尼尔在给评论家卡彭特的回信中这样说道："我根本不认为自己的戏剧有东方思想的影响。如果有，肯定不是有意识的。多年前，我的确读了不少东方哲学和宗教方面的书籍，但从未进行过深入研究。我的阅读只是为了对这方面有所把握，作为我的哲学背景的一部分。"不过，他接着坦言

---

① Carpenter, "Eugene O'Neill, the Orient, and American Trascendentalism." Griffin, ed., *Eugene O'Neill: A Collection of Criticism*, 40.

② 弗伦茨："《马可百万》、奥尼尔的中国经历与中国戏剧"。载龙文佩主编：《尤金·奥尼尔评论集》，第316—321页。弗伦茨先后在两篇论文中论述了奥尼尔对中国的兴趣和他戏剧中的东方特色，详见：Horst Frenz, "Eugene and China." *Tamkang Review* 10 (1979), 5—11; "Marco Millions, O'Neill's Chinese Experience and Chinese Drama." *Comparative Literature Studies* 18 (1981), 362—365.

③ Robinson, *Eugene O'Neill and Oriental Thought: A Divided Vision*, 30.

④ 刘海平："奥尼尔与老庄哲学"。载廖可兑主编：《奥尼尔戏剧研究论文集》(1988)，第24页。

⑤ 蒋虹丁对其中一些提法提出了质疑。他认为：对于奥尼尔是否受道家思想的影响，不要轻易做出定论，不要生搬硬套地把《道德经》中的片章断句用于论证这种影响。详见蒋虹丁："奥尼尔创作源泉究竟是什么？"载《外国文学评论》，1989年第2期，第21—28页。

道:"老子和庄子的神秘主义或许比其他任何东方书籍更使我感兴趣。"① 我们无法考证奥尼尔是否读懂了《道德经》,也无法确定道家思想是否在无形中渗入了他的生活和创作,不过,根据他给卡彭特的信中所言,以及他在大道别墅收藏的不止一个版本的道家经典,他显然对道家思想非常感兴趣。或许,大道别墅的命名也与他对道家思想的兴趣有关。

无独有偶,奥尼尔第三任妻子卡洛塔对东方的兴趣和对道家的热衷并不亚于奥尼尔。如果说"奥尼尔一生有两件事反映出这位剧作家对亚洲的兴趣,一件事是1928年的东方之行,另一件是大道别墅的建造"②,那么,这句话同样适用于卡洛塔。据卡洛塔日记记载,她从少女时代就对中国产生了浓厚的兴趣,梦想有一天到达这个遥远的东方古国。她对中国古色古香的家具、建筑和园艺风格,以及瓷器、玉器、纺织等艺术品都非常着迷。

1939年奥尼尔夫妇在大道别墅客厅

---

① O'Neill, "To Frederic I. Carpenter"(June 24, 1932). *Selected Letters*. Eds. Bogard and Bryer. 401.

② 弗伦茨:"《马可百万》、奥尼尔的中国经历与中国戏剧"。载龙文佩主编:《尤金·奥尼尔评论集》,第316页。

跨文化之旅：奥尼尔与中国

　　1937年，卡洛塔与奥尼尔共同支付了八万多美元（其中四万是奥尼尔获得诺贝尔奖的奖金），在风景如画的山谷，建造了大道别墅。从1937年秋到1944年年初，卡洛塔陪伴奥尼尔在大道别墅居住了六年多时间。也许奥尼尔夫妇对道家思想的了解并不多，① 但大道别墅的命名、院门上和壁炉铁架上的"大道别墅"四个汉字、室内外建筑风格中的中国特色、大量的中式家具、用品和服装，以及诸多有关中国的书籍，无不透露出这座房屋的主人对中国文化的浓厚兴趣。如果大道别墅里收藏的图书和面具让人感受到奥尼尔对中国历史、哲学、文学和戏剧艺术等方面的兴趣，那么大道别墅的建筑风格和家具则更多地展现了卡洛塔对中国艺术情调的偏爱。大道别墅的建筑风格和色彩搭配富有艺术品位，室内布置高雅而细腻，卡洛塔功不可没。用奥尼尔的话说，大道别墅是"卡洛塔的杰作"②。作为大道别墅的"总设计师"，卡洛塔在大道别墅的建造、命名、风格设计等方面，发挥了至关重要的作用。可以说，大道别墅体现了奥尼尔夫妇对中国文化的共同兴趣，对道家思想的共同倾向。

奥尼尔夫妇在大道别墅庭院

作为奥尼尔的"贤内助"，卡洛塔对奥尼尔"大道别墅戏剧"的创作同样具有不可低估的作用。博加德这样评价道："在卡洛塔的料理下，这座建筑物成为这样一个理想的场所，从书房里不断迸发巨大的

---

① 奥尼尔夫妇的华人朋友施梅美说：卡洛塔曾向她咨询过"道"的意思和大道别墅的命名。在她看来，奥尼尔夫妇对中国的理解天真而浪漫，他们把"道"的智慧和博大精深的内涵简单化、浪漫化了。她认为：虽然他们取的名字并不很恰当，但只要他们喜欢，那又何妨。详见：Gelbs, *O'Neill*（1973），825.

② Sheaffer, *O'Neill: Son and Artist*, 471.

能量。奥尼尔在这里的写作活动和成就,是令人叹为观止的。"① 对于奥尼尔而言,她是妻子、情人、妈妈、护士,也是秘书、助手、打字员、合作者。在奥尼尔的创作过程,她不仅要尽心为他提供了一个遮风挡雨、适于写作的家,并且要精心照顾他的生活和健康,同时还要耐心辨认他用颤抖的手写下的细小字迹,在打字机上将"大道别墅剧"的全部手写稿、修改稿变为打印稿、定稿。1941 年 7 月 22 日,为纪念两人结婚十二周年,奥尼尔把刚刚完成的《进入黑夜的漫长旅程》手稿题献给卡洛塔。他用颤抖的手在手稿上写道:"我想藉此感激你的爱和温柔,是你的爱和温柔使我对爱产生了信念,从而使我终于能够面对死去的亲人,并且怀着对蒂龙一家四个不幸人深深的怜悯、理解和宽容,写了这部剧。亲爱的,这十二年是通向光明,通向爱的旅程。"② 作为艺术家,奥尼尔把生命献给了戏剧事业;作为艺术家的妻子,卡洛塔以奥尼尔的创作为自豪,并且把所有的才能和热情都投入到奥尼尔的戏剧创作事业。③ 共同的事业,以及对中国文化的共同兴趣,使得奥尼尔夫妇在大道别墅期间琴瑟和鸣。

奥尼尔夫妇在大道别墅阳台

---

① 博加德:"在寂静的大道别墅所想到的",西门露沙译。载廖可兑主编:《尤金·奥尼尔戏剧研究论文集》(1997),第 11 页。

② O' Neill, "For Carlotta on Our 12th Wedding Anniversary." *Inscriptions: Eugene O' Neill to Carlotta Monterey O' Neill*. Ed. Donald Gallup. 114—115.

③ 1961 年,卡洛塔在采访中说:"我乐意为他的工作提供帮助,我嫁给他是因为我对他的工作感到自豪。"详见:Barbara Gelb, "To O' Neill, She Was Wife, Mistress, Mother, Nurse." *The New York Times*, Oct. 21, 1973.

三个小时的参观时间在不知不觉中过去。大道别墅无处不在的中国元素，令我们在参观过程中兴致勃勃。当我们再次经过庭院时，却开始有些伤感起来。眼前的庭院，葱葱依旧，却难掩大道别墅的空落无主。临别，笔者再次环顾四周，眼前依稀出现奥尼尔埋头写作、卡洛塔专心打字的身影。大道别墅见证了奥尼尔作为戏剧家的伟大，也见证了卡洛塔对奥尼尔戏剧创作的贡献。

四、奥尼尔在波士顿的最后岁月

1948年，奥尼尔如同一个筋疲力尽、返航归来的老水手，回到波士顿港湾。在这个早年扬帆出海的地方，奥尼尔走完了生命的最后旅程。1953年，这个伟大而不幸的戏剧家告别人世，永远长眠于波士顿。在本书这一部分，笔者以波士顿大理石岬、谢尔顿楼、森林山墓地三个遗迹为线索，再次回望作家在波士顿的最后岁月，追念其不朽的灵魂和宝贵的精神遗产。

（一）

由于一种罕见的神经系统退化型疾病，奥尼尔从年轻时就出现手部颤抖的现象。[①]1939年，他的病情开始加重，字迹越来越难以辨认。奥尼尔意识到自己可能因此无法完成大型组剧《占有者自己剥夺自己的故事》的写作计划。他在给朋友的信中写道："我突然感到必须把我很久以来一直想写的、我知道自己能够完成的剧本写出来。"[②]他所说的必须赶紧写出来的剧本就是以他早年生活为题材、后来被誉为他最伟大的几部作品：《送冰的人来了》《休伊》

[①] 曾疑为帕金森症。死后进行病理解剖，确诊为"小脑皮层萎缩症"（cerebella cortical atrophy）。

[②] Barbara Gelb, "To O'Neill, She Was Wife, Mistress, Mother, Nurse." *The New York Times*, Oct. 21, 1973.

《进入黑夜的漫长旅程》《月照不幸人》等。1945年,奥尼尔从加州重返纽约,在接下来的两年里,先后上演了《送冰的人来了》和《月照不幸人》。然而,这两部剧作上演后都没有得到应有的好评,许多人甚至认为他的戏剧已经过时。奥尼尔决定不再上演任何新剧。1948年4月,奥尼尔夫妇从纽约迁往波士顿,住进丽思-卡尔顿酒店,开始在波士顿附近寻找一处安静、适合写作的地方安家。7月,卡洛塔在波士顿以北的大理石岬海边买下一座简易的小楼,并着手翻修。10月,奥尼尔夫妇搬进新家。

大理石岬[①]是面对大西洋的海边名镇,因当地人误把巨大的岩礁当成大理石而得名。小镇总面积为50多平方公里,陆地面积不到12平方公里,水上面积约40平方公里,由一个伸向马萨诸塞海湾的岩石半岛和半岛以东一个狭长的地峡组成。半岛与地峡之间由一条长长的沙堤连接。奥尼尔夫妇的新家位于地峡的"岩石尖巷"(Point O' Rocks Lane in Marblehead Neck),距离海防站不远。他们的海边小屋共上下两层,房屋的主体部分建在岸上一小块坡地上,其余部分建在水上,由钢缆固定在岩石上。屋内,卡洛塔特地为热爱大海但行走困难的奥尼尔安装了一部升降梯,以及一个用玻璃封闭、面对大海的阳台。站在阳台上,大海尽收眼底,人仿佛与大海融为一体。春夏和初秋时节,这里的景色很美;但在漫长的冬天,小屋就成了"一个可怕的地方":暴风袭来时,海浪仿佛就打在头顶上、随时会把人卷走。[②]

搬入海边小屋以后,奥尼尔的书桌上天天都整齐地摆放着铅笔和稿纸。他多次试图重新开始写作,但每次都由于双手颤抖、难以握笔而不得不放弃。1949年2月4日,他在致律师的信中说:"颤抖的疾病一天比一天严重,我再

---

① 大理石岬最初是印第安部落的居住地,1629年成为萨勒姆的一个移民定居点。18世纪因参与海盗活动开始发达,从小渔村发展为以渔业为主的镇子;19世纪末期,因制鞋业和快艇娱乐业而繁荣,成为帆船训练的重要基地和多家快艇俱乐部所在地。这里曾住过各行各业的许多名人,其独特的海边风景成为一些小说、影片中的故事背景。

② Barbara Gelb, "To O'Neill, She Was Wife, Mistress, Mother, Nurse." *The New York Times*, Oct. 21, 1973.

也无法写剧了，哄骗自己还能写作是无济于事的。"①4月29日，他在致剧作家阿瑟·米勒（Arthur Miller）的回信中表示：他非常乐意接受米勒的邀请观看《推销员之死》（Death of Salesman）的演出并与米勒会晤，但是，"由于颤抖的疾病，我几乎什么也做不了"②。年底，面对媒体关于奥尼尔健康状况的询问，卡洛塔回答说："他已经三年没有写作了——只有上帝知道他是否还能够写作。情况很糟糕，他的病加重了，先是双手颤抖，后来脚也颤抖。"③

写作，一直是奥尼尔夫妇情感交流的重要纽带。当疾病使奥尼尔无法写作以后，他感到越来越沮丧；对长期担任他的秘书、助手、打字员的卡洛塔而言，生活也失去了目标和意义。他们的关系因此出现了很大的变化。1945—1947年在纽约居住时，两人的关系就开始变得紧张起来。1948年1月，两人发生激烈争吵，卡洛塔离家出走；奥尼尔醉酒后摔倒，左臂骨折住院，住院期间曾考虑离婚。④搬到大理石岬后，随着奥尼尔疾病加剧、恢复写作无望，两人的冲突愈加频繁。1950年9月，40岁的长子小尤金自杀身亡，奥尼尔情绪更加恶劣。在孤寂的海边，除了阵阵的浪涛声，就是小屋不断响起的争吵声。1950年底，小屋成了郁积彼此不满和怨恨的地方，两人之间的风暴随时可能来临。

1951年2月5日，奥尼尔与卡洛塔争吵后离开小屋，在门前的雪地上摔倒，右腿骨折，被送进萨勒姆医院。不久，奥尼尔在纽约的朋友们把他转到纽约的一家医院。住院期间，随着支持奥尼尔离婚的朋友们不断介入，奥尼尔夫妇关系极度恶化。几个月以后，经过认真考虑，奥尼尔决定回到卡洛塔身边。两人最终和解，但身体日益衰弱的奥尼尔没能再回大理石岬。

---

① O'Neill, "To Winfield E. Arongberg"(Feb. 4, 1949); "To Eugene O'Neill, Jr."(late Dec., 1948 or Early Jan. 1949). *Selected Letters*. Eds. Bogard and Bryer. 584—585.

② Bogard and Bryer, "A Comradeship-in-Arms: A Letter from Eugene O'Neill to Arthur Miller." *The Eugene O'Neill Review*, Vol. 17, Nos. 1 & 2, Spring/Fall 1993.

③ Barbara Gelb, "To O'Neill, She Was Wife, Mistress, Mother, Nurse." *The New York Times*, Oct. 21, 1973.

④ 1948年3月，两人和好。奥尼尔决定与卡洛塔一起离开喧嚣的纽约。4月，两人来到波士顿。

（二）

1951年5月17日，奥尼尔出院，回到波士顿，与卡洛塔团聚，住进位于市区、就医方便的谢尔顿酒店。直到1953年去世，奥尼尔一直住在谢尔顿酒店四层楼尽头的401套房（内有一个客厅、两间带独立卫生间的卧室、一个小房间）。在这里，他几乎完全与外界隔绝。除了就医，他几乎从未离开过酒店。他经常长时间地坐在小房间的窗前，凝视着不远处的查尔斯河和河面上哈佛划船队的训练。① 或许，眼前的景象使他回到早年在海上度过的难忘时光。

谢尔顿酒店背靠查尔斯河，晚年的奥尼尔经常长时间从四层房间的窗户俯瞰河面

奥尼尔显然意识到波士顿将成为他生命的终点。1951年5月28日，他立下遗嘱，指定卡洛塔为唯一的遗产继承人和遗嘱执行人，希望夫妇葬在同一个墓地，"立一块简单的墓碑"。② 1952年7月22日，奥尼尔在刚出版的《月照不幸人》的扉页上写下给卡洛塔的最后题献："我老了，亲爱的，倘若没有

---

① Gelbs, *O'Neill*（1973），934—935.
② "Author O'Neill Left Entire Estate to Wife." *The Boston Globe*, Dec. 24, 1953.

你在身边、没有你一如既往的深情和理解，我会厌倦生命……。"①年末，他委托卡洛塔销毁了六部未完成的组剧作品手稿、提纲和剧情说明，只留下了完成稿《诗人的气质》和未经最后修订的稿本《更庄严的大厦》。他还委托她把大批手稿——剧作、诗歌、日记和工作笔记等文件，都交给耶鲁大学保存。②在生命最后的三个月里，他经常对卡洛塔谈到死亡和后事，希望临终时保持尊严、丧事办得越简单越好。③1953年11月上旬，卧病在床的奥尼尔似乎预感到死亡的临近，他委托卡洛塔在波士顿森林山墓园买下了一块墓地。中旬以后，奥尼尔肺部出现了感染。他病得更重了。主治医生说："他似乎不愿意再活了。"④1953年11月27日下午，奥尼尔在谢尔顿酒店401房去世。据酒店的工作人员回忆，"这个伟大的剧作家被裹在黑色的毯子里……像其他人一样……被担架抬了出去"⑤。

1954年，波士顿大学买下谢尔顿酒店，把它改造成学生宿舍楼，称为"谢尔顿楼"。20世纪80年代初期，美国奥尼尔学者布鲁克斯（Marshall Brooks）到访这里，在文中感伤地写道："这是一座难看的建筑，它以突兀的直角、毫无生气和个性的砖石结构，概括了奥尼尔在最后的痛苦岁月里的极度沮丧和失望"，"在波士顿无数的历史遗迹和文物建筑中，没有一个像这座楼这样给人一种怪怪的、冷冰冰的感觉"；"在如今是宿舍楼的建筑里，波士顿大学有多少学生知道在401房间度过人生最后岁月的人，就是那个创作了

---

① O'Neill, *Inscriptions: Eugene O'Neill to Carlotta Monterey O'Neill*. Ed. Donald Gallup. 另见：Gelbs, *O'Neill*（1973），937—938.《月照不幸人》于1952年6月30日由兰登书屋首次出版，但当时销路不畅。

② Sheaffer, *O'Neill: Son and Artist*, 666—667.

③ Gelbs, *O'Neill*（1973），938—939. Sheaffer, *O'Neill: Son and Artist*, 667—668.

④ 克罗斯韦尔·鲍恩：《尤金·奥尼尔传》，陈渊译，第463页；Sheaffer, *O'Neill: Son and Artist*, 670；Gelbs, *O'Neill*（1973），939; Forest Hills Cemetery Archive, "Letter from Neld Savage to Albert Olson"（Mar. 25, 1980）.

⑤ Sheaffer, *O'Neill: Son and Artist*, 670. Gelbs, *O'Neill*（1973），939—942; *The Boston Globe*, Dec. 2., 1953.

《进入黑夜的漫长旅程》的人？"①布鲁克斯因奥尼尔晚年的凄惨状况而深感悲哀，也因美国大学生对奥尼尔知之甚少而深感失望。

2009 年 1 月 20 日（时值大寒），笔者来到谢尔顿楼，寻访奥尼尔的遗迹。笔者欣慰地看到：波士顿大学和住在谢尔顿楼的学子们并没有忘记奥尼尔。

走近谢尔顿楼，笔者注意到：虽然这座楼几经变迁，雕刻在大门上方石墙上的老楼名"Sheraton"仍然保存完好、清晰可见。步入楼门，迎面是宽敞的大厅，摆放着供来宾休息的舒适椅子，宽敞的窗户上挂着枣红色的窗帘，给人一种温馨的感觉。大厅休息区的墙壁上挂着两幅镜框，一幅是奥尼尔的画像，一幅是关于奥尼尔生平和创作的文字介绍。在奥尼尔的画像傍边，粘贴着一封卡洛塔用谢尔顿饭店的信笺写给朋友的回信，信中写到奥尼尔的逝世和她的悲伤，落款时间是 1953 年 12 月 17 日。

谢尔顿楼的管理员热忱地接待了笔者的访问。得知笔者来自中国，管理员特地请了楼里住的一位女生担任向导，带领笔者到奥尼尔住过的楼层和房间参观。奥尼尔住过的 401 房（现在编号是 418 房），住着一位学生辅导员。房门上贴着一张彩纸，上面写着"这里住过奥尼尔"。由于辅导员不在房间，笔者没能进室参观。不过，通过与波士顿大学的学生交谈，笔者得知：住在谢尔顿楼里的学生，尤其是四楼的学生，对奥尼尔都有一种特殊的感情，他们亲切地叫他"尤金"。许多学生希望与奥尼尔的灵魂交流，听取他对写作的建议。有几个学生甚至还在夜间举办过"招魂"活动。波士顿大学的校园网刊载了不少有关奥尼尔灵魂的传说和留言。②有一位在谢尔顿楼里住过八年的教工说：他在楼里从未遇到传说中的超自然现象，不过，"如果楼里真有奥尼

---

① Marshall Brooks, "Eugene O' Neill' s Boston." *The Eugene O' Neill' s Newsletter,* Vol. VIII, No. 2, Summer-Fall 1984（http://www.eoneill.com/library/newsletter）.

② 据传说,奥尼尔的灵魂经常出现在谢尔顿楼。楼里出现过各种神秘现象，例如：有人听见敲门声，开门却发现没人；电梯在四楼自动停下、开门；四楼楼道的灯光无缘无故地忽明忽暗。有人对这些传说中的"怪事"做过解释：电梯失灵是因为使用的时间太久，电路老化；四楼走道的灯光比较暗，与天花板的高度有关；有些现象其实只是巧合。

跨文化之旅：奥尼尔与中国

尔的灵魂，那肯定是个慈爱、亲切的精灵。"①

不论传说中的现象是否纯属巧合或有人恶作剧，对于谢尔顿楼的学生们而言，奥尼尔的灵魂从来没有离开过这座楼。自20世纪80年代以来，每逢奥尼尔的忌日，谢尔顿楼里的学生都会为他举行纪念活动。1983年11月，他们曾用一周的时间演出奥尼尔戏剧片段、讨论其作品。1984年秋天，奥尼尔住过的四楼被命名为"作家楼"，由立志成为作家的学生申请住宿。2003年11月，为纪念奥尼尔逝世50周年，谢尔顿楼在大厅挂上了两幅纪念奥尼尔的镜框。楼里爱好写作的学生从奥尼尔的艺术成就中得到启发和鼓舞，经常举办文学沙龙，阅读和评论自己创作的作品；每年春天，他们将自己写的小说、诗歌和短文编辑成册，称之为"尤金的遗产"。

奥尼尔的灵魂在守护着"作家楼"

（三）

森林山墓园位于波士顿西南部的森林山，创建于1848年，是美国最大的花园式墓园之一，埋葬着不少在美国历史上具有重要影响的人物。② 这里是奥尼尔生命的终点站，也是笔者在波士顿寻访奥尼尔遗迹的最后一站。

---

① http://www.bu.edu/today
② 除了奥尼尔，还包括废奴运动的领袖人物威廉·卡里森（William Lloyd Garrison）、女权运动的领袖人物露西·斯通（Lucy Stone）、现代主义诗歌的先驱人物卡明斯（e.e. cummings）等。参见：Susan Wilson, *Garden of Memories: A Guide Book to Historical Forest Hills*; http://www.foresthillscemetery.com.

波士顿森林山墓园（左前方是墓园大门，右边是墓园管理处）

奥尼尔去世后，按照他的遗嘱，丧事从简，没有举行追悼会，也没有公开的葬礼。1953年12月3日上午，正值波士顿交通高峰时段，一辆灵车和一辆小轿车避开媒体的视线，悄然离开谢尔顿酒店附近的"沃特曼父子殡仪馆"，穿过波士顿市区，驶向森林山墓园。一路上，几乎没人留意这两辆车，更不知道灵车载的就是美国最伟大的剧作家、小轿车里坐的是为他送行的三个人：卡洛塔、医生和护士。奥尼尔下葬时，没有举行宗教仪式，没有唱圣歌，没有念祈祷文，只有默默的悼念。当他的灵柩入土时，墓园的工作人员将一束白菊放在上面，三个送葬人低头致哀。整个过程，没有人说话。卡洛塔一身黑衣，面色苍白，神情哀伤，但没有流泪。[①]

2009年1月21日上午，笔者在李敏辞博士的陪同下，来到森林山墓园。在管理处两位工作人员的引领下，我们从高大肃穆的哥特式大门进入墓园。前夜的大雪把墓园变成了洁白、寂静的世界，除了我们一行四人，园中空无

[①] "Three Mourning Silent Mourning as Eugene O' Neill Buried." *The Boston Globe*, Dec. 4, 1953; Gelbs, *O' Neill*（1973），941—942；Sheaffer, *O' Neill: Son and Artist*, 672—673.

跨文化之旅：奥尼尔与中国

一人。我们在编号为"栗树路8188号"的墓地前停下，那里就是奥尼尔长眠的地方。

奥尼尔墓地被厚厚的白雪覆盖着。笔者踏着深及膝盖的积雪来到墓碑前。只见墓碑一大半都埋在雪里，墓碑的边缘也铺着一层厚厚的白雪。墨绿色的灌木丛挂着簇簇雪花，环抱着墓碑；墓碑旁耸立着一棵大树，犹如卫士一般守护在墓地。与园中众多维多利亚风格的墓碑雕刻相比，奥尼尔的墓碑显得简洁、质朴。墓碑上半部分刻着奥尼尔的名字、生卒时间和地点，下半部分刻着卡洛塔的名字、生卒时间和地点。由于积雪太深，笔者没能看到碑文的最后一行字。不过，根据1953年画在谢尔顿酒店信笺上、有律师和卡洛塔签名的墓碑设计图，笔者知道埋在雪里的是"安息"。这行字成了笔者在墓前默念的一句话。

站在奥尼尔的墓前，笔者不禁为他痛苦的晚年而难过。奥尼尔的一生充满了悲剧色彩，他生命的最后几年更是不幸。写作是奥尼尔的生命，可是，就在他达到创作力的巅峰时，疾病却迫使他辍笔。他有许多写作计划和构思好的戏剧人物，却无法把它们写成剧本。奥尼尔传记家谢夫(Louis Sheaffer)在比较了奥尼尔和谢尔登的不幸遭遇之后说："从某种程度上说，奥尼尔比谢尔登更不幸。"[1]1908年，年仅22岁的谢尔登因《拯救内尔》一夜成名，但后来却非常不幸：他1915年全身瘫痪，1930年双目失明。[2]谢尔登瘫痪和失明后通过口述的方式继续创作，而奥尼尔除了手写的方式无法用其他方式进行创作。疾病剥夺了奥尼尔写作的能力，继而又夺走了他行走的能力，最后使他骨瘦如柴，"如同一根熬干的蜡烛"[3]。奥尼尔所患的这种疾病特别残酷，它

---

[1] Sheaffer, "Saxe Commins and the O' Neills". *The Eugene O' Neill Newsletter*, Vol. II, No. 2, Sept, 1978 (http://www.eoneill.com/library/newsletter/ii_2/ii-2d.htm).

[2] 谢尔登在病床上顽强地活到60岁。他对艺术的执着、面对不幸的勇气感染了很多人，为同行所敬重，被誉为"戏剧界的教皇"。1947年，奥尼尔在纽约时，曾在谢尔登离世的房子 (Penthouse, 35 East 84th Street, NY) 住过一段时间。

[3] Sheaffer, *O' Neill: Son and Artist*, 661; Gelbs, *O' Neill* (1973), 938.

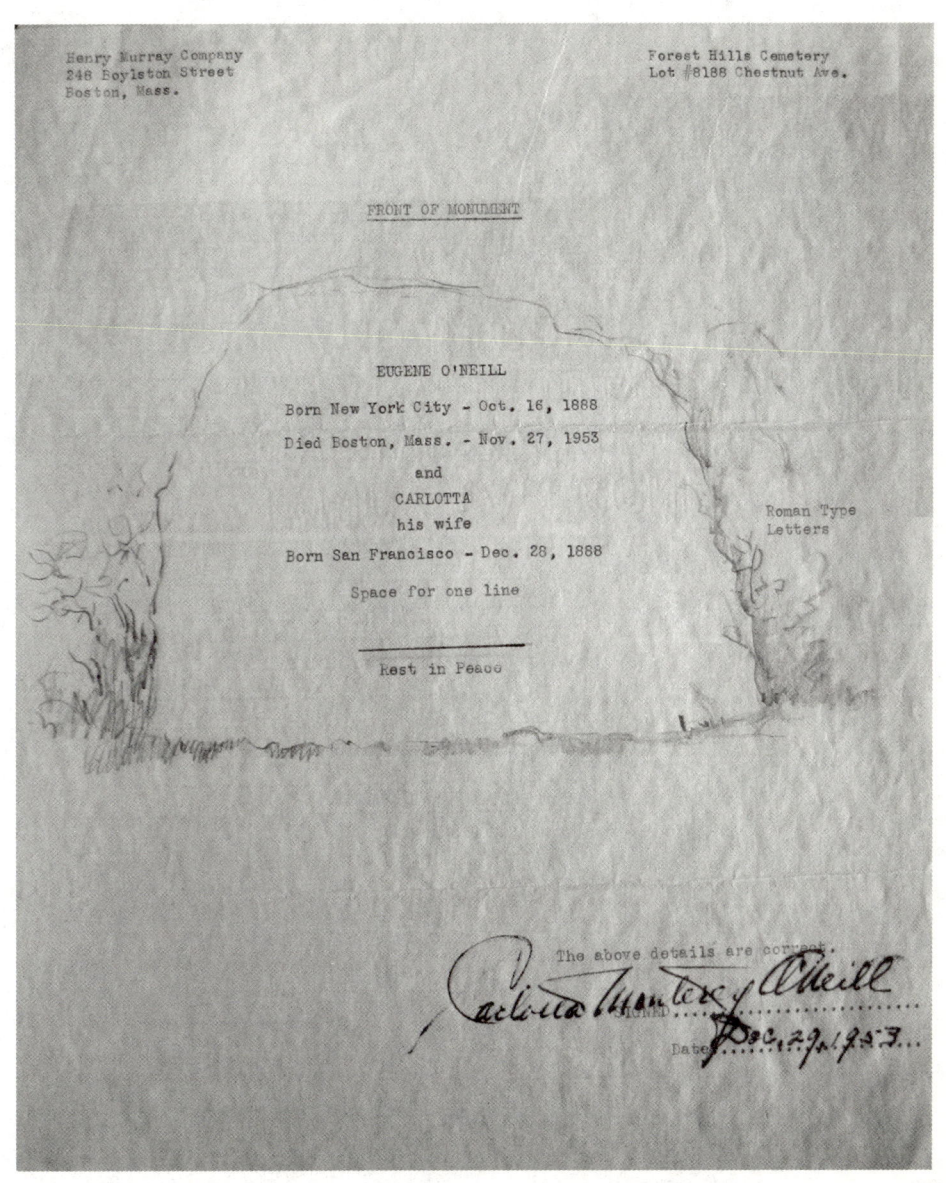

第一部分　从东到西，从西向东：寻找奥尼尔的足迹

奥尼尔墓碑设计图，上有奥尼尔夫人卡洛塔1953年12月29日签名

不影响病人的大脑,它让病人清楚地看到、感受到自己肢体逐渐萎缩、失去机能的整个过程,却又无能为力。奥尼尔一生创作了 50 多部悲剧,可他的结局却比他笔下的任何人物都悲惨。

奥尼尔是不幸的,也是幸运的。他的夫人卡洛塔,不仅为他的后期创作提供了非常重要的支持和保障,而且在他生命的最后旅程,全程陪伴在他身边。奥尼尔去世后,她全力以赴地投入到上演和出版他作品的事业中,对推动奥尼尔戏剧在美国的复兴起了非常重要作用。卡洛塔于 1970 年 11 月 18 日在一家养老院去世。按照她的遗嘱,她的骨灰葬在奥尼尔旁边,继续与他相伴、相守。

1956 年 2 月 10 日,奥尼尔的自传体家庭悲剧《进入黑夜的漫长旅程》在瑞典斯德哥尔摩皇家剧院成功上演;20 日,剧本由耶鲁大学出版;接着,该剧于 10 月 15 日在波士顿、11 月 7 日在纽约成功上演,在世界范围引起了巨大反响。继《进入黑夜的漫长旅程》之后,《送冰的人来了》和《月照不幸人》分别于 1956 年 5 月和 1957 年 5 月在纽约重新上演,进一步引起了世人对奥尼尔戏剧的重视。1957 年,《进入黑夜的漫长旅程》被追授普利策奖。[①]之后,奥尼尔其他几部后期剧作也陆续上演:《诗人的气质》于 1957 年 3 月 29 日在斯德哥尔摩首演,1958 年 9-10 月先后在纽黑文、波士顿、纽约等地上演;《休伊》于 1958 年 9 月 18 日在斯德哥尔摩首演,1964 年 12 月 22 日在纽约上演;《更庄严的大厦》于 1962 年 9 月 11 日在斯德哥尔摩首演,1967 年 9 月 12 日在洛杉矶上演。随着奥尼尔剧作的相继上演和重演,奥尼尔和他的戏剧重新回到人们的视野。六十多年过去了,奥尼尔戏剧没有被世界遗忘。

安息吧,伟大而痛苦的灵魂!

---

① 这是奥尼尔第四次获得普利策文学奖。之前,《天边外》《安娜·克里斯蒂》《奇异的插曲》分别于 1920、1922 和 1928 年获得该奖。

五、海上经历与奥尼尔的戏剧创作

当谈到自己如何成为剧作家时,奥尼尔曾强调指出:他作为剧作家的真正开端,是离开普林斯顿大学校园后和水手们一起出海的时候,即 1910 年 6 月乘坐帆船,从波士顿前往布宜诺斯艾利斯的时候。① 对于奥尼尔,这次以及之后的几次海上经历具有非常重要的意义。他曾以诗歌的形式抒发过对大海和自由的热爱,也曾在短篇小说里纪念过当年的水手朋友,但他更多地把对海上生活的怀念融入到了戏剧创作。笔者根据奥尼尔的剧作,参考有关奥尼尔传记、访谈、回忆、评论,以及奥尼尔生前的讲话、书信等资料,考察奥尼尔早年的海上经历对其戏剧创作生涯所产生的深刻而持久的影响。

(一)

关于 1910 年 6 月第一次出海的缘起,奥尼尔曾解释道:"这事很自然……是源于我内心真实想法……我在波士顿的码头结识了一帮水手……他们带我去见了船长";"我之前某个时候读了康拉德的《"那西塞斯号"上的黑人》和杰克·伦敦的作品,然后有了扬帆出海的冲动。"② 除了受康拉德和杰克·伦敦海上历险作品的影响,奥尼尔这次出海的冲动与他当时的困顿处境直接相关。

奥尼尔的青春岁月充满了反叛和坎坷。1906 年 9 月,他进入普林斯顿大学,但大学里循规蹈矩的氛围让他感到乏味,而校方要求学生周日到教堂祷告的规定更让他反感,不到一年,他就因酒后滋事、旷课、缺考等"不良表现"被校方除名。1909 年 10 月 2 日,不满 21 岁、尚未自立的奥尼尔,为了弥补他造成女友凯思琳未婚先孕的后果,不得已与她匆忙地秘密结婚;两周后,为了寻找出路,也出于对探险和淘金的浪漫幻想,他动身前往洪都拉斯

---

① 参见:Halfmann, ed., *Eugene O'Neill: Comments on the Drama and the Theater*, 6—8.
② Gelbs, *O'Neill: Life with Monte Cristo*(2000), 267.

勘探金矿。在洪都拉斯的热带丛林里,他没有找到金子,反而染上疟疾。五个月后,他失望而归。1910年4月,他加入父亲詹姆斯·奥尼尔所在的《白衣修女》剧组,随剧组巡回演出来到波士顿。在波士顿停留的两周,苦闷的奥尼尔经常在码头附近徘徊。

在码头上来来往往的船只里,一艘名叫"拉辛号"的三桅帆船吸引了他的目光:这是一艘挪威的货运帆船,1892年建造于英国,全长200英尺,最快时速达14海里/小时。当汽船开始遍布海上时,"拉辛号"是少数几艘敢与汽船竞争的帆船之一,被水手们亲切称为"老伙计"。奥尼尔从刚下船的水手那里得知,船在波士顿装运木材,之后将开往布宜诺斯艾利斯;他还听说船长有时会接收一两名愿意在船上帮忙干一些零活的乘客。即将远航的"拉辛号"萌发了奥尼尔出海远行、逃离困境的想法。

1940年奥尼尔在看他所收藏的帆船模型

返回纽约后,他的处境变得更加难堪,也因此促成了他的"扬帆出海":1910年5月,儿子小尤金生不逢时地降临人间。紧接着,报纸幸灾乐祸地对奥尼尔的秘密婚姻进行了曝光和渲染,① 使他承受了巨大的心理压力,也因此坚定了他出海远行的决心。6月初,在支付了75美元船费并同意在船上帮忙干点轻活以后,奥尼尔登上了"拉辛号"。6月6日,"拉辛号"带着半乘客、半水手身份的奥尼尔,从波士顿港的"神秘码头"扬帆起航,前往布宜诺斯艾利斯。在甲板上,奥尼尔写了一首以"自由"为题的诗歌,表达对大海和

---

① 1910年5月7日,《纽约世界报》刊登了一篇文章,标题为"一个男婴的降生暴露了尤金·奥尼尔的婚姻",对奥尼尔的隐私进行了专门报道。

自由的渴望。诗中坦言:"我抿了口所谓'人生美酒',却付出蒙羞的代价";"我厌倦城市的喧嚣,厌恶世俗的眼光/我渴望荒蛮的海域,让灵魂自由翱翔。"① 这首短诗真实记录了他当年出海的动因和感受。

当帆船在浩瀚无边的大海上航行时,年轻的奥尼尔感受到了渴望已久的自由,也产生了一种从未有过的归属感。帆船成了他的"家",水手成了他的兄弟。和水手在一起,他再也不用担心会受到舆论的误解或伤害。他似乎是一个天生的水手,上船后很快学会了攀爬桅杆、收卷风帆。他经常跟着早班水手,沿着绳梯爬上最高的桁端进行瞭望。黎明时分,海天一色的壮观景象让他陶醉不已。那种人船一体、融入大海的感受,令他终生难忘。

"拉辛号"在海上航行了57天,于1910年8月4日到达布宜诺斯艾利斯。下船后,奥尼尔不得不再次面对现实:他不仅无力承担婚姻和做父亲的责任,而且连养活自己也很困难。他借酒消愁,很快在码头附近的酒吧喝光了船长支付的工钱。他在布宜诺斯艾利斯海滨流浪了半年多,断断续续打过几份短工,结识了不少失业的水手,"懂得了干苦活、挣钱少是怎么回事,尝尽了没钱用、挨饿、没地方睡、在公园里的长椅上露宿的滋味"②。

1911年3月21日,奥尼尔在一艘名叫"伊卡拉号"(S. S. Ikala)的英国货船上找到一份水手的工作。4月15日回到美国以后,他在纽约海滨一家提供住宿的廉价酒馆"吉米神父酒吧"(Jimmy-the-Priest's),穷困潦倒地生活了三个多月。7月,他再度出海,先后在美国航运公司的"纽约号"(S.S. New York)和"费城号"(S.S.Philadelphia)邮轮上当水手,到过英国的利物浦等地。8月26日返回纽约后,他又回到"吉米神父酒吧"。在这个下等酒吧,他结识了许多穷困潦倒的水手、流浪汉、风尘女子等社会最底层的人;经历了

---

① 1912年,《自由》("Free")发表于《新伦敦电讯报》。同年,奥尼尔还发表了《大海在呼唤》("The Call"),诗中写到1911年7月出海的经历。参见:Gelbs, O' Neill: Life with Monte Cristo(2000),273—274.

② 郭继德主编:《奥尼尔文集》五,第428页。

跨文化之旅：奥尼尔与中国

令他无地自容的离婚案。①之后，自杀未遂。1912年1月，借助"大海母亲"赋予的生命力，他终于走出了人生的谷底，结束了在海滨一带的漂泊生活。②

奥尼尔的海上经历持续的时间并不长，但由此产生的对大海的热爱、对海上生活的怀念，在他后来的生活中占据了显著的位置。对大海、帆船、船夫曲以及一切与早年海上经历有关的美好回忆，成了他生命中不可或缺的部分。

在海上经历结束了好几年以后，奥尼尔还经常哼唱当年在帆船上学会的船夫曲。据著名作家和评论家考利（Malcolm Cowley）回忆，有一次，奥尼尔在唱船夫曲时特意停下来向他解释说：船夫曲的调子就像帆船在海面上起伏前行那样，"奥尼尔一边解释，一边用手比画着波浪起伏的样子"③。据《纽约时报》音乐评论员多尼斯（Olin Downes）回忆：采访中，当得知多尼斯从未听过海上的船夫曲时，奥尼尔对多尼斯说："真希望你曾听到，并感到船的起伏。"他还告诉多尼斯："船夫曲不是唱给人听的，是用来拉船索的"；"当奇妙的船夫曲唱起时，水手们便按照船夫曲的调子和海浪的节奏拉动船索。"④

1912年，当有人问他生活中是否有过真正快乐时，奥尼尔讲到了

大道别墅书房陈列的帆船模型

---

① 按纽约州当时的法律规定，通奸罪是允许离婚的唯一理由。为了提供离婚证据，1911年末，奥尼尔不得已配合律师"演"了一出令自己感到万分耻辱的"通奸、捉奸戏"。
② 1912—1913，在隔离治疗肺结核期间，奥尼尔试笔独幕剧，从此走上戏剧创作道路。
③ Gelbs, *O'Neill: Life with Monte Cristo*（2000），278—279.
④ Halfmann, ed., *Eugene O'Neill: Comments on the Drama and the Theater*, 7.

在"拉辛号"瞭望时的喜悦时光。1940年,当早期的独幕剧《归途迢迢》改编为电影剧本时,他再次讲起当年在帆船上的难忘情景。他还对帆船时代几艘最快的帆船表现出浓厚的兴趣,专门查阅资料、了解这些帆船的尺寸数据,甚至订购了几艘快速帆船的模型。1946年,他在访谈中念念不忘地说:"快速帆船是美国至今建造的最美的东西。"①

或许,奥尼尔对当年在帆船上的航行有些浪漫化,不过,他确实对自己乘坐帆船航行的经历充满了自豪和骄傲。在他看来,在帆船上航行是体验大海的最好方式。他多次对人说:"只有在帆船上航行过的人才算得上是真正出过海的人。"②

奥尼尔一生热爱大海。他喜欢靠海而居,喜欢在大海里游泳,喜欢聆听海浪声。在位于加州山谷的大道别墅,客厅的天花板漆成了深海的颜色,墙上装了几面深蓝色的镜子,书房摆放着奥尼尔收集的大大小小的帆船模型,给人一种置身于大海的感觉。他一直珍藏着两样海上生活的物件:一是1911年7月在"纽约号"当水手时领到的一件毛衣(上面有"美国航线"字样)——这件毛衣穿了很多年,直到到破旧不堪、无法再补;二是1911年8月结束水手经历时领到的"一等水手"证明——他一直把这份水手证明与最重要的个人文件存放在一起。他曾在给朋友的信中明确表达了重返大海的渴望:"我是多么渴望回到大海,与大海融为一体。"③

在疾病缠身、无法写作的晚年,对大海的美好回忆成了奥尼尔生活中最后的精神寄托。1948—1951年,当他住在波士顿以北的大理石岬海边时,他经常在玻璃阳台凝望大海。1951—1953年,在他人生最后的岁月里,他经常坐在谢尔顿酒店房间的窗前、久久地眺望查尔斯河和河面上偶尔划过的小船。

---

① Gelbs, *O'Neill: Life with Monte Cristo*(2000),281.
② Sheaffer, *O'Neill: Son and Playwright*, 170.
③ O'Neill, *Selected Letters*. Eds. Bogard and Bryer. 566.

跨文化之旅：奥尼尔与中国

（二）

奥尼尔对大海的热爱、对早年海上经历的怀念，伴随了整个创作生涯，在他各个时期的创作中留下了清晰的印记。

在他的早期创作中，大海成为一系列独幕剧的主题或主要背景。这些早期的独幕剧因此常常被称为"海洋剧"。其中，直接描写海上生活的独幕剧主要包括《东航卡迪夫》《在交战区》《归途迢迢》《加勒比群岛之月》——这四部剧以"格伦凯恩号"

1916年奥尼尔在《东航卡迪夫》首演中扮演一名水手（左）

船上的一群水手为描写对象，合称为"格伦凯恩号剧"（S.S.Glencairn Plays）；以大海为背景、探索人的命运问题的独幕剧主要包括《渴》《警报》《雾》《鲸油》《划十字的地方》等。在这些早期独幕剧中，大海作为某种神秘力量，主宰着剧中人物的命运。

奥尼尔创作于二三十年代的一些重要作品也以大海或海船为剧情的主要背景。这些作品包括《克里斯·克里斯托弗森》《安娜·克里斯蒂》《黄金》《毛猿》《泉》《马可百万》《悲悼》等。其中，《克里斯·克里斯托弗森》《安娜·克里斯蒂》《毛猿》还以水手为主要描写对象。据统计，在奥尼尔的50部余部戏剧中，"至少有15部作品全部或部分以海船为背景"[①]。其中，《东航卡迪夫》《在交战区》《归途迢迢》《加勒比群岛之月》等剧中的"格伦凯恩号"主要以当年的"伊卡拉号"为原型，《毛猿》中的豪华邮轮主要以当年的"纽约号"为原型。

---

① Gelbs, *O'Neill: Life with Monte Cristo*（2000），288.

第一部分 从东到西，从西向东：寻找奥尼尔的足迹

除了大大小小的船只，奥尼尔当年所熟悉的酒吧也常常成为其作品故事背景的原型。例如，短篇小说《明天》("Tomorrow"，1916）中的"汤米牧师酒吧"（Tommy the Priest's），剧作《安娜·克里斯蒂》中的"约翰尼牧师酒吧"（Johnny-the-Priest's）和《送冰的人来了》中的"希望酒吧"（Hope's）等，都有他当年住过的"吉米神父酒吧"等纽约下等酒吧的影子。在《送冰的人来了》中，酒吧甚至成了剧情的全部背景。

此外，奥尼尔还把当年所喜爱的船夫曲写入了戏剧。剧中出现的船夫曲包括《阿姆斯特丹的姑娘》（There Was a Maid from Amsterdam）、《我不会再到处漂流》（No More I'll Go A Roving）、《把那个男人打倒》（Blow the Man Down）、《威士忌·约翰尼》（Whiskey Johnny）、《绞手约翰尼》（Hanging Johnny）、《申纳杜》（Shenandoah）等。他不仅在以大海为主旋律的早期独幕剧中提及多首船夫曲的名字，而且把部分或全部歌词写进了《加勒比群岛之月》《毛猿》《马可百万》《悲悼》等剧。尤其引人注意的是，在《悲悼》中，开场传来的第一个声音就是老花匠赛斯唱的《申纳杜》。奥尼尔在旁白中强调说："《申纳杜》——它比任何歌曲更蕴含大海的深沉节奏。"[1] 忧伤的船夫曲《申纳杜》在剧中多次出现，成为贯穿《悲悼》三部曲的主题曲。

早年的海上经历，尤其是乘坐帆船航行的经历，不仅成为奥尼尔源源不断的创作素材，而且是他刻骨铭心的美好记忆。他曾在诗歌中直抒胸臆地表达了对大海的热爱、对海上航行经历的怀念。在继《自由》之后，他的《大海在呼唤》再次直接抒发了对大海、对自由的渴望："遥远的天边有颗星，空气中传来海的呼唤／我得去响应，不能再停留。"[2] 1914—1916年，奥尼尔在致女友阿比的爱情诗中多次回忆起当年的航海经历：《在我们的海滩上》写到梦中的布宜诺斯艾利斯码头、帆船上的瞭望台、大海上的航行、船夫曲；[3]《只有

---

[1] O'Neill, *Complete Plays 1920—1931*. Ed. Bogard. 893.
[2] Gelbs, *O'Neill: Life with Monte Cristo*（2000），281—282.
[3] 奥尼尔致阿比的这些书信和诗歌现收藏于纽约公立图书馆。

我和你》写到他带着她向布宜诺斯艾利斯扬帆航行。在戏剧创作中，他同样"从未厌倦对那段时间的回忆。"① 他通过笔下人物不断地表达了自己对大海和海上生活的深厚感情：在《天边外》中，罗伯特一辈子向往"天边外"的大海和自由；在《安娜·克里斯蒂》中，年轻水手马特以海上生活为荣，认为"真正有勇气的男子汉，海才是他唯一的生活，他也有足够的胆量！只有在海上，他才感到自由，到世界各地区遨游，见识各种各样的事物，不必积蓄钱财，或者从友人那儿偷钱，陆地上那些家伙消磨终生的一切鬼把戏他都不会有的。"老克里斯对帆船上的经历尤其感到自豪："当年，我还在帆船上的时候，我曾经历过百来次暴风雨……那时的船才真是船——船上的人也才是真正的男子汉。"② 在《毛猿》中，老派迪对帆船上的经历同样充满了自豪。其怀念之情溢于言表：

> 真想回到我青年时代的那些美妙的日子里去啊！噢，那时候有许多漂亮的船——桅杆高耸入云的快船——船上都是好样的、健壮的人——那些人都是海的儿子……他们都是勇敢的人，又确实是大胆的人……我们趁着好风，天亮开航，无忧无虑地唱一支劳动号子……真想又一次向南飞奔，顺着贸易风，连天连夜，继续南进！船上的帆扯得满满地！连天连夜！夜里，船后面的浪花发着闪闪火光，那时，天上会冒出火焰，星星眨眼。有时也许是一轮满月……只有在那些日子里，一条船才算得上海洋的一部分，一个人才算得上船上的一部分，大海把一切都连接起来，结成一体……③

在被称为"用血和泪写成的"的代表作《进入黑夜的漫长旅程》，自传性

---

① Sheaffer, *O' Neill: Son and Playwright*, 221.
② 郭继德主编：《奥尼尔文集》二，第128—129页。
③ 郭继德主编：《奥尼尔文集》二，第416—417页。

主人公埃德蒙对父亲说,他最值得回忆的几次经历都与大海有关:

> 一次是我乘着方头帆船前往布宜诺斯艾利斯的时候。天空一轮满月,迎面吹来信风。那艘老帆船每小时航行14海里。我倚在斜桅上,面对着船尾。脚下,海水飞溅起泡沫;头顶上,高高桅杆上所有的白帆满满地扬起,在月光下一片洁白。我陶醉在这美丽的景色和悦耳的节奏,一时忘却了自我——真的好像自己的生命已不存在。我获得了自由!我与大海融为一体,化作了白帆和飞溅的浪花,变成了美景和节奏,变成了月光、帆船、星光若隐若现的高高的天空!我忘却了过去和未来,只感到宁静、和谐、神迷,超越了小我,融入了大我,或者说是,融入了人类的生命,融入了宇宙的生命!你也可以说是,皈依了上帝,获得了永生。还有一次是在美国航运公司的船上。凌晨,我在瞭望台值班。那时,海上风平浪静,海面懒洋洋地一起一伏,轮船昏昏欲睡地缓缓前行。乘客都在沉睡,船员们也都不在眼前,四周静悄悄的,没有一个人……我没有瞭望,而是陷入梦幻,觉得独自一人,高高在上,远离尘世,凝望着晨曦像彩绘般的梦境悄悄出现在沉睡在一起的海洋和天空之上。顿时,我感到那种令人欣喜若狂的自由,内心感到宁静,仿佛到达了奋斗的彼岸,人生最后的港口,感到目标实现后的喜悦,超越了世人那种卑鄙贪婪的恐惧、企求和幻想……①

奥尼尔借助这段长长的戏剧独白,对早年的海上航行经历进行了充满诗情画意的描写,尽情地表达了对大海的热爱和海上美好时光的怀念。

---

① O'Neill, *Complete Plays 1932—1943*. Ed. Bogard. 811—812.

（三）

在怀念早年海上美好时光的同时，奥尼尔并没有忘记水手生活的苦难。他经常以水手为描写对象，着力表现水手的不幸遭遇和内心痛苦。据统计，在奥尼尔所完成的 50 部剧作中，"至少有七部是以水手为主要人物"①。这些作品包括《东航卡迪夫》《在交战区》《归途迢迢》《加勒比群岛之月》《安娜·克里斯蒂》《毛猿》，以及《人为误差》等。

奥尼尔生前多次谈到对水手的感情。在 1920 年的采访中，他说道："那些水手都是好人。我从未忘记他们，希望他们也没忘记我。的确，我把水手看作特殊的兄弟。"②在 1922 年的采访中，当记者问他为何乐意与这些底层人在一起时，他回答道："因为我喜欢他们……他们待人真挚、忠诚、慷慨。"③在 1924 年的采访中，他再次谈到为何喜欢水手、喜欢写水手：

> 因为我在像他们这样淳朴的人身上发现了更多的戏剧素材。他们的行动、言谈都更直爽。他们的生活、苦难和性格更易于作家加以戏剧创作。他们不善于社交，不善于搞社交中常见的那套推诿、敷衍的做法。他们袒露的是真实的自己，他们粗鲁，但诚实。他们讲话无所顾忌，在很多方面却不善于表达自己。他们不能把自己的问题写出来，因此往往只好默默地受苦。我愿意为他们讲话，用戏剧形式来反映他们的困难，让大家得以了解、帮助和理解他们。如果说我经常写水手，那是因为我非常了解他们、喜欢他们。我自己就曾是他们中的一员。……我喜欢水手，他们没有社会的虚伪。④

---

① Gelbs, *O'Neill: Life with Monte Cristo* (2000), 278.
② Halfmann, ed., *Eugene O'Neill: Comments on the Drama and the Theater*, 7.
③ Halfmann, ed., *Eugene O'Neill: Comments on the Drama and the Theater*, 23.
④ Halfmann, ed., *Eugene O'Neill: Comments on the Drama and the Theater*, 38—39.

奥尼尔以"为水手讲话"为己任,在戏剧创作中直接或间接地描写水手的坎坷经历,反映水手的困难和问题,表达对水手的理解和同情。

在《东航卡迪夫》中,水手杨克梦想拥有自己的农场和家庭,却在干活时受了重伤,最后悲惨地死在船上。临死前,杨克对好朋友德里斯克说:"水手的生活没什么可留恋的——只不过是从一条船到另一条船,干的牛马活,拿的低工资,吃的猪狗食;上了岸,大伙喝得醉醺醺,最后大吵一架,等钱统统花光,船又开走了……我们这样的人,死活没人管。"[1] 在《归途迢迢》中,水手奥尔森年轻时有过爱情,但由于他在海上呆得太久,女友嫁人了。他辛辛苦苦地攒下两年的工钱,决心回到陆地上的亲人身边,买块地,开始新的生活,却在岸边酒吧被拐卖水手的人贩子骗得两手空空、扔到即将出海的船上。和《东航卡迪夫》中的杨克一样,奥尔森的"农场梦"最后也落空了。在《安娜·克里斯蒂》中,饱经风霜的水手老克里斯目睹了大海如何造成自己家破人亡的命运:他的父亲死在印度洋的一条船上、葬身在海里,两个哥哥和儿子在渔船上落水淹死;不久,他的母亲死了——她死的时候,没有一个亲人在身边。老克里斯告诉女儿安娜,嫁给水手的女人同样不幸,"终年看不到她们的男人,好久好久才能见一次面。她们待在家中,孤单单地等着。她们的孩子长大成人了,也到海上去了,她们又得坐下来再等着"[2]。此外,《与众不同》也从侧面再现了水手的爱情悲剧:剧中男主人公出海时遇到难以抗拒的肉体诱惑而"失贞",无法得到未婚妻艾玛的原谅,最后自杀身亡。

在描写水手多灾多难的生活经历的同时,奥尼尔真实反映了水手对大海爱恨交加的复杂感情、对陆地既逃离又渴望的矛盾态度。在《东航卡迪夫》等海洋剧中,水手热爱大海、离不开大海,却又视大海为厄运,渴望回到陆地。在《在交战区》中,斯密迪原本可以在陆地成家,过上安定的生活,而他最终还是逃离陆地回到海上。水手对大海的复杂感情和矛盾态度,在《安

---

[1] 郭继德主编:《奥尼尔文集》一,第98页。
[2] 郭继德主编:《奥尼尔文集》二,第107—108页。

娜·克里斯蒂》中的老克里斯身上最为典型：他以海上航行经历为自豪，同时，又怨恨大海，认为是大海给他和家人造成了无法摆脱的厄运，是大海用诡计把水手都变成着魔的傻瓜。他在剧中反复说的一句话就是"这是大海那个老魔头的过错"！对水手而言，海上生活，不只意味着自由和快乐，更意味着劫难和厄运，他们因此对大海又爱又恨。

在奥尼尔笔下，水手赖以为生的帆船和汽船形象地代表了水手生活的两个方面：帆船代表了海上生活的自由和快乐、人与自然的和谐、美好的理想，而汽船则代表了海上生活的艰辛和无奈、人被奴役的境遇、残酷的现实。《毛猿》中，水手老派迪对帆船上的日子充满怀念之情，而说到汽船时，他的语气充满了愤怒："烟囱里冒出的黑烟污染了海，污染了甲板……看不到一道阳光，呼吸不到一口新鲜空气——煤灰塞满了我们的肺……就像关在铁笼子里、不见天日的动物园里那些该死的人猿！"（《奥尼尔文集》二，417—418）。老派迪的话揭示了水手海上生活中悲惨的一面。在诗歌《大海在呼唤》中，除了表达对大海和自由的渴望，奥尼尔就用对比的方式表达了水手在帆船和在汽船上干活时的不同感受："我"在挪威的帆船上，大声唱起船夫曲，手握舵轮，感到非常自豪和亲切；在汽船上，潮湿的船底使"我"胸闷咳嗽、在锅炉舱干活苦不堪言，一心盼望着下班的铃声早点响起。

在剧作中，奥尼尔还以同情的笔触写到水手的酗酒问题。剧中，水手长年在海上漂泊，无家可归或有家难归，生活充满孤独、艰辛和危险，因此常常借酒浇愁。在《加勒比群岛之月》中，空虚无望的水手们在酗酒、打架中打发时间。在《在交战区》中，水手们出于误会打开了水手斯密迪悄悄藏起来的信件，由此触动了斯密迪内心深处的伤痛：他曾拥有甜美的爱情，但女友发现他有酗酒的习惯后弃他而去。《归途迢迢》中的奥尔森曾有过多次机会回到陆地上的亲人身边，可是，他"一上了岸，喝上一杯酒，就忍不住要喝许多酒，喝得个烂醉，把钱都花光了……不得不再出海航行"（《奥尼尔文集》一，278—279）。在《安娜·克里斯蒂》中，老克里斯也同样如此。当安娜问他为何总是不回陆地上的家看看时,他负疚地说:他和大多数水手一样,"等着发工资的那一天,把钱放在口袋里,就去喝酒,受人的骗,然后又上船航行到别的地方去"(《奥尼尔文集》二,100)。酗酒成了水手排解痛苦和绝望的方式,也使他们与爱情和幸福更加无缘。

(四)

奥尼尔从未忘记早年在船上和海滨结识的那些水手朋友。他在创作中,经常以他们为原型,构思剧情、塑造人物形象。这些来源于作家早年生活经历的人物形象因此非常真实、生动。

奥尼尔对传记作家克拉克讲过早年海上生活的一段真实经历:

> 我曾在从布宜诺斯艾利斯开往纽约的一艘英国不定期的货船 [S.S. Ikala] 上当普通水手。船上有个挪威的一等水手,我俩成了相当好的朋友。他经常对我嘟囔,他生活中最大的不幸和错误是小时候从他父亲的小农场逃走,跑到海上。他已经在海上生活了 20 年,从未回过家。我猜他多年从未给家里写过信或收到过回信。他是个天生的海之子……他咒骂大海和海上的生活,而咒骂中又充满了对大海的感情。他总是喜欢唠叨他离开农场有多愚蠢。他对所有在水手舱里发牢骚的人说:那里有你想过的生活。拥有自己农场的人就是自己的主人……①

这个挪威水手成为奥尼尔戏剧人物的主要原型之一。奥尼尔告诉传记作家《天边外》的创作灵感、剧中主人公罗伯特的形象就是源于这个挪威水手:

> 就在我为这个长剧苦思冥想时,他突然浮现在我的脑海。我想,以他这样的天性,倘若他留在农场又会怎样呢?但我马上意识到,

---

① Clark, *Eugene O' Neill: The Man and His Plays*, 94—95.

他根本不会留在那儿,即使有了老婆和孩子们的牵绊,他也不会留在那儿。他只是故作向往农场的姿态,聊以自慰罢了……因此,我开始设想一种比较有文化教养类型的人……一个跟我所认识的那个挪威水手一样天生渴望在海上漂泊的人……只是在他身上这种渴望是自觉的,太自觉了,以致被理智淡化为一种模糊、朦胧、浪漫的漫游癖……他会为了几乎任何一点美好的、有诗意的东西,比如浪漫的性爱,而丢弃自己天性中的梦想,接受农场的束缚。罗伯特·梅约就是这样诞生的,在此基础上生发出露丝和其他角色,最后形成了整个剧本。①

此外,《东航卡迪夫》中的杨克、《归途迢迢》中奥尔森等水手形象都带有这个挪威水手的特点:他们离不开大海,却又梦想回到陆地、拥有自己的农场。

奥尼尔戏剧中的另一个重要原型是当年在"吉米神父酒吧"时同屋的一个老水手:这个老水手一辈子生活在海上,经常一边喝着威士忌一边奚落大海,后来在一条运煤的驳船上当船长,圣诞节前夜喝醉了,在凌晨两点回驳船时跌倒,冻死在船边。1919 年,奥尼尔以这个被冻死的老水手为原型,结合那个对大海又爱又恨的挪威水手的特点和经历,创作了《克里斯·克里斯托弗森》。1921 年,奥尼尔在原剧基础上又做了较大修改,更名为《老魔鬼》(*De Old Davil*),最后定名为《安娜·克里斯蒂》。《安娜·克里斯蒂》的重心虽然是风尘女子安娜的爱情经历和获得新生的故事,但她的父亲老克里斯却是剧中塑造得最栩栩如生的人物。奥尼尔后来因为安娜形象塑造上的局限,对该剧并不满意,认为该剧是他"所有剧作中最老套的一个",但他认为以真实人物为基础塑造的老克里斯的形象是成功的:"我在该剧取得的主要成就是老克里斯这个人物形象。"② 奥尼尔的第二任妻子艾格尼丝·博尔顿目睹了该剧

---

① Clark, *Eugene O'Neill: The Man and His Plays*, 94—95.
② O'Neill, *Selected Letters*. Eds. Bogard and Bryer. 522.

第一部分　从东到西，从西向东：寻找奥尼尔的足迹

1921年《安娜·克里斯蒂》首演
（宝琳·罗德饰安娜，乔治·麦利翁饰老克里斯）

1930年根据《安娜·克里斯蒂》改编的同名影片（葛丽泰·嘉宝主演）

创作的整个过程。她在自传中写道："老克里斯——与真人像极了！他是尤金真正了解和喜欢的人。"①

奥尼尔作品中的不少男性人物还源于一个叫"德里斯克"（Driscoll）的水手朋友。1911年，奥尼尔和他曾在一条船上干活，下船后又都曾住在海滨的"吉米神父酒吧"。德里斯克是一个高大壮实的爱尔兰人，热爱生活，对自己的工作和超人力气非常自豪。但令所有人困惑不解的是，他后来从邮轮上跳海自杀，未遂后再次寻求自杀，最后死在海上。奥尼尔在作品中反复写过这个水手。他不仅是《东航卡迪夫》《在交战区》《归途迢迢》《加勒比群岛之月》等早期海洋剧中的同名人物，而且还以不同名字出现在其他剧作，例如《安娜·克里斯蒂》中的司炉工马特。此外，短篇小说《明天》中的水手莱昂斯等人物形象也是以这个水手为原型。

带着关于德里斯克自杀原因的思考，奥尼尔还成功创作了表现主义杰作《毛猿》，塑造了失去自我、找不到归属、最后在动物园结束了生命的杨克。

---

① Boulton, *Part of a Long Story: Eugene O' Neill as a Yong Man in Love*, 278.

跨文化之旅：奥尼尔与中国

奥尼尔表示：经过很长时间的思索，他认识到德里斯克死于自信心和归属感的彻底破碎。"正是德里斯克的自杀使我萌生了写杨克的想法。"① 杨克的形象集中体现了水手的不幸命运，同时也表现了现代人无所皈依的普遍困境，既真实可感又富有象征意义。对于研究奥尼尔的学者而言，《毛猿》中的杨克、《安娜·克里斯蒂》中老克里斯等中期作品中的人物形象具有重要的研究价值：他们的形象汇集了作家早年海上生活中的朋友身影，并且将作家早期海洋剧中的人物与后期作品的人物联系在一起，成为作家创作中的"一个重要链接"。②

在创作的最后阶段，奥尼尔再次回望早年的海上经历，不仅在《进入黑夜的漫长旅程》中通过埃德蒙追忆了海上航行时的美好时光，而且把在船上和海滨认识那些水手朋友和酒友写入了《送冰的人来了》。《送冰的人来了》初名《吉米神父酒吧构想》，写的是一群被社会所抛弃、靠自欺欺人的白日梦为生的人。剧中人物大都以奥尼尔当年在"吉米神父酒吧"认识的那些贫困潦倒的朋友为原型。剧中那个外号叫"吉米·明天"（Jimmy Tomorrow）的人物，其原型就是"吉米神父酒吧"里的一个朋友——奥尼尔早在短篇小说《明天》中悼念过的那个把酗酒归罪于妻子不忠、最后绝望自杀的吉米。1940 年，奥尼尔在致友人的信中强调：《送冰的人来了》"就发生在生活里，而非舞台上"③。

自 1910 年 6 月从波士顿扬帆出海到 1912 年 1 月离开纽约海滨，奥尼尔经历了一段以海为家、四处漂泊的生活，充分体验了海上的自由和快乐，熟悉了大海的变幻无常，目睹了水手的苦难和穷人的绝望。在他的戏剧创作中，这一时期的经历化为对大海的热爱和对海上生活的怀念、对水手等社会底层人群的同情和理解。奥尼尔的戏剧世界，既是一个想象的艺术世界，也是一个真实的情感世界；它饱含了作家对大海的热爱、对水手等社会底层人群的深厚感情，凝聚了作家对早年海上生活的深深怀念。

---

① Clark, *Eugene O'Neill: The Man and His Plays*, 127—128.
② Floyd, *Eugene O'Neill at Work: Newly Released Ideas for Plays*, 28.
③ O'Neill, *The Letters of Eugene O'Neill to Kenneth Macgowan*. Ed. Bryer. 257.

第二部分
重读经典：奥尼尔戏剧中的性别观与女性形象

　　尤金·奥尼尔被公认为美国迄今为止最伟大的剧作家，他的戏剧对美国戏剧、对世界各地的现代戏剧产生了深远的影响。不过，这位戏剧大师并非横空出世、一夜成名，他的戏剧创作经历了一个从幼稚到成熟、从粗糙到精湛的发展过程。本书的这一部分以文本细读为基础，借助性别研究和传记研究等方法，考察奥尼尔戏剧在女性形象塑造和性别观念上的局限与超越。

一、奥尼尔早期戏剧中的女性形象

　　奥尼尔创作的早期是他艺术生涯的一段实习期。这一阶段的作品以独幕剧为主，人物形象比较简单、肤浅，而女性形象尤其如此。早期作品中女性人物在不同程度上都具有类型化、符号化和边缘化的特点，折射出年轻的奥尼尔在女性问题上的局限。①

《热爱生活的妻子》是奥尼尔最早的习作之一。这个独幕剧的主要人物是两个男人：一个是没有名字的老人——他有一个年轻貌美的妻子，但他常年在外，离开家和妻子已经多年；另一个是年轻的杰克——他和一个女人相爱多年，他一直在等待她的电报。这两个男人是开采金矿的合伙人，也是患难与共的朋友。有一天，老人接到一封给杰克的电报："我在等你。来吧。"老人后来明白：电报是他妻子发的，而杰克就是他要查找的情敌。经过一番内心斗争，老人最后决意成全这对年轻人。这个短剧与欧洲18世纪伤感的言情剧非常相似：一个年轻女人被迫嫁给了一个年纪大的男人，后来她爱上了一个小伙子；为了不背叛丈夫，她饱受内心的煎熬；后来丈夫被感动了，于是有情人终成眷属。

在这个短剧中，作家同情的对象显然是那个做丈夫的老人。作家在该剧结尾明确表达了对老人的赞誉："没有男人具有他这样的胸怀——把自己的妻子让给了朋友。"② 这个男人的"自我牺牲"使该剧带上了一种悲剧色彩，也使故事的大团圆结局有一种令人感伤的意味。正如卡彭特指出的，这个剧的败笔在于"作家缺乏对人物及其环境的客观态度"③。年轻的奥尼尔忽略了这样一个事实：那个丈夫放弃的其实是一个早已不属于他而他也不再关心的女人。在

---

① 从20世纪七八十年代开始，不少女性主义学者和评论家对奥尼尔提出了批评，认为他在所有的剧本中创造的世界都是男权统治的世界，而且他始终从保守的男性视角出发将女性人物陈规化、类型化。参见：Lois S. Joseph, "The Women of Eugene O' Neill: Sex Role Stereotypes"; Callie Jeanne Herzog, "Nora's Sisters: Female Characters in the Plays of Ibsen, Strindberg, Shaw, and O' Neill"; Doris Nelson, "O' Neill's Women"; Trudy Drucker, "Sexuality as Destiny: The Shadows Lives of O' Neill's Women"; Judith E. Barlow, "O' Neill's Female Characters"; *The Eugene O' Neill Review* (1995 Special Issue): "Shifting Ground: Gender in the Plays of Eugene O' Neill." 这些评论为理解奥尼尔的作品提供了新的视角。不过，笔者认为，我们还应该看到西方传统文化所弥漫的男权思想对作家的影响，以及作家力图超越时代和自我局限的努力，否则可能会忽视奥尼尔在女性形象塑造上所取得的成就。

② O' Neill, *Complete Plays 1913—1920*. Ed. Bogard. 11.

③ Carpenter, *Eugene O' Neill*, 43.

第二部分　重读经典：奥尼尔戏剧中的性别观与女性形象

他笔下，老人的妻子虽然从未出场，但她却成了给男人世界带来麻烦的人；她具有一种潜在的破坏力，她的一封电报差一点毁了两个男人的友谊。

在接下来的一些作品里，女人给男人带来的不只是麻烦，更是灾难。《堕胎》描写了一个男人如何因为一个女人而命归黄泉。剧中男主人公杰克是一个英俊、聪明的大学生，也是一名引人注目的球星。他出于冲动，与一个穷人家的女孩有了一夜情。女孩怀孕后去堕胎并因此丧命。女孩死亡的消息使杰克坐立不安。当球迷们在他窗下为他辉煌的球绩欢呼时，他却在痛苦中饮弹自杀。他的光明前程，连同他那年轻的生命，因为一个女人而永远消失了。在一些有影响的评论家看来，《堕胎》是一个关于奥尼尔本人经历的自传性作品。他们认为该剧可能反映了剧作家自己对凯思琳·詹金斯怀孕一事的焦虑。著名传记家盖尔泊夫妇甚至明确提出：该剧男主人的形象"反映了剧作家自己的懊恼"[①]。在笔者看来，《堕胎》讲述的不仅是一个男人的焦虑和懊恼，而且是一个前途远大的男人如何因为女人而毁灭的悲剧。

"女人是祸水"的主题在奥尼尔早期作品中反复出现，并且不断被强化。如果说女人在《热爱生活的妻子》《堕胎》等剧中只是无意中充当了制造麻烦的人，那么在《东航卡迪夫》《加勒比群岛之月》《在交战区》《归途迢迢》等海洋剧中，女人大多成了毫无同情心的"害人精"：她们不是骗取男人的钱袋，就是把男人赶到

1940年根据奥尼尔四部海洋剧改编的影片《归途迢迢》

---

① Bogard, *Contour in Time: The plays of Eugene O'Neill*, 23; Gelbs, *O'Neill*（1973）, 137. 关于奥尼尔的第一次婚姻及其对作品的影响，另见：Floyd, *The Plays of Eugene O'Neill: A New Assessment*；Sheaffer, *O'Neill: Son and Playwright*.

了海上。《在交战区》的男主人公因为未婚妻不肯宽容他的过失而不得不在海上漂泊,而《归途迢迢》中的女性人物则是十足的骗子和不义之徒。与此同时,作家常常以富有同情的笔调,描写了男人之间惺惺相惜的友情。《热爱生活的妻子》中老人与杰克,《东航卡迪夫》中德里斯科尔与杨克的男性友谊尤其感人。不过,在作家笔下,那种感人的男性友谊,往往是在远离女人之后建立的;而女人不是在男性世界中缺席,就是对男性造成威胁和伤害。

以家庭生活为题材的早期作品《警报》[①],讲述的就是一个男人何以被女人推向毁灭之路的悲剧故事。主人公纳普是轮船上的一名发报员。因为耳朵越来越聋,他决定辞去这份责任重大的发报工作。但是,由于他的妻子不断抱怨家中拮据,他不得不回到船上继续当发报员,以至工作出现了严重失职,造成了船只沉没的灾难。他最后在内疚和悔恨中自杀。在作家笔下,纳普显然是被妻子的唠叨逼上绝境的,而这种唠叨的妻子也成为作家笔下"祸水型"女性形象的典型代表。自《警报》之后,作家还刻画了一系列纳普太太式的"祸水型"女性形象——她们性格暴躁、心胸狭窄、缺乏理解力和同情心;她们在感情或物质方面的要求,总是超出男人的承受能力;她们不仅损害了男性的尊严和独立,而且毁灭了他们的艺术天赋和创造力,使生性敏感的丈夫不是自绝身亡就是郁郁终生。

《面包与黄油》中的布朗太太是继纳普太太之后的又一个典型的"祸水型"女性形象。剧中男主人公布朗力图在物质社会追求一种创造性的生活,但是代表拜金主义、自私冷漠的布朗太太扼杀了他的艺术灵魂。她迫使布朗经商、毁了他的艺术梦想;她不能理解他,只会不停地唠叨。对布朗而言,他们俩就像被套在"一个布带里的两只猫"或"两个绑在一起的死人",[②] 他请求离婚。但是,布朗太太不但不肯离婚,而且变本加厉地斥责他,直到他绝望地自杀。布朗的悲剧,隐含了作者对婚姻的恐惧。在年轻的奥尼尔看来,婚姻就是一

---

① 该剧中译文见附录。
② O'Neill, *Complete Plays 1913—1920*. Ed. Bogard. 175—178.

场战争,"在产生这场战争的社会里,面包和黄油被看得比灵魂更重要。"① 在这场战争中,男人往往是受害者,而女人则常常是"害人精"。

《早餐之前》中的罗兰太太尤其如此。她脾气暴躁、喋喋不休、冷酷无情。她的形象很像《面包与黄油》中的布朗太太:两个女人都是铁石心肠、自私愚昧,"体现了摧毁有创造力的艺术家的那股市侩的世俗势力"②。只是罗兰太太更加可怕。《早餐之前》几乎全部由罗兰太太尖刻的唠叨构成,而她伤害的对象是沉默不语的丈夫艾尔弗雷德·罗兰。剧中,她一边诉说自己如何跟着丈夫遭罪,一边斥责丈夫如何拈花惹草;她还骂他不务正业搞写作,骂他找不到工作,骂他没有能耐、不能为她提供舒适的生活、只能让她住在没有热水供应的公寓里……当她从丈夫的信件发现他爱着另一个女人时,她便开始疯狂地攻击他的人格,并以坚决不离婚的办法来报复他。该剧通过一个女人可怕的唠叨和责骂,凸显了男人在婚姻中的痛苦,以及男人的艺术创造力如何被庸俗的妻子毁灭。在剧作家笔下,艾尔弗雷德·罗兰完全是"坏女人"的牺牲品:他是一位非常有天赋的作家,却不慎与这个女人发生了关系,为了维护她的名誉只好娶了她,并与百万富翁的父亲断绝了关系。奥尼尔在该剧的首场演出时亲自扮演了那位倒霉

2014年话剧《早餐之前》在北京演出时的海报

---

① Ahuja, *Tragedy, Modern Temper and O'Neill*, 27.
② 弗吉尼亚·弗洛伊德:《尤金·奥尼尔的剧本:一种新的评价》,陈良廷等译,第93页。

的丈夫——这个人物没有一句台词，也没有在舞台上出场露面；观众唯一看见的是：当她骂到他"游手好闲"的时候，一只敏感、瘦削的手，颤抖地从淋浴室伸出来打水刮脸。然而，这只颤抖的手，足以使观众对这个受伤的男人产生深深的怜悯，并由此推想到他内心遭受的巨大痛苦和折磨。在该剧的结尾处，在她滔滔不绝的辱骂声中，这个不幸的丈夫用剃须刀割断了自己的喉管！

该剧用简单的舞台动作对罗兰太太的性格进行了漫画式表现：用罗兰太太有气无力的哈欠，暗示她生活的单调乏味；用她一边骂人一边偷偷喝酒、偷偷看信的动作，表现她恶毒和狡猾的特点；用她喋喋不休的唠叨、砰砰的捶击声、轻蔑的狂笑声、恼怒的吼叫声，显示她性格的残忍和暴躁。有评论家认为：她切面包和喝咖啡的动作也具有象征意义——前者象征是她杀害了丈夫，后者意味着她喝的是丈夫的鲜血；她是一个"食人魔"，她把丈夫当了早餐。①

剧中的罗兰太太是一个大嗓门、坏脾气的泼妇，有着一张瑞普·凡·温克太太式的刀子嘴。②虽然相隔了近一个世纪，奥尼尔和华盛顿·欧文（Washington Irving）都不约而同地把作品中的丈夫描写为受害的羔羊，而把作品中妻子塑造为可怕的"河东母狮"。在华盛顿·欧文的笔下，瑞普·凡·温克太太的唠叨迫使惧内的丈夫逃避到深山；在奥尼尔的剧中，罗兰太太的唠叨逼得文雅的丈夫自杀身亡。美国文学作品中反复出现的"泼妇"形象引起了女性主义批评的重视。

1995 年，美国舞台上出现了从女性主义角度对《早餐之前》的改编。劳拉·琼斯在介绍这次改编时说：

---

① Ahuja, *Tragedy, Modern Temper and O'Neill*, 28.
② 美国 19 世纪著名作家华盛顿·欧文短篇小说《瑞普·凡·温克》（"Rip Van Winkle"）中的女主人公。关于对该作品的女性主义解读，详见笔者："重读'瑞布·凡·温克'——为瑞普·凡·温克太太一辩"。载《外国文学研究》，1996 年第 4 期。

第二部分　重读经典：奥尼尔戏剧中的性别观与女性形象

　　导演华伦特·谢里尔承认，当他第一次读《早餐之前》的剧本时，他的想法是："看来奥尼尔显然没有给我们留下什么余地来对这个可怜的女人产生好感"；他随后扪心自问："可是，是什么把这个女人弄到这么可怕的境地，为什么我发现自己在同情她呢？"于是他最终选择了从女性主义角度对该剧进行改编和演出。①

　　有意思的是，1916 年，奥尼尔的《早餐之前》与苏珊·格拉斯佩尔的女性主义名剧《琐事》（Trifles, 1916），②在同一个演出季上演；1995 年，改编后的《早餐之前》也恰巧与《琐事》同时演出。改编后的《早餐之前》，在作品主题和女性形象的塑造上，与《琐事》有不少相似之处：二者均以作品中的妻子为同情对象，表现了女性的悲哀和愁苦，同时为女性的焦虑和愤怒进行了辩护。改编后的《早餐之前》突出了丈夫对妻子的欺骗和伤害，强调了他对婚姻的不忠迫使妻子借酒浇愁。他的自杀行为也被改编成对妻子的蓄意加害和侮辱，使观众对他由最初的同情转变为反感。③不过，当年轻的奥尼尔创作《早餐之前》的时候，他并没有为女性进行任何辩护。相反，在创作的早期阶段，他把女人视为男性独立的威胁者和男性梦想的毁灭者，流露出"女祸论"的思想痕迹。

　　这种对女性的偏见和敌意也影响到奥尼尔后来在二三十年代创作的一些

---

① Laura Jones, "Before Breakfast." *The Eugene O' Neill Review*. Vol. 19. Nos. 1 & 2 (1995), 157.

② 苏珊·格拉斯佩尔（Susan Glaspell），奥尼尔同一时代的美国女剧作家。代表作《琐事》以细腻的风格描写了一个被指控谋杀了丈夫的女人，以及两个女邻居对她的理解和同情。关于奥尼尔与格拉斯佩尔的比较研究，详见：Ann E. Larabee, "Meeting the Outside Face to Face." June Schlueter, ed., *Modern American Dramma: The Female Canon,* 77—85; Linda Ben-Zvi, "Susan Glaspell and Eugene O' Neill." *The Eugene O' Neill's Newsletter*, Vol. 6. No. 2 (1982), 21—29; Boulton, *Part of a Long Story: Eugene O' Neill as a Yong Man in Love*, 178.

③ 详见：Laura Jones, "Before Breakfast." *The Eugene O' Neill Review*. Vol. 19. Nos. 1 & 2 (1995), 156—158.

跨文化之旅：奥尼尔与中国

2013年上海现代人剧社演出《大神布朗》（张先衡导演）

作品，例如《上帝的儿女都有翅膀》和《大神布朗》——前一作品中的女主人公蓄意阻挠丈夫通过律师考试，后一作品中的女主人公则迫使丈夫带上假面具。这类作品有一个相同的模式，即婚姻是套缚男人的一张网，而他们的妻子，不但不能支持和帮助他们，反而毁了他们事业和生命。

奥尼尔的早期作品常常将女性人物分为两种极端。除了令人生厌的"害人精"，作家笔下还出现了不少令人叹息的"可怜虫"——她们缺少个性和独立，缺乏意志和勇气，极其脆弱和被动。例如，《鲁莽》中的鲍德温太太就是一个典型的"弱者"形象。她屈从家庭的压力嫁给了一个自己不喜欢的有钱人。后来她对丈夫的司机产生了好感。当丈夫出于报复之心，用车祸害死了司机后，她便自杀了。同样，《划十字的地方》中的巴特利特太太也是一个"可怜虫"。她的丈夫是一个贪婪的船长，为了获取金银财宝，他不惜以船员的生命为代价。巴特利特太太担心他下一次出海会使更多的人丧命。由于思虑过重，她病倒了，并且很快就死了。

《鲸油》中的基尼太太也是以弱者形象出现的。她对丈夫有很强的依赖性，而且内心极其脆弱。她在漫长的担心和害怕中等待丈夫返航。孤独和焦虑使她到了精神失常的边缘。当丈夫拒绝返航时，她疯了。剧终时，她疯狂地弹着琴，而她的丈夫则忙着捕鲸。该剧对基尼太太的困顿和无奈表示了一定的同情，但更多是在责备她的浪漫幻想——她的丈夫原本不赞成她跟着他出海捕鲸，认为捕鲸船不是女人待的地方；然而，她对故事书里的海上生活和海盗英雄想入非非，并把丈夫视为书中描写的海盗英雄，因此执意要在他身边体验海上"充满危险和活力的生活"。① 但是，现实是残酷的，他们的船被冰冻的海面困住了整整一个冬季。她所看到的一切，除了冰雪和寒冷，就是一帮准备叛乱的船员。她的浪漫幻想随即破灭了。因此，与其说她是丈夫固执和冷漠的受害者，不如说她是自己浪漫幻想的牺牲品。

在作家创作的早期，"祸水型"和"弱者型"女性成了作家笔下占主导地位的女性形象。虽然作者对"弱者型"女性人物给予了不同程度的同情，但由于缺乏对人物性格的生动刻画，这些女性形象显得苍白无力。不论是哪种类型，她们在本质上有着共同之处，即都不能理解生活中的男性，更不能为他们提供所需要的精神食粮。因此，作家对这两类女性都予以了不同程度的否定。

即使奥尼尔的成名作《天边外》也不例外。剧中的主要女性人物露丝，集中体现了"祸水型"和"弱者型"女性形象的特点。她的形象既有前者浅薄、冷酷的一面，又有后者软弱依赖的一面。她不仅毁了自己的幸福，而且毁了爱上她的兄弟俩——致使本分老实、热爱土地的安德鲁背井离乡，最后变成一个拜金主义的投机商；同时又导致具有诗人气质、向往大海的罗伯特放弃了对梦想的追求，最后郁郁而终。她本人最后沦为一个万念俱灰、心如死灰的可怜女人。作家虽

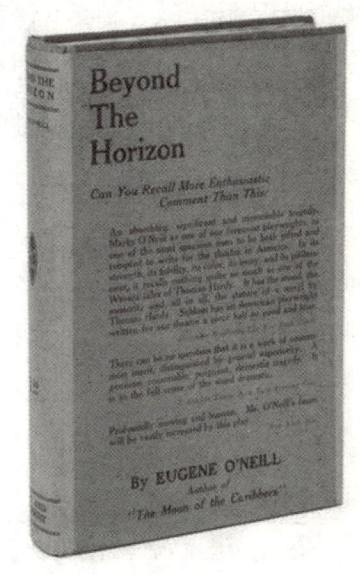

1920年《天边外》首版封面

---

① O'Neill, *Complete Plays 1913—1920*. Ed. Bogard. 500.

然给予了露丝一定的同情,但她的丈夫罗伯特才是作家深切同情的对象。在作家笔下,她对丈夫的死亡难辞其咎。安德鲁因此愤怒地谴责露丝:"这都是你干的,你这个该死的女人,你这个胆小鬼,你这个杀人凶手!"[1]有学者认为:奥尼尔笔下的露丝"隐藏着蓄意毁灭他人幸福的本性"[2]。

在奥尼尔早期作品中,《网》或许是作家对女性人物给予最多同情的一部作品。[3]剧中的罗丝是一个患有结核病的妓女。作为金钱社会的受害者,她不断地遭受苦难和不幸。她身患不治之症,带着一个私生子,还要受拉皮条的史蒂夫的剥削和毒打。史蒂夫甚至强迫她在雨中"干活",命令她丢弃孩子,威胁她,如果不听指挥,他就叫警察来抓她。更为不幸的是,当一个叫迪姆的男人力图帮助她摆脱困境时,当罗丝从迪姆的爱情中看到一线生活的希望时,迪姆却被邪恶的史蒂夫开枪打死了。剧终,无辜的罗丝被指控谋杀,被警察抓走。对比作家后来在创作中后期塑造的那些形象丰满、性格坚强的女性人物,罗丝的形象显得软弱无力。她对所发生的一切逆来顺受,从不抗议。她认为是命运,"一种具有讽刺意味的生活力量"在摆布她的生活,"即使抗议也无济于事"[4]。作为"弱者",她并非作家所肯定的女性形象。

在早期作品中,奥尼尔肯定的女性是"牺牲型"女性,即那种能够理解男性并满足男性需求、宽容男性弱点、对男性有奉献精神的女性。《救命草》中的女主人公艾琳显然符合"牺牲型"女性形象的标准。作家在剧中以称赞的口吻描写了艾琳对男主人公的奉献:她理解他、支持他对艺术的梦想和追求,帮助他取得了写作的成功,并且毫无保留地原谅了他的自私和冷漠。艾琳同时也具有"弱者型"女性形象的特点,是作家笔下"牺牲型"和"弱者型"的综合体。和《网》中的罗丝一样,艾琳也患有肺结核,也是逆来顺受;

---

[1] O' Neill, *Complete Plays 1913—1920*. Ed. Bogard. 653.

[2] 弗吉尼亚·弗洛伊德:《尤金·奥尼尔的剧本:一种新的评价》,陈良廷等译,第133页。

[3] 该剧写于1913年秋,那时他刚从肺病疗养院出来。该剧原名《咳嗽》,意在表示她的绝症"象征着无法根治的一切社会疾病"。参见: Bogard, *Contour in Time*, 20.

[4] O' Neill, *Complete Plays 1913—1920*. Ed. Bogard. 26—27.

她还像《鲸油》中的基尼太太那样依赖所爱的男人，把所有的希望都寄托在他身上。当爱情的希望破灭时，她便失去了活下去的勇气和力量，很快就病逝了。奥尼尔以同情的笔触描写了她的疾病、贫穷、爱情的挫折和打击等种种不幸。《救命草》或许是奥尼尔早期创作中对女性人物给予最多同情的作品。

在肯定女性牺牲精神的同时，年轻的奥尼尔对于那些拒绝这样做的"新女性"进行了否定。《人为误差》中的奥尔迦是一个激进的女权主义者。她反对婚姻，认为婚姻是一种使男性对女性占有和奴役合法化的制度；她坚持追求两性平等，她对自己的情人说道："当我们在为自由而奋斗时，不论我们的性别是什么，难道我们不是平等的吗？"① 作者对她的描写过于夸张，使这个人物显得荒唐可笑。同样，《我且问你》中女主人公露西的形象也像一幅嘲弄"新女性"的讽刺漫画。她除了要求政治权利和艺术追求的自由，还要求在婚姻中的性自由。不过，如同《奴役》中弗雷泽太太的离家出走一样，她对自由的追求最后也变成了一场闹剧。

《奴役》是对易卜生《玩偶之家》的戏仿。剧中男主人公罗埃斯顿是个倡导女性解放的易卜生式的剧作家。他主张女性应该发展自己的个性，不能沦为婚姻和家庭中的奴隶。他甚至呼吁女性应该在自己的独立事业里实现个人的价值，而不应该把自己束缚在丈夫和家庭的奴役里。他因此受到许多女性读者的崇拜。弗雷泽太太就是其中的一个。她聪明而美丽，是一位富商之妻。她深受罗埃斯顿观点的影响，像他笔下的女主人公一样离开了丈夫，找了一份工作，并且认为自己是一个经济独立的职业女性。但她并不快乐。她在困惑中找到剧作家，渴望得到进一步指导。但是，她失望地发现他是一个言行不一致的人，更不像他自己写得那么开明进步。相反，他是一个极端的利己主义者，他理所当然地让妻子为他付出一切。弗雷泽太太最后从他太太身上找到了出路。

奥尼尔笔下的罗埃斯顿太太是女性自我牺牲的楷模：她满足于默默无闻地

---

① O'Neill, *Complete Plays 1913—1920*. Ed. Bogard. 313.

站在丈夫的背后，为他担任打字员、管家婆、母亲、情人……她心甘情愿地伺候他，为了他的快乐而克制自己、牺牲自己。当她以为弗雷泽太太是丈夫的情人，甚至慷慨表示：为了丈夫的幸福，她愿意让路。弗雷泽太太吃惊地问她："为什么你从来都不维护自己的利益，要求自己的权利呢？"对此，罗埃斯顿太太竟自豪地回答："爱意味着奴役，我的爱就是我的幸福。"① 弗雷泽太太因此深受感动，对她敬佩不已，认为她是世界上最伟大的女性。从她身上，弗雷泽太太获得了一个新的认识，即"幸福就是奴役"。于是，这个离家出走、寻找自我的女人决定回到丈夫身边，像罗埃斯顿太太那样做一个以自我牺牲和奴役为快乐的"好女人"。她发现自己"在失去自我时获得了自我"②。在该剧结尾处，弗雷泽太太向狂怒的丈夫跪下以求原谅，然后高高兴兴地和他一起回家了。作为对女性自我牺牲的回报和感激，剧中男主人公最后也向妻子跪下并与妻子言归于好。全剧以罗埃斯顿太太的至理名言结束："这[自我奴役]就是我的快乐。"③

《奴役》质疑和否定了娜拉所代表的女性解放思想和行动，主张女性的幸福和出路在于自我奴役和牺牲。有学者认为：《奴役》是奥尼尔"女权主义和反女权主义情绪的一种怪异结合"。④ 还有学者尖锐指出：该剧是对女权主义漫画式的讽刺，是用易卜生《玩偶之家》的戏剧结构来"否定易卜生关于女性解放的思想"⑤。的确，该剧所倡导的"女性自我牺牲论"与"女祸论"一样，都是男性中心主义观念的翻版。由于在女性人物形象塑造上的类型化和概念化倾向，剧中的罗埃斯顿太太和弗雷泽太太成了"女性自我牺牲论"刻板说教，缺乏艺术感染力。

在奥尼尔早期的戏剧世界里，女性人物不仅被类型化、概念化，而且还

---

① O' Neill, *Complete Plays 1913—1920*. Ed. Bogard, 267—268.
② Falk, *Eugene O' Neill and the Tragic Tension: An Interpretive Study of the Plays*, 17.
③ O' Neill, *Complete Plays 1913—1920*. Ed. Bogard. 291.
④ Pfister, *Staging Depth: Eugene O' Neill and the Politics of Psychological Discourse*, 194.
⑤ Murphy, *American Realism and American Drama, 1880—1940*, 113.

被边缘化。她们大都处于一种边缘位置。不少女性人物在剧中没有出场,她们没有形象,也没有发声。她们的名字只是在剧中被偶尔提到。例如《热爱生活的妻子》中的妻子和《在交战区》中的未婚妻,只是借助男人们念信或电报时的声音而存在;而《堕胎》中那个因堕胎而身亡的女孩更是无声无息——观众只是通过她的哥哥才对她的遭遇得知一二,而使她怀孕并因此丧命的男友杰克,不仅成为舞台的中心,并且还得到作者的深深同情。在奥尼尔绝大多数早期作品中,即使女性有机会出场,也只是剧中的次要角色。显然,年轻的奥尼尔对女性话题没有兴趣,更无意探讨女性关注的问题。他似乎更关心男人的异化和归宿以及男人的悲剧,并通过男性人物来表达自己对人生的思考。这一时期奥尼尔作品中的一个重要主题就是:一个男性理想主义者或艺术家毁在一个代表物质主义的泼妇手里。在有关家庭和婚姻的描写上,他同情的对象往往是男性人物,尤其是那些具有"诗人气质"的男性人物,而谴责的对象几乎都是女性人物。她们往往"生性缺少理解的能力,因此不可避免地毁掉了艺术家丈夫的创作生涯"。[①] 不少男主人公由于妻子的缘故,无法追求自己的理想,无法实现自己的愿望,因而变得忧郁颓废,甚至不得不以死来解脱痛苦。

如果把奥尼尔的早期作品放在一个大的社会文化背景下考察,我们会发现他在女性人物塑造上的问题和局限几乎是难免的,因为他本人也是社会偏见和保守观念的受害者。

西方传统文化长期存在着关于女性的神话。正如西蒙·德·波伏娃指出的,人类的文化历史表明,人类的原型观念是"男权的产物";它演变为"一种片面的女性神话传说",[②] 而人类最古老、弥漫着男权意识的神话传说就是"女人是祸水"(femme fatale)。这个关于"女性对男性具有杀伤力"的神话传说,与西方文明的历史同样悠久,而且也是西方文明一个不可分割的部分。

[①] Bogard, "Introduction." Scheibler, *The Late Plays of Eugene O' Neill*, XV.
[②] Beauvoir, *The Second Sex*, 175.

不少男性作家，只要一写女性就会写女性对男性迷人而危险的性魅力。最早的"女祸论"可以追溯到《圣经》中有关夏娃的记载。夏娃可谓是西方文化历史上第一个"祸水型"女性形象，而古希腊神话里的潘多拉和特洛伊的海伦则是她的同类。这种古老的男性偏见和幻想在希腊戏剧，尤其是埃斯库罗斯的悲剧《奥瑞斯忒亚》中，被完全形象化和戏剧化了。[1]"祸水型"女性形象后来不断出现在莎士比亚、波德莱尔等男性作家的笔下。纵观漫长的历史时期，西方文学作品里充斥了大量的、各种各样版本的"祸水型"女性形象，如"荡妇""女巫""泼妇"等，反映了西方文化传统中一种根深蒂固的"厌女症"。

在西方19世纪前半期，典型的"祸水型"女性是一个迷人而冷酷的形象，她激起男性的欲望而不予以满足；在19世纪后半期，她变得更加迷人而危险。有研究表明，西方19世纪"祸水型"文学形象其实是男性作家对那个时代女权主义浪潮所做出的"一种过敏性反应"[2]。除了"女祸论"，西方传统文化还长期存在一种与之相对应的"女人是弱者"（femme fragile）的论调。这一偏见在文学中的直接产物就是"弱者型"和"牺牲型"女性形象。前者特点是孩子气、弱不禁风、温柔听话、被动顺从等，后者则是默默奉献。这类形象服务于男性至上的需要，在19世纪西方文化中非常普遍，得到无数作家的美化和歌咏。自19世纪末、20世纪初开始，这类形象更加流行，而她们在现实中的真正地位其实是波伏娃所说的"第二性"。

"弱者型""牺牲型"与"祸水型"女性形象并存，构成了女性神话的不同方面。如果说"祸水型"模式是通过贬低和丑化女性使女性丧失自信和自尊，那么"弱者型"和"牺牲型"则是通过愚化和美化使女性甘愿被奴役，

---

[1] 参见：Sue-Ellen Case, *Feminism and Theatre: New Directions in Theatre*, 12—15; Bennett Simon, *Tragic Drama and the Family: Psychoanalytic Studies from Aeschylus to Beckett*, 29—65.

[2] Finney, *Women in Modern Drama: Freud, Feminism and European Theater at the Turn of the Century*, 52.

对女性具有更大的欺骗性。因此，弗吉尼亚·伍尔夫在《自己的一间屋》明确提出要"杀死家里的天使"。虽然"弱者型""牺牲型"与"祸水型"特点不同，但所构造的都是一种虚假、扭曲的女性形象；虽然是一褒一贬、一扬一抑，但传达的都是男权社会狭隘而荒谬的性别观。生长在这种社会环境和文化氛围，几乎每个作家都不可避免地会受到不同程度的渗透和影响。因此，奥尼尔早期作品中出现了不少"祸水型"和"弱者型""牺牲型"女性形象也就不足为奇了。不论奥尼尔笔下的女性形象如何变化，他理想的女性形象，仍然是那种西方传统文化所推崇的"牺牲型"女性。

此外，西方一些著名的哲学家、戏剧家或许直接或间接影响了奥尼尔的女性观及其女性形象的塑造。奥尼尔年轻时大量阅读了叔本华和尼采等人的著作、斯特林堡等人的戏剧。他一方面深受他们悲剧理论的启发，吸收和借鉴了他们的理论思想，以及欧洲戏剧家们的创作技巧。一方面也接受了他们对女性的偏见，以及他们对女性解放的保守态度。[①] 有学者认为：虽然不少戏剧前辈都对奥尼尔产生过影响，但比较而言，对他影响最大、最久的是斯特林堡。1936 年，奥尼尔在接受诺贝尔奖的致辞中也明确表示：斯特林堡对他的创作产生了重要影响。斯特林堡笔下的"祸水型"女性形象，以及斯特林堡对婚姻和两性关系的处理方法，对奥尼尔早期作品《面包与黄油》《早餐之前》《鲁莽》等剧的影响尤其明显。有评论还指出：《早餐之前》刻意模仿了斯特林堡《强者》（The Stronger, 1889）关于婚姻和两性战争的否定描写，而《鲁莽》与斯特林堡的《朱莉小姐》（Miss Julie, 1888）则有许多相似之处。[②]

在奥尼尔生长的时代，舞台上演出的基本上都是商业味很浓的情节剧。他的父亲詹姆斯·奥尼尔就演了一辈子的《基督山伯爵》。这些情节剧的套

[①] 关于尼采和斯特林堡对女性的偏见，参见：Lampert, *Nietzsche and Modern Times*, 371—387; Magnus, ed., *The Cambridge Companion to Nietzsche*, 43—44, 65, 393—394.

[②] 弗吉尼亚·弗洛伊德：《尤金·奥尼尔的剧本：一种新的评价》，陈良廷等译，第 41—42 页、第 91 页。关于斯特林堡对奥尼尔的影响，另见：Ranald, *The Eugene O'Neill Companion*, 751.

跨文化之旅：奥尼尔与中国

奥尼尔父亲在演基督山伯爵

路和格局，对年轻的奥尼尔不可能不产生一定的作用。作家的早期创作对女性人物脸谱式的刻画，就是那个时代的情节剧在他身上打下的明显烙印。

追溯奥尼尔的创作轨迹，我们可以看到一个作家赖以生长的社会文化和时代环境对他产生的影响——而要突破这种影响所导致的创作局限，则是一个作家成为伟大艺术家的关键。年轻的奥尼尔从一种狭隘的男权观念和视角出发塑造女性人物形象：女性在他早期的剧中，不是缺场就是陪衬；不是毁了男人的"害人精"，就是百无一用的"可怜虫"，一种"无脊椎的软体动物"[1]；即使是作家肯定的"牺牲型"女人，也不过是作为作者男权意识的符号而存在。这些早期作品中的女性人物，不论是哪一类型，往往形象单一而刻板，缺乏真实性和艺术感染力。

不过，细心的读者仍然可以发现，在《网》《救命草》《天边外》等早期作品中，奥尼尔对女性的无助和无奈表达了不同程度的同情。随着奥尼尔戏剧创作的不断成熟、对婚姻和两性关系的认识不断趋于客观，他对女性的同情也越来越明显，他笔下的女性形象也更加丰满生动。在中后期作品中，奥尼尔为世人塑造出一系列富有艺术魅力的女性形象——安娜、爱碧、尼娜、拉维尼亚、玛丽、乔茜等，这些鲜活的女性形象成为奥尼尔戏剧艺术成就不可缺少的组成部分。

---

[1] Floyd, *The Plays of Eugene O' Neill: A New Assessment*, 405.

二、此处无声胜有声：谈《送冰的人来了》

《送冰的人来了》是奥尼尔在大道别墅期间创作的最后作品之一。该剧讲述的是一个关于几个男人与白日梦的故事。作品中的主要出场人物，无论是曾为人夫的哈里、吉米、希基，还是曾为人子的帕里特，无不靠着过去和将来的白日梦来苟且偷生。正是白日梦为这些身败名裂的人减轻了"摧毁灵魂的现实所造成的毫无掩饰的绝望"[①]。而那个把他们聚集在一起的"希望酒吧"，几乎是一个男人的世界；他们终日沉溺于威士忌和各自的白日梦，似乎根本无需女人的存在。女人，在这个作品里也似乎微不足道。综观全剧，只有三个街头女郎作为次要人物出场过；其他四个女人——贝西、玛乔里、伊芙琳和罗莎——则始终是无声无息的场外人物。不过，剧中主要男性人物赖以为生的白日梦又无不与女人息息相关。他们常常谈起的话题都没有离开他们的妻子或母亲。正是通过对场上主要男性人物及其白日梦的解构，奥尼尔不仅做到了"让观众通过台上的人物来了解从未在台上出现的人物，"[②]而且成功地表达了他对男性幻想的质疑。

1939年奥尼尔在大道别墅写作《送冰的人来了》

---

① 弗吉尼亚·弗洛伊德著：《尤金·奥尼尔的剧本：一种新的评价》，陈良廷等译，第50页。
② Berlin, *O' Neill' s Shakespeare*, 180.

作家对男性白日梦的解构是从一个叫罗基的人物开始的。罗基是"希望酒吧"的男招待。他最早说出他的白日梦：他不是一个无耻的拉皮条的家伙，而是街头女郎的经理和朋友；他索要她们挣来的钱完全是因为"她们只会把钱乱花掉。"① 他的白日梦否认和歪曲了真实，表露了谎言的特点，成为作品逐步向观众展示哈里、吉米、希基和帕里特这四个主要男性人物白日梦真相的引子。

哈里是"希望酒吧"的老板。在自己这个被酒鬼们称为白日梦天堂的酒吧里，他天天喝得酩酊大醉。只要一醒过来，他就会述说：二十年来，他深深爱着妻子贝西。他本来可以轻而易举地进入政界；但她的去世对他的打击太大了，他从此心灰意懒，借酒浇愁，闭门不出；不过，"明天"他一定会开始新的生活。哈里在剧中不时满怀哀思地提到贝西：或是说他记起最后一次出门陪贝西上教堂的情景，或是说生日宴会上的其中曲子使他触景生情地想起贝西；而且他每次说起她的时候，不是喉咙哽咽，就是两眼含泪，甚至还呜呜地哭起来，塑造了一个深切怀念爱妻的丈夫形象以及一个幸福婚姻的神话。随着剧情的深入，观众便很快发现，这些不过是一套白日梦的谎言。

作者对哈里等男性人物白日梦谎言的解构，主要是通过其他剧中人物的反馈以及说谎人自己后来的坦白进行的。无政府主义者拉里，剧中的一个重要人物，早就讥笑过哈里伤感的白日梦："把过去幻想成天堂，不是很动人么？"（《奥尼尔集》下，767）。推销员希基，剧中另一个举足轻重的人物，曾毫不留情地挖苦哈里演了一场"很精彩"的戏。当哈里开始"表演"时，他收留的两名食客甚至忍不住笑了起来。只不过是出于讨好哈里，他们才陪着他做出哀伤的姿态并且装模作样地称赞着贝西；而在哈里背后却对她一顿大骂。这两个食客恨她，因为她生前不仅干涉他们酗酒，而且还指责他们贪污和欺骗的劣习。他们俩的一唱一和、一笑一恼，使哈里的"戏"更具讽刺色

---

① 博加德编：《奥尼尔集》（下），王义群等译，第739页。其他来自该译本的引语，不再另注，只在文中注明页码。

彩和滑稽效果。同他们俩一样，哈里很高兴贝西死了。贝西在世时，哈里就是个不可救药的酒鬼，只想醉醺醺地混日子；而她总是劝他把酒戒掉，好好干一番事业。她的"唠叨"妨碍了他的自由，烦透他了。他并不爱她，反而恨她。他什么地方都不愿陪她去，更不会陪她去教堂了。她死后，他出于一种报复心理，让酒鬼朋友们住进她的卧室，允许他们把烟头扔在地毯上。当他想象着他的所作所为一定把她气得在坟墓里打滚时，他竟抿着嘴笑了。最后，他干脆不再伪装自己，恶狠狠地用脏话辱骂她，将自己对她的痛恨暴露无遗。

和哈里一样，吉米也是剧中一个靠白日梦为生的酒鬼。他也以妻子作为自己酗酒的借口，也声称"明天"就会把酒戒掉并且出去找工作。其实，同哈里的情况一样，这个"明天"不过是一种自欺欺人的安慰，它永远只是"明天"而已。所不同的是，当哈里自作多情地讲述着夫妻恩爱的神话时，吉米则自哀自怜地沉浸在一个蒙受妻辱的故事中。他再三向酒鬼们解释：是妻子玛乔里的不忠迫使他开始酗酒，使他失去了工作，毁了他的一生。不过，大家似乎对他说的这一套谎话早已习以为常，不予理睬。唯有希基一针见血地指出：吉米恨妻子，因为她讨厌他酗酒；而她的不忠正是他求之不得的事，因为他从此有了喝酒的借口。吉米后来也承认自己在撒谎："我是因为酗酒被解雇的……我对人说，我老婆通奸，毁了我的生活，就这样为自己酗酒找借口……我在她通奸前就是个酒鬼了……我在非常年轻的时候就发觉，头脑清醒的生活叫人害怕。"他甚至还承认妻子的不忠其实是他造成："婚后不久，她就发现我喜欢和老朋友通宵达旦喝酒，不高兴同她睡觉。所以嘛，她的不忠也是很自然的事。"（《奥尼尔集》下，894）

吉米的自白清楚地说明了剧中男性白日梦的谎言特点。无论是哈里还是吉米，都是靠着关于女人的谎言而确立自己的存在意义。借助白日梦的谎言，一个成了有情有义的男人，一个成了不幸的受害者；前者由于妻子的死亡而悲痛欲绝，后者因为妻子的背叛而痛苦不已。他们如此令人同情，他们的酗酒和沉落自然也就可以原谅了。白日梦的谎言和酒精的作用一样，使他们得以逃避现实和真相，不必对自己的不良行为负责。

值得注意的是，作品在揭示白日梦谎言的同时，也展露了剧中男性对女性的仇视。在奥尼尔笔下，这种对女性的敌意不仅表现在哈里和吉米这两个男性人物身上。随着对希基和帕里特的白日梦谎言的进一步解构，观众将看到这种敌意的可怕性和毁灭性。

希基是剧中最重要的说谎者。剧一开始，几乎所有的剧中人都像等待戈多一样等待着推销商希基的到来。他们喜欢他，因为他每次来的时候，不仅会请大家喝个痛快，而且还给大家讲各种各样令人开心的笑话。其中一个大家最爱听的笑话是：他把妻子伊芙琳留在家里让她同送冰的男人睡觉。希基也最爱说这个笑话，好像他真希望伊芙琳不忠似的。希基终于来了，可是他却越来越引起大家的失望和不满：他既不说笑话，也不酗酒，而是不停地揭穿大家的白日梦，并且像牧师一样开导大家放弃白日梦。此外，他还在大家的惶恐和不安中，告诉大家一个坏消息：他的"爱妻"伊芙琳死了。使大家困惑的是，他不但不因此而悲伤，反而感到高兴。虽然希基表现得那么镇定自若，但是大家的疑虑却愈来愈重：伊芙琳是怎么死的？如果她不是被希基逼得自杀，那么是谁谋杀了她？拉里觉得希基有些蹊跷：他不再酗酒，好像是害怕喝醉了会说出什么见不得人的真相似的。待希基后来做了长篇大论的自白后，一切便都昭然若揭。

在自白中，希基直言不讳地承认是自己杀死了伊芙琳。同时他也用推销商一贯的口才为自己的杀人行为做辩护。首先，希基强调他杀死妻子是出于对她的爱，因为杀死她是使她跳出苦海、得到安息的唯一出路。他声称："我让她受了那么多罪，我发觉只有一个办法可以弥补我的过错，使她摆脱我，使我再也不能让她受罪。……事实上只有一个解决办法。我只好杀死她。"他还特地表明他"心里装的是爱，可不是恨"（《奥尼尔集》下，892—893）。接下来，希基用感伤和多情的语调，大段大段地回顾他和伊芙琳是如何相亲相爱的。在他的叙述里，伊芙琳简直就像一个女神，对他是那么"温柔可爱"，那么"好心好意",那么"宽宏大量"。无论他是酗酒,还是嫖妓,甚至把淋病传染给她,她每次都宽恕他,并且还替他辩白,相信他最终能像他每次所保证的那样改过自新;而他对她也是那么一往情深,常常因为自己伤害了她而痛悔不已。不过,在他非常感人的叙述中,有片刻工夫他的声音带了一种异样的怨恨:"啥都不能动摇她对我的信任。就是我自己也不可能使她动摇"(《奥尼尔集》下,897)。这种对妻子的恨意随着他不停顿的表白更加显而易见。当他说到"上帝啊,她使我觉得自己是个多么没有心肝的混账啊!"(《奥尼尔集》下,901),他的声音隐含了更多的愤恨成份成分。他把她看作是使他痛苦的根源,还把从前的自憎都转化成对她的仇恨:"我开始痛恨她……我不能原谅她那么原谅我。我甚至发觉过自己痛恨她,因为她使我如此痛恨自己。……她吻我时,我有时会恨死她,以为她这是故意羞辱我……(《奥尼尔集》下,903)。于是,他在妻子熟睡时向她开了枪。最后,希基在无意识状态下诉说道:打死伊芙琳以后,他感到仿佛卸下了良心上的负担;他站在她床边忍不住大笑起来,并且和哈里一样对"爱妻"用了最肮脏的字眼进行辱骂,以解心头之恨。

　　希基在表露自己仇恨妻子的心理时,并没有忘记把这种反常的心理合理化。按照他的逻辑,因为她太贤慧了,所以他恨她——恨她的温柔、爱怜、善良、宽容和信任。他甚至恨她的忠诚。为了解除负疚感,他也像吉米一样希望妻子不忠。他常常劝她找个男人去寻欢作乐一下,可是她从来没有这么做过,这使他更加恨她。引用一下希基的辩白,或许有助于观众理解希基等人何以要责怪和怨恨女人:"一个人不可能无止境地责备自己的良心,无止境地让人家宽恕,同情,总有个极限啊!一个人总不能老是责备自己,总得也责备人家嘛"(《奥尼尔集》下,903)。他的叙述,反映了传统的"女祸论"对女性的定位:她进入男性的生活,毁了他的生活,因此成为他仇恨的对象。然而,剧本表明:问题其实并不在于女人。传记家盖尔泊夫妇说:"关于这个作品的真实情况是,希基很早以前就酝酿了对妻子的一种刻骨仇恨;她代表了他的良知。"①

希基一直想说服大家放弃白日梦的谎言,可最终他发现,自己是多么需要用它来安慰自己、回避现实。他已习惯于生活在爱情的白日梦中,无法接受他恨妻、厌妻的可怕事实;一时间他被自己对妻子的恶骂吓坏了,以至于后悔不迭地拼命否认,声称自己是个"不识好歹,胡说八道的疯子",而哈里和吉米等人也乐得以"希基疯了"为借口,重新沉湎于一度被希基搅坏了的白日梦。希基又重新抱着爱情的白日梦,并坚持杀妻是出于爱的谎言:"在上帝创造的世界里,我最爱伊芙琳!要不是我发了疯,我宁愿把自己杀掉也不会去伤害她!"(《奥尼尔集》下,908)然而事实是,他爱酒胜过爱其他的一切。哈里和吉米也是这样。酒精以及仇视女人的火焰烧毁了他们的理性。

并非只有酒鬼的妻子成了牺牲品,罗莎这个没有酒鬼丈夫的单身母亲,也是如此。罗莎是一名无政府主义者,因为一起爆炸事件而被捕,即将被判处无期徒刑。她的独生子帕里特来到哈里的酒店躲避风声。他紧张易怒,说话犹豫。起初,多年前与罗莎相爱过的拉里以为,帕里特这种古怪的样子一定是因为母亲入狱对他打击太大造成的。可后来帕里特渐渐引起拉里的疑惑、不安和反感。帕里特嘲笑母亲是"运动的化身",并且告诉拉里,在母亲出事前不久他同母亲吵了一架,原因是他与妓女鬼混,母亲狠狠地批评了他。他恼火地对母亲反唇相讥:"你一向是个思想解放的女人,从来不让任何东西阻挡你去——"(《奥尼尔集》下,754),他的话没说完,但足以让人感到他对母亲的怨气。后来他在哈里酒店,又对与他毫无瓜葛的三个妓女怒目而视,并且咬牙切齿地说:"我痛恨天底下所有的婊子!她们都是一路货!"(《奥尼尔集》下,783)当他对拉里发出冷笑,露出既诡秘又害怕的表情时,他更让人觉得可疑。

当帕里特再次谈到母亲时,他的言语里充满了对母亲的怨恨。他指责母亲私生活的自由和对政治运动的热情,挖苦她的妇女解放思想是"怪论",甚

---

① Gelbs, *O'Neill* (1973), 832.

至把她比作妓女。不知罗莎是否真的像帕里特所说的那样，为了"要向自己证明她的思想是多么解放，所以只好一年四季情人不断"（《奥尼尔集》下，822），但可以肯定的是帕里特在这个问题歪曲和掩盖了事实；他对母亲的私生活过分关注和厌恶，隐含了他对母亲的乱伦感情和变态心理。此外，他的话之所以不可信，还因为他是一个说谎者。他一直在隐瞒母亲被捕的真相。开始，他说他退出运动是由于对它失望了，后来，他又说是出于爱国主义精神；再后来，他又改口说是为了钱。在出尔反尔的自白中，他终于吐露出骇人听闻的真相——是他有意向警察出卖和告发了母亲和她的同志们。然而，他极力为自己的卑鄙行径辩护。他攻击母亲的不忠，极力想引起拉里的同情和对她的怨恨，以转嫁和洗刷自己的罪孽。他甚至迁怒于妓女，把她们当作他出卖母亲的祸根。当希基为自己的杀妻行为辩解时，帕里特也竭力声明他爱母亲，决无谋害她的意思。他一再否认自己出卖母亲不是出于恨："我那么做无非是想搞几个臭钱"（《奥尼尔集》下，879），"我不恨她！我怎么会恨她！反正这事同她毫无关系！"（《奥尼尔集》下，893）然而，当希基泄露出他杀死妻子是出于对她的仇恨这一真相时，帕里特也原形毕露地承认："我不是因为钱，而是因为我恨她。"（《奥尼尔集》下，905）自此，他不再掩藏对母亲的憎恨和报复。他和杀人犯希基有着惊人的相似之处。不过，从某种意义上说，他的罪孽比希基更大——他让母亲生不如死，因为他的母亲"虽然死了但还得活下去。还得活一段时间。可是关在监狱里她活不长。她是酷爱自由的"（《奥尼尔集》下，909）。同希基一样，帕里特最后也走向了死亡——希基面临着死刑的判决，而帕里特则为了免除灵魂的折磨而自杀身亡。

谎言和仇恨，将帕里特同哈里、吉米和希基紧紧地连在一起。这四人，无论是年纪大的，还是年轻的；无论是酗酒的，还是不酗酒的，都制造了各种谎言，都把女人当作他们堕落和绝望的缘由和借口，同时，把所有对生活的不满和失意都转化成对她们的怨恨和仇视。

希基在"希望酒吧"一看见帕里特就有一种似曾相识的感觉："尽管我们

过去没有见过面,可我还是深信我在你身上看出点儿什么。或许我们是难兄难弟吧——至少在某个方面。"(《奥尼尔集》下,793)他感到他们似乎犯有相同的罪孽。他甚至断言:帕里特的麻烦跟一个女人有关。虽然希基并不知道这个女人是谁,但他的猜测反映了"女祸论"的推理。

贝西、玛乔里、伊芙琳和罗莎这四个没有出场的女人,不仅毫无例外地被舞台上的四个男人所仇恨,甚至受到一些评论者的指责。在《送冰的人来了》的评论中,有一种很有影响的观点是:那四个没有在舞台上出现的女人要为出现在舞台上的四个男角色的毁灭负部分责任。持这种观念的人站在哈里、吉米、希基和帕里特的立场,为这四个男人的仇恨进行辩护。在他们眼里,贝西是个"唠叨、毫不容忍的泼妇","是她把他(指哈里)折磨得死去活来,等到她咽气的时候,他才松了口气";玛乔里是个"不忠实的妻子",是她导致了丈夫的酗酒;而罗莎则是个"冷漠的母亲",是她对运动的狂热使她的儿子"毫无希望地茫然不知所措"。不仅如此,她的儿子还"被她的混乱的性生活折磨得无法忍受,那些数不清的男人排着队把她从他那里抢走。"伊芙琳是四个女人中最无可挑剔的,被公认为"长期受苦但是宽恕别人的妻子。"[①] 然而,她仍不免受到非难。有些评论家也把伊芙琳同送冰的人联系在一起。杜德雷·尼科斯(作家及奥尼尔的朋友)甚至把她解释为象征死亡的"送冰人"。他认为"作品的名字中提到的送冰的人当然是死亡……当希基的妻子伊芙琳嫁给希基时,她怀里带去的确实是死神。她执意要爱他,并且要求他也永远爱她;她死死地抓住了他的良知——她坚持相信,他一定能改过自新,不再酗酒和嫖妓。当他越来越靠近她时,这一切使得她怀里的死神喘起了粗气"。按照尼科斯的解释:伊芙琳就是死亡女神,她对他的爱和信任都是有害的。在"女祸论"者看来,女人,无论她是像伊芙琳那样无私、恬静、宽容和富有爱心,还是像罗莎那样自私、好战、独立和放

[①] 弗吉尼亚·弗洛伊德:《尤金·奥尼尔的剧本:一种新的评价》,陈良廷等译,第 522—523 页。

纵，结果都一样："她们毁了男人。"①

评论中的"女祸论"观点和作品中四个男角色的谎言一样，都不符合真相。读者可以从作品中的字里行间发现有关她们的一些真实情况。以贝西为例：她疾恶如仇，富有正义感；对丈夫哈里，也不乏爱心和耐心。她一再劝说他放下酒杯，鼓励他振作起来，出去干一番事业。她甚至满怀希望，不知疲倦地帮助他做好选举前的工作。她之所以被视为"泼妇"并遭痛恨，是因为她讨厌酗酒等恶习，限制了哈里和酒鬼们的自我放纵。她长期忍受着一个酗酒的丈夫和他的一群酒鬼朋友，死时还不到 40 岁。再看作为酒鬼吉米的妻子玛乔里，她的命运也同样不幸。并不是她的"不忠"造成了丈夫吉米的酗酒，恰恰是吉米的酗酒迫使她不忠。虽然吉米没有说玛乔里发现他是个不可救药的酒鬼时反应如何，但是她的失望、伤心和愤怒是可想而知的。在遭受吉米长期的冷落后，她不得不采取了激烈的、有别于贝西"唠叨"的抗议方式。至于伊芙琳，希基曾这样坦白："她嫁给我这样一个没出息的骗子、酒鬼，这一生吃了多少苦，大伙是可以想见的。"(《奥尼尔集》下，841) 他的这句话同样也适用于贝西和玛乔里：她们都因为丈夫的酗酒而饱受折磨。作为酒鬼之妻，伊芙琳所遭受的痛苦在这几个女人中大概是最多的。她温柔、宽容、忠诚、是一个典型的"家里的天使"。几十年来，她总是把家里收拾得干干净净，并且默默忍受了丈夫希基带给她的一切痛苦。希基不仅酗酒、嫖妓，而且一离开家就是一个多月杳无音信。伊芙琳独自在家苦苦地等待他回来。可他终于回来时却总是大醉如泥。邻居们都不禁替伊芙琳难过，但伊芙琳却从不抱怨，而是一再原谅他。但伊芙琳仍然避免不了不幸的命运，最后竟死于恩将仇报的希基之手。伊芙琳代表了一种传统的家庭妇女，她们在经济上完全依赖于丈夫，在情感上完全从属于丈夫。这或许是伊芙琳不得不留在酒鬼丈夫身边受难的一个主要原因。罗莎则是一个完全不同于伊芙琳的独立女性。她具有妇女解放思想，热爱自由，坚定地投身于政治事业，追求志同道合的爱

---

① Berlin, *O'Neill's Shakespeare*, 166—167, 183.

情。她不是一个"朝三暮四""感情不专"的女人。她一直爱着拉里,细心保存了拉里寄给她的所有信件。她也不是一个"自私""冷漠"的母亲。她爱儿子并独自扶养他长大成人。连帕里特自己也承认,她宠爱他,教育他为人要正直诚实。不幸的是,她最后却被自私冷酷的儿子出卖,不得不在监禁中度过余生。

在《送冰的人来了》一剧中,观众听不见贝西、玛乔里、伊芙琳和罗莎的任何诉说。但是可以想象,罗莎从事推翻政府的政治活动,一定需要极大的勇气和献身精神;她单身一人将儿子扶养大,一定付出了不少心血。伊芙琳的生活则一定充满了孤独和苦楚,她一定是在用非凡的爱心来抑制对丈夫酗酒、嫖妓和欺骗的厌恶。贝西和玛乔里的生活也一定充满了痛苦和绝望,她俩的结局不比被谋害的罗莎和伊芙琳好多少:贝西过早地离开人世,而玛乔里则不得已走上了"不忠"之路。虽然这四个女性人物在剧中没有一句台词,也没有一次出场,但是奥尼尔通过对剧中男性人物白日梦谎言的透视,向观众揭示了她们不幸生活的真相。

不少学者在研究中都注意到了剧中男性对女性的敌意。海伦·穆克尼克指出,当"希望酒吧"的男人不得不面对现实时,"他们显然表现出了一种刻骨的仇恨"。[1] 确切地说,这是一种对女性的仇恨。温妮佛莱德·弗雷泽在对《送冰的人来了》和萨特的存在主义戏剧《死无葬身之地》进行了一番比较之后,认为两个作品涉及了一个共同主题,即"女人是地狱"[2]。

不少评论家把作品中男性人物对女性的仇视看作奥尼尔本人对女性的态度,罗曼·柏林这样说道:"莎士比亚悲剧里所表现对女人的厌恶情绪,在奥尼尔的作品中也同样存在,这种情绪,尤其是在《送冰的人来了》中随处可

---

[1] Munich, "The Irrelevent of Belief: *The Iceman Cometh* and *The Lower Depths*". Cargill, ed., *O'Neill and His Plays*, 440.

[2] Frazer, *Love as Death in "The Iceman Cometh"*, 163.

第二部分 重读经典：奥尼尔戏剧中的性别观与女性形象

见。"①巴罗的看法几乎和柏林相同。他认为，《送冰的人来了》和奥尼尔早期的许多作品一样，揭示了"女性对丈夫、情人和孩子的毁灭作用……不论女人是爱得太多（如伊芙琳）或爱得太少（如罗莎），其结果都是既毁了自己，也毁了她们的男人。"②博加德也认为，奥尼尔的这部作品，集中表现了女人的负面特点及其破坏力。③有的评论家甚至认为，剧中男性对女性的仇视源于奥尼尔的个人经历。例如，谢夫认为，奥尼尔在《送冰的人来了》中明确表达了对母亲的仇视。借助希基和帕里特的故事，奥尼尔终于将他对母亲的怒火全部发泄了出来。④罗曼·柏林认为："在《送冰的人来了》中，希基对妻子的谋杀以及帕里特将母亲置于生不如死的境地，反映了奥尼尔的弑母的潜意识。作者是在借助舞台表现他最隐秘的仇恨。"⑤曼海姆等人也认为，《送冰的人来了》是一部自传性的作品，它反映了作者对母亲的仇视；作品中没有出场的几位女性，实际上是作者母亲的化身。⑥

这些评论非常重要，因为它们可以引起读者对作者生活经历的重视。但是，鉴于奥尼尔与剧中男性人物的距离以及他对男性白日梦谎言的揭示，重新看待这些评论也是很有必要的。贝蒂·曼德尔曾对作品中没有出场的女性进行过非常有见地的分析，她认为，"作家在这里极力表达的远非是对厌女情绪的一种附和，他清楚地认识到，女性在现实生活中的位置往往与她们在男性幻想中的定位是有距离的"⑦。

奥尼尔在解构哈里、吉米、希基和帕里特等人白日梦的谎言时，一再表

---

① Berlin, *O'Neill's Shakespeare*, 183.
② Barlow, *Final Acts*, 43—44.
③ Travis Bogard, *Contour in Time*, 421—422.
④ Sheaffer, *O'Neill: Son and Artist*, 449—505.
⑤ Berlin, *O'Neill's Shakespeare*, 183.
⑥ Menheim, *Eugene O'Neill's New Language of Kinship*, 134—136; Sheaffer, *O'Neill: Son and Artist*, 449—505.
⑦ Mandl, "Absence as Presence: The Second Sex in *The Iceman Cometh*." Houchin, ed., *The Critical Response to Eugene O'Neill*, 187.

现了男性人物对女性的扭曲心态。正如在奥尼尔后期的其他作品一样，他成功地与剧中男性人物保持了距离。谢夫早就注意到："奥尼尔从早期的作品开始就塑造了一些自画像，即在外表和个性上或多或少和他一样的人物形象。不过，他在创作《送冰的人来了》时，有意识地避免过去的做法。"[1] 的确，在这部作品中，奥尼尔不仅保持了一个伟大作家应有的客观角度，而且，他对男性谎言的揭示和对男性幻想的质疑，本身就是对传统的性别观念和"女祸论"的一种挑战。从这点看，作家的勇气是非常可贵的。

三、疯癫中的挣扎和抵抗：谈《进入黑夜的漫长旅程》中的玛丽

《进入黑夜的漫长旅程》是奥尼尔"大道别墅剧"之一，也是他最有影响的剧作之一。该作品的价值不仅在于浓厚的自传性色彩，而且在于人物形象、特别是女性形象的深刻性和复杂性。剧作家以自己母亲为原型，怀着深切的同情塑造了女主人公玛丽·蒂龙（Mary Tyrone），使她成为该剧的中心人物，并且赋予吗啡瘾及其疯癫以深厚的社会内涵，充分展示了19世纪美国女性在传统性别角色重压下的无助挣扎和孤独抵抗。

1956年《进入黑夜的漫长旅程》在纽约上演（何塞·昆特罗主演），图为该剧最后一场

玛丽的无助和孤独长期以

---

[1] Sheaffer, *O' Neill: Son and Artist*, 501.

来为评论界所忽视。例如,不论是传记家谢夫、还是评论家哈罗德·布卢姆,都详尽分析了《进入黑夜的漫长旅程》的创作意图和主题思想,[①] 但他们似乎不约而同地忽略了剧作家对玛丽内心世界的关注。不仅如此,玛丽的形象还常常遭到评论界的误读、否定甚至谴责。例如,詹姆斯·罗宾森就认为,玛丽在剧中是"一个危险的、有破坏性的人物";米歇尔·希顿指责她毁了大儿子吉米(Jamie);在谢夫看来,"她表面上是一个可怜的受害者,实际上是一个激烈的害人者";而布兰登·基尔则认为,《进入黑夜的漫长旅程》的真正主题旨在说明"女人生性具有可怕的毁灭性"[②]。评论界的这种态度反映了传统的社会文化对女性"不是天使就是恶魔"的程式化定位和评价,同时也从另一个角度折射出这样一种普遍现象:女性,即使是文学作品中的女性,只有顺应社会对女性的角色规定和要求才能被社会接受。

那么,剧中玛丽所处的19世纪美国社会对女性的角色规定和要求是什么呢?卡箩·斯密斯·罗森伯格对此作了以下概述:

> 19世纪的美国社会只为女人提供了一种得到社会尊重和接受的角色——贤妻良母角色,一种要求她们不断自我牺牲、一心满足他人的角色。这样一来,不论处于什么心理状态和知识层次的女人都不得不极力使自己符合这个规定的角色。有关生育的书籍、上流社会女性杂志、儿童文学也无不要求她们无私地放弃自己的理想,将自己的希望和能力托付给她们生活中的男人。[③]

---

① 详见:Sheaffer, *O'Neill: Son and Playwright*, 241—242;Bloom, *Eugene O'Neill's "Long Day's Journey into Night"*, 1—8.

② 详见:Robinson, *Eugene O'Neill and Oriental Thought: A Divided Vision*, 178;Hinden, *Long Day's Journey into Night: Native Eloquence*, 43;Sheaffer, *O'Neill: Son and Artist*, 515;Brendan Gill, "Unhappy Tyrones." *New Yorker*, 12 May 1986, 93—94.

③ Carroll Smith-Rosenberg, *Disorderly Conduct: Vision of Gender in Victorian America*, 213.

其实，这种"贤妻良母"的角色——伍尔夫称之为"家里的天使"——在相当长的历史时期里，不仅在美国而且在世界范围内，都受到了传统社会和主流文化的一致推崇和赞美，成为人类历史上有关女性的一个最大神话和谎言。

"贤妻良母"，这个被无数文学作品理想化和神圣化的女性角色，正是玛丽婚后面临的唯一选择。像19世纪美国绝大多数女性一样，玛丽克己奉献，努力迎合有关"贤妻良母"的规定和要求，可是，她不但没有得到这个神话所承诺、所宣传的幸福和快乐，相反，她为此心力交瘁，付出了惨痛的代价。《进入黑夜的漫长旅程》通过剧中不同人物、以多方位叙述角度浓缩了玛丽婚后20多年的不幸经历，并通过玛丽的悲剧给"贤妻良母"的角色及其神话打上了一个沉重的问号。

婚后二十多年里，玛丽一直过着飘泊的生活。她每年陪着丈夫詹姆斯·蒂龙（James Tyrone）在全国各地作巡回演出。演一场戏就换个地方，住的是肮脏的旅馆，乘的是没有卧铺的火车；但让她痛苦的，不是艰苦的生活，而是丈夫的狂饮滥喝。玛丽清楚地记得他第一次喝醉的那个晚上，那时他们还在蜜月之中。她在一家肮脏的旅馆等他，一小时又一小时地等着，脑子里尽是胡思乱想，以为他出了什么事，她甚至跪下来祈求上帝让他早点回家，可等到的却是酒吧间关门后他喝得烂醉回来。她记不清这种事后来又发生了多少次，她又有多少次在那些肮脏的旅馆房间等他回来，但她不会忘记她在那种情形下所经历的孤独和无奈。

更让玛丽痛苦的是，婚后很多年她的身心几乎被分成了两半：一边是一年四季在外巡回演出的丈夫离不开妻子的陪伴，一边是家中幼小的孩子们需要母亲的照顾。这种矛盾的需要使她长期处在焦虑不安的状态中，身心疲惫不堪。第二个孩子尤金（Eugene）就在她陪伴丈夫巡演时死了，这个悲剧使她终生摆脱不了悲伤和悔恨的折磨。但是，玛丽的不幸并没有结束：她不久又成了另一场灾难的受害者。她在生第三个孩子埃得蒙（Edmund）的时候得了风湿病，而庸医竟在她毫不知情的情况下一直用吗啡给她止痛，造成她后来对吗啡上瘾。

不过，玛丽多年依赖吗啡的根本原因，在于她婚后担任"贤妻良母"角色时遭遇的各种不幸，尤其是来自家庭的压力和冷漠。

《进入黑夜的漫长旅程》一开始就告诉观众，在染上吗啡瘾二十多年后，玛丽再次接受了两个月的"治疗"。剧情开始时，她刚从疗养院回来不久，身心都很虚弱。对埃得蒙身体的担忧，使她焦虑到神经质的地步：一听到埃得蒙的咳嗽声就惊恐不已，甚至会从座位上跳起来，"仿佛要逃避这咳嗽声似的"（《奥尼尔集》下，951）。听到医生打来电话，她的脸色会吓得发白。多年的颠沛流离生活和长期的担惊受怕显然使她变得不堪一击。

尽管"贤妻良母"的角色早已使玛丽不堪重负，但这个角色仍然是剧中蒂龙父子所要求的；尽管蒂龙父子都知道她的状况还很脆弱，但他们还是期望玛丽重新奉献自己、担负起"贤妻良母"的重任。

蒂龙父子看上去特别关心她的健康，好像把她的健康看得比什么都重要。当詹姆斯同大儿子吉米谈起小儿子埃得蒙患上了肺结核时，他担心的是这个坏消息对玛丽的康复不利："这阵子正赶上她需要静心休养，不能过分操心，偏偏弄出这件事让她烦恼，真是糟透了……她已经能控制自己的神经，不那么紧张了——至少在埃得蒙得病之前是这样。可现在她表面上看不出什么，内心却越来越紧张和恐惧。"（《奥尼尔集》下，947—948）吉米和埃得蒙似乎对母亲也非常同情，他们常常责怪父亲当年太吝啬，不肯为病中的母亲请个好大夫，以至庸医害得她染上了吗啡瘾。然而，正如剧作家通过他们的自白和行为所揭示的那样，他们对玛丽健康的关注源于他们自己的需要：他们需要一个"贤妻良母"的悉心照料。

詹姆斯通过对母亲的伤感而理想化的回忆，表达了对玛丽的期望和不满。他需要的是一个像他母亲一样坚强的妻子。在他的心目中，他的母亲是一个"温柔、坚强的好女人，没有比她更好、更坚强的了"（《奥尼尔集》下，

1040）。吉米对玛丽的需要则更加可悲，"他无时无刻不需要玛丽，但他无法靠近她……他的愿望没有寄托。吉米的需要如同来自沉沦地狱者的嚎叫"[①]。在与埃得蒙的谈话中，吉米毫不掩饰地表明了对女性自我奉献和牺牲的依赖："一个男人没有一个好女人爱他，还算什么男人呢？只不过是他妈的躯壳。"（《奥尼尔集》下，1094）当玛丽"旧病复发"，吉米对母亲的期望和理想也随之破灭。于是，吉米像父亲一样，将希望的对象转向其他女人。不同的是，父亲转向的是理想化的母亲，而吉米则转向另一个极端——妓女。吉米心理上出现严重错乱：他把母亲看作妓女，又把妓女当成母亲。他的这种错乱和迷失在奥尼尔后一部作品《月照不幸人》中得到进一步再现。

蒂龙父子因为各自对玛丽的需要而常常互争不让，用伯纳特·西蒙的话来说，"谁都想从身体很虚弱的玛丽那里得到最多的关怀"[②]。父亲嫉妒儿子占据了玛丽的大量时间，而儿子则怨恨父亲常常把母亲从他们身边带走。父与子因为各自对玛丽的需要而互相产生矛盾和嫉恨。但是，随着玛丽"旧病复发"，他们相互的嫉恨很快就转化为相互的谅解。例如在最后两幕，埃得蒙不仅在倾听父亲关于过去一切的述说，而且对父亲表现出从未有过的同情。他理解地看着父亲说："我很高兴你把这事告诉了我，爸。我现在对你比以前了解多了。"（《奥尼尔集》下，1042）当他看见父亲为了节省点电费又要他把门厅的灯关掉时，他也不再对父亲感到恼怒。与此同时，埃得蒙对哥哥吉米也增加了同情和谅解。吉米表示自己不能宽恕母亲，并且充满怨恨地说："我以前做梦也想不到除了妓女以外还有别的女人会吸毒！"对此，埃得蒙竟然表示理解并安慰道："我知道，吉米。"（《奥尼尔集》下，1054）父子们能相互理解彼此的痛苦和需要，却无视玛丽对理解的渴望和对孤独的恐惧。玛丽从疗养院回来以后，他们一心想着的就是让她重新回到贤妻良母的岗位上去。开始时，他们总是留一个人在家"陪伴"她，但那是出于对她的不信任，他们

---

① Travis Bogard, *Contour in Time: The plays of Eugene O'Neill*, 437.
② Bernet Simon, *Tragic Drama and the Family: Psychoanalytic Studies from Aeschylus to Beckett*, 181.

偷偷地监视她的行动。和美国19世纪的主流社会对女性的要求一样，蒂龙父子需要的是一个"贤妻良母"，而玛丽对吗啡的依赖，显然违反了"贤妻良母"的角色要求。"吗啡瘾"不仅是一种"大逆不道"，而且被视为一种"奇耻大辱"。因此，当玛丽"旧病复发"时，他们再也无法隐瞒心中对她的不满和怨恨。他们对玛丽的冷漠、孤立和鄙视，折射出的不仅是一个女人的悲剧、一个家庭的悲剧，而且是整个社会的悲剧。

在揭示这个多重悲剧时，剧作家突出再现了玛丽在社会和家庭中的孤立处境以及她强烈的孤独感。作为一个基督教世界里的爱尔兰天主教徒，玛丽深刻体会到了社会边缘化的滋味。而且，由于嫁给了一个为上流社会所不齿的戏子，玛丽还受到亲朋的冷眼相待。尤其是因为经常跟着丈夫在各地奔波，缺乏稳定的生活环境，玛丽几乎什么朋友都没有。更何况由于吗啡瘾，玛丽成了周围环境所耻笑的对象。透过女佣人凯瑟琳到药店替玛丽买吗啡而遭到药剂师的鄙视这件事，我们可以瞥见小镇是如何看待玛丽的，也可以想象玛丽在小镇的孤立。

与玛丽的孤立处境相对应的是她无法解脱的孤独感。虽然吉米和埃得蒙也同样感到孤独，但是他们可以走出家门，到外面的世界去排解，或从海上或从妓女身上寻找安慰。而玛丽却无处可去。她曾对埃得蒙说起自己在家里的孤独："你爸老是往外跑，去酒吧或俱乐部会朋友。你和吉米有你们自己认识的小伙子。你们都往外跑，只有我一个人待在家里。我老是孤孤单单没个伴儿。"（《奥尼尔集》下，955）孤独使她绝望地寻找语言的慰藉："我知道说也没用，可有时我觉得太孤单了。"（《奥尼尔集》下，954）但是，她的一再努力并没有得到父子们的呼应。她后来只好把女佣人留在身边，只是为了有个人能听她说话。

纵观全剧，蒂龙父子几乎一直都在拒绝倾听玛丽的诉说，更无意去理解她的愁苦。玛丽在第一幕的结尾处向埃得蒙说起她对他身体的担心，以及家人对她的监视和不信任："生活在这种不断怀疑的气氛中，你们一个个都在窥探我,没有人相信我,这日子怎么过!"(《奥尼尔集》下,955)。然而,埃得蒙不停地打断她的话,不想听她说下去,最后甚至一走了事。

当玛丽在第二幕中重新出现时,我们发现"她的眼睛有点异样,比刚才亮了一些,说话的声音和一举一动也有点特别,似乎在故意回避人"(《奥尼尔集》下,965)。果然,当蒂龙父子借酒浇愁时,玛丽则开始借吗啡来驱逐内心的孤独和绝望。不过,这时的玛丽还没有完全放弃对家人的希望。正如第二幕所示,玛丽请求丈夫詹姆斯别去俱乐部喝酒而把她一个人丢在家里,但詹姆斯对她的请求置之不理。她又力图希望得到埃得蒙的谅解,但得到的却是一句刻薄的讽刺:"我还能相信其他什么呢?"(《奥尼尔集》下,992)第二幕的结尾和第一幕的结尾一样:蒂龙父子撇下孤独的玛丽走了。

蒂龙父子的怀疑使玛丽紧张不安,而他们的冷漠更使她感到无助、无望。于是,我们在第三幕看见玛丽使用了更大剂量的吗啡来麻痹自己的感觉、封闭自己的内心。当埃得蒙从医生那里回到家,玛丽没有上前询问他的病情,当埃得蒙试图告诉她自己的病情真相时,她似乎也没有听见。于是,埃得蒙对她更加刻薄,而他的"这种刻薄恰恰说明了他仍然缺乏理解。"①

父子们以醉酒的方式来忘掉烦恼,用埃得蒙的话来说,"我们都知道喝了酒我们就可以忘掉那些痛苦的事"(《奥尼尔集》下,1025)。他们自己可以借酒浇愁,但他们却不能原谅玛丽借吗啡来排解痛苦;他们不仅尽可能地找借口冷落她、孤立她,而且还尖刻地讽刺、奚落她。詹姆斯甚至羞辱她说:"上楼再他妈的去过个瘾,是吗?这样不用到天亮,你准会变成个疯鬼!"(《奥尼尔集》下,1018),而吉米竟然把她叫做"吸毒鬼"——蒂龙父子的怨恨,使人不能不联想起《送冰的人来了》中男性人物的敌视。

如第四幕所示,蒂龙父子在相互指责、埋怨之后彼此都给予相互的理解和同情,但他们却没有将这种理解和同情给予痛苦的玛丽;他们"每个人都有了一个同情的听众;而玛丽的情况却相反,她的独白是在完全孤立

---

① Ahuja, *Tragedy, Modern Temper and O'Neill*, 159—160.

中进行的。"①

鉴于蒂龙父子的冷漠无情，我们不难理解玛丽最后为何走向了疯癫。如果说是社会和家庭对"贤妻良母"的角色要求使玛丽不堪重负，最后不得不通过吗啡来逃避扮演这种角色的痛苦，那么可以说，是家庭的冷漠无情使她感到无助无望，最后不得不通过吗啡来摆脱内心的孤独和悲哀。换句话说，吗啡成了玛丽"躲避绝望的庇护和面罩。"②

值得注意的是，玛丽对吗啡的依赖以及吗啡作用下的疯癫，不仅成了玛丽逃避社会和家庭压力的一种出路，而且成了她有意抵抗这种压力的一种方式。

自19世纪以来，越来越多的女作家和女学者开始注意到：对有些不堪重负、不愿耗尽一生扮演"贤妻良母"角色的女人而言，生病或疯癫是唯一的逃避办法。玛丽的情况恰恰证实了这一点。她对吗啡的依赖和她在吗啡作用下的疯癫，隐含了她对"贤妻良母"或"家里的天使"角色的消极反抗。从这个角度来看，玛丽与吉尔曼短篇小说《黄墙纸》中的女主人公非常相似：她们的身体都处于不稳定的康复状态，她们最后都彻底背离了社会和家庭对女性的期望和要求，选择了她们认为是更好而在他人看来却是十足疯癫的生存方式。③

当埃得蒙意识到母亲在他非常需要时候变得可望而不可及时，他向父亲抱怨她是故意地"旧病复发"："最叫人受不了的是她在自己的周围筑起了一道墙，或者更像一层浓雾，将自己遮起来。她存心这么着，真他妈的叫人受不了！你多少有点知道她是故意这么做的——让我们无法接近她，把我们赶开，忘掉我们的存在！"（《奥尼尔集》下，1032）埃得蒙在抱怨中把玛丽对

---

① Hinden, *Long Day's Journey into Night: Native Eloquence*, 42.
② Floyd, *The Plays of Eugene O'Neill: A New Assessment*, 539.
③ 吉尔曼（Charlotte Perkins Gilman, 1860—1935），美国著名女作家、社会学家、女权运动活动家，创作了大量短篇小说，代表作是《黄墙纸》("The Yellow Wallpaper", 1892）。

吗啡的依赖比喻为她有意用来抵挡外界的"厚墙"和"浓雾"时，他或许已意识到她是在以这种特殊的方式表示对传统女性角色模式的抵抗。当吉米在该剧的最后一幕把玛丽讥讽为疯癫的奥菲利娅时，我们更加感到玛丽与《黄墙纸》中那个"疯女人"的相似之处：她们的痛苦都与社会和家庭所要求的"贤妻良母"角色有关，而且，她们都以疯癫的方式拒绝和抵制继续扮演这种角色。

玛丽的疯癫，在很多方面与19世纪西方常见于女性"病患者"歇斯底里的病症很相似。女性主义批评认为：歇斯底里是女性对父权社会的一种抵抗。在这个社会，当她们被当作性欲的对象而她们的愿望又受到压制的时候，她们唯有用自己的身体来抵抗压制。[1] 琼·斯图斯（Jean Strouse）在关于艾丽斯·詹姆斯的传记中，[2] 对19世纪美国女性的歇斯底里及其社会背景阐释如下：

> 神秘的紧张性疾病，其中包括不时的"头痛"、维多利亚时代常见的脆弱，以及歇斯底里的发作和古怪的阵发性精神病，占据了不少美国妇女的生活。这些疾病的起因有明显的个体差异，但总的来说，我们可以把这些疾病看作是女性对19世纪美国生活的变化形态，尤其是对正在发生变化的女性社会地位和作用，所做出的一种集体性的反应。……有些妇女直接面对这些变化，或是极力支持或是极力反对这些变化；有些妇女则转向内心世界，将自己的生活变成了一种为自我——伍尔夫称之为"执拗的本能"——而战的战场。[3]

---

[1] 详见：Dianne Hunter, "Hysteria, Psychoanalysis, and Feminism." Garner, ed., *The M (other) Tongue: Essay in Feminist Psychoanalytic Interpretation*, 89—118.

[2] 艾丽斯·詹姆斯（Alice James）：美国著名作家亨利·詹姆斯和哲学家威廉·詹姆斯的妹妹，才华出众，一辈子都在生病。

[3] 详见：Bette Mandl, "Wrestling the Angel in the House." *The Eugene O'Neill Newsletter*, Vol. 12, No. 3, 1988. 20—21.

在特丽·莫尔看来，歇斯底里是被迫沉默的女人的一种反抗方式，同时也是"她们在反抗失败后，在看到自己被堵上嘴巴、捆绑到女性的角色上时，发出的求救声"①。从这个意义上说，玛丽的疯癫也是一种对现实、对家庭彻底绝望的表现。

疯癫中的玛丽不再承担"贤妻良母"的重负。她变成了一个"怨妇"，抱怨丈夫的吝啬，抱怨父子们对她漠不关心，抗议他们对她的怀疑和监视……她似乎是通过这种抱怨和抗议来为自己的吗啡瘾和疯癫进行申诉和辩护。

疯癫中的玛丽不仅不再扮演"不断自我牺牲、一心满足他人"的角色，而且还有了公开抵抗社会和家庭压力的勇气。对于父子们的怀疑和监视的目光，她拿出挑战的神色来应对；对于父子们的讥讽和鄙视，她采用了强硬的态度来回答。当埃得蒙担心佣人会把吗啡的事传出去、弄得满城风雨时，玛丽用一种对抗的语气反驳说："传出去什么？让人家知道我手上有风湿，要靠吃药来止痛？这有什么丢脸的？"（《奥尼尔集》下，1012）她我行我素、不在乎舆论的压力。她明确对埃得蒙说："做人只有一个办法，就是不要在乎人家怎么看你。"（《奥尼尔集》下，966）疯癫中的玛丽借助对少女时代梦幻般的回忆，远离了现实中的男性世界，回到了修道院的女性群体。作品突出了她的梦想和回忆，象征性强调了她少女时代想成为修女或钢琴家的愿望——这些愿望没有一个表明少女时代的玛丽打算成为传统的"贤妻良母"。

眼见玛丽越来越沉入梦幻世界，越来越远离了"贤妻良母"的角色位置，蒂龙父子无不试图把她唤回到他们身边。埃得蒙甚至冲动地拽着她、央求她，但是，不论是谁、不论是什么都已无法让她回到痛苦的现实。当埃得蒙将他得了肺结核的真相告诉她时，有那么一两秒钟，埃得蒙的话似乎打动了她，"她浑身发抖，大惊失色"，但她接着发狂地大喊一声，似乎在对自己发出命令："不！"然后，她似乎是对所有人说："不要拉住我。不能这样。因为我要

---

① Toril Moi, "Representation of Patriarchy: Sexuality and Epistemology in Freud's Dora." Charles Bernheimer and Claire Kahane, eds., *In Dora's Case: Freud—Hystria—Feminism*, 192.

去做修女。"(《奥尼尔集》下，1065）玛丽拒绝了蒂龙父子对她的一切期望和要求，即使最让她心疼的埃得蒙也无法改变她的意志。她开始坚持真实的自我和久违的梦想，她的追求有了少女时代所没有的坚定，而这种坚定显然来自她的女性经历给予她的惨痛教训。在历经了二十多年失意和挫折之后，她拒绝了"贤妻良母"的角色，回到梦幻世界去寻找属于女性的天空。

四、寻找女性的天空：再谈《进入黑夜的漫长旅程》中的玛丽

《进入黑夜的漫长旅程》的开场方式与奥尼尔前一部剧作《送冰的人来了》有明显的不同：这里不是破破烂烂的酒馆，而是海滨小镇一处度假的房子；出现在读者和观众面前也不是一群走投无路、靠白日梦为生的酒鬼和妓女，而是一幅一家人和谐相处的画面，与奥尼尔唯一的一部喜剧《啊，荒野！》的家庭气氛有点相似。早晨，当玛丽和丈夫詹姆斯·蒂龙一起从饭厅出来，她看上去完全是一个快乐的"贤妻良母"形象：她料理着家务琐事，关照着丈夫、儿子，闲聊说笑中透着风趣和幽默。但是，随着白日的逝去和黑夜的到来，随着蒂龙父子对玛丽要求和怀疑的增加以及玛丽内心焦虑和孤独的展露，读者和观众逐渐被带入一个悲剧。

值得注意的是，玛丽在剧中很多时候都处在一种矛盾的状态，就像一个戴着面具的人一样。表面上，她是一个轻松愉快的玛丽，扮演着快乐的

1962年根据《进入黑夜的漫长旅程》改编的同名电影（赫本主演）

"家里的天使";而实际上,她是一个不堪重负的玛丽,内心充满了孤独和痛苦。当父子们把她一人撇在家里时,她的心态同样也是矛盾的:她一方面向往独处的自由自在,一方面又害怕被冷落的滋味。第一幕结尾显示,当小儿子埃得蒙走后,"她的第一个反应是松了口气,显得自在起来"(《奥尼尔集》下,958),但随后又极度紧张起来。第二幕的结尾又清楚地再现了她的这种复杂心理。当父子们不顾玛丽的请求再次离开时,她内心的独白是:"你心里是巴不得把他们赶走。你不喜欢他们那副瞧不起你、讨厌你的神气。他们走了你才高兴哩。(绝望地苦笑)可是我的天哪,我为什么会感到这样寂寞?"(《奥尼尔集》下,994)此外,作品还再三强调:玛丽的手指总是在神经质地弹动着,她的笑容是勉强的,神情是紧张的。

作品以此突出表现了玛丽生存的分裂状态,即她的梦想与现实、内心愿望与社会要求的矛盾冲突。伊丽格瑞认为被视为商品的女人常常出现这种分裂。[1]

玛丽婚前有过两个梦想:第一个梦想是做一名修女,第二个梦想是做一名钢琴家。无论从玛丽最初的哪个梦想来看,她都无意成为一个传统的家庭妇女。然而,正像卡箩·斯密斯·罗森伯格所指出的,"19世纪的美国社会只为女人提供了一种得到社会尊重和接受的角色——贤妻良母角色,一种要求她们不断自我牺牲、一心满足他人的角色"[2]。因此,像19世纪美国绝大多数女性一样,玛丽的梦想最终也只能服从社会的角色规定。她爱上詹姆斯后,很快和他结了婚,将自己的希望全部托付给他。但是,她并没有得到她所向往的"家"和"幸福",而是开始了痛苦的"漫长旅程"。她永远也忘不了她的少女生活与婚姻生活之间存在的可怕差异。

婚后不久,她就发现詹姆斯经常出去酗酒,而她不得不独守空房;由于詹姆斯是一个巡回演出的演员,她一年到头还得伴随他过着颠沛的生活。出于

---

[1] Irigary, *This Sex Which Is Not One*, 179—180.

[2] Smith-Rosenberg, *Disorderly Conduct: Vision of Gender in Victorian America*, 213.

跨文化之旅：奥尼尔与中国

对詹姆斯的爱情，她忍受了难以忍受的生活，并在艰苦的条件下生育了三个孩子。但不幸的是，第二个孩子尤金夭折了——当时，她为了陪同和照顾巡回演出中的詹姆斯，不得不离开年幼小的孩子们；而就在她不在孩子们身边的时候，正在出天花的大儿子吉米不小心将病毒传染给了摇篮中的尤金。尤金的死成了玛丽一生刻骨铭心的伤痛。雪上加霜的是，她在生第三个孩子埃得蒙的时候患了风湿病，詹姆斯为了省钱，没有为她请个好大夫，以致她不但没有治好病，反而成了吗啡的牺牲品。

然而，作为一个母亲，玛丽的痛苦还远远没有结束：大儿子吉米后来成了一个颓废沮丧的酒徒，而小儿子埃得蒙又患上了令她恐惧的肺结核。她不仅永远失去了她的第二个孩子，她还面临着失去她的第三个孩子的危险。她不仅失去了对大儿子吉米的希望，她还失去了自己的梦想。她这样概括自己的无奈："这些事你还不知道就加到你头上来了，而一旦发出了，你就得一步步走下去，一误再误，到最后误了终身，自己心里想的事却一件也实现不了。你就这样永远失去了真正的自我。"（《奥尼尔集》下，978）玛丽的更大的不幸是来自家庭的压力和孤立。蒂龙父子对她戒毒的怀疑和监视使她紧张不安，而他们的冷漠无情则使她感到无助无望。如果说是社会和家庭对"贤妻良母"的角色要求使玛丽不堪重负，最后不得不通过吗啡来逃避扮演这种角色给她带来的痛苦，那么可以说是家庭的压力和孤立使她感到绝望，最后不得不通过吗啡来摆脱内心的孤独和痛苦。因此，玛丽依赖吗啡长达二十多年、在接受了戒毒治疗后又"旧病复发"的根本原因，正如传记作家盖尔泊夫妇所指出的那样，就在于她婚后"长期的挫折和失意迫使她吸毒成瘾"[①]。

剧中曾一再提到"家"的字眼和话题——玛丽婚后一直陪同旅行演出的丈夫住在各地的旅馆里，甚至在旅馆里生孩子，从来没有自己的房子、自己的家；后来，詹姆斯在一个小镇上购置了一处便宜的房子，即剧中他们所住的地方，用于一家人夏天时居住；对于玛丽而言，那不过是一个临时的住所，而

---

① Gelbs, *O' Neill*（1973），10.

不是一个固定的、真正的家。她因此对埃得蒙说道："我从来没有感觉到这儿是我的家。"(《奥尼尔集》下，953）她也对詹姆斯说过："这儿从来就不是个家。你自己也宁可到俱乐部或酒吧间去。而对我来说，这儿永远是冷冷清清的，就像那种住一夜就走的肮脏小客栈一样。一个人真正在自己家里是永远不会感到冷清的。"(《奥尼尔集》下，976）她还强调说："我已经从亲身经历中懂得，孩子应该有个家才能长成好孩子，女人也需要一个家才能成为好母亲。"(《奥尼尔集》下，988）玛丽以此表达了她对家的渴望和对幸福的向往、对现实的不满和失望、对自己长期依赖吗啡的辩护。但是，这一切都没有得到父子们的任何呼应。她再三请求父子们不要把她一个人孤单单地留下，但得到同样是置之不理；她多次希望得到父子们的理解和原谅，但得到的却是讥讽和鄙视。他们甚至刻薄地称她为"疯鬼""吸毒鬼"，完全无视她内心的孤独和对理解的渴望。

面对蒂龙父子的冷漠无情，失望的玛丽"不再相信男性的上帝，"[1]而将祈祷的对象转向圣母玛利亚，期待圣母玛利亚把她带离二十多年的痛苦和内疚。她选择向圣母玛利亚而不是男性上帝祈祷，或许是对男权社会的一种背离。

玛丽逃避现实的另一个反应就是借助吗啡进入一个梦幻世界。作者在第三幕明确指出，"她将自己更深地藏在内心深处，只是在幻梦里才找到逃避现实、放松自在的处所。在梦境里，眼前的现实只是一种若即若离、不能引起任何感情的现象——甚至可以将它置若罔闻"(《奥尼尔集》下，995）。只有在梦境里，她才"又有一种不可思议的高兴劲儿，一种无拘无束、自由奔放的青春活力，仿佛她在精神上已经得到解脱，很自然地回到从前那种天真、快乐、爱说笑的修道院学生时代"(《奥尼尔集》下，996）。

也许，她通过吗啡的梦幻作用同丈夫和儿子拉开距离，是力图保留她内心深处的一点梦想。不过，玛丽对吗啡的重新依赖也说明了她的绝望——她知道自己别无出路，只能逃避，"这药能带着你往回走——回到很远很远的往

---

[1] Adler, *American Drama, 1940—1960*, 36.

昔，直到再也不觉得痛苦为止"(《奥尼尔集》下，1002)。这也就是为什么玛丽喜欢雾的缘故，因为"雾可以把你和外面那个世界完全隔开。你觉得在雾里一切都变了，什么都不再是原来那个样子了。谁也找不到你，谁也不会碰你了"(《奥尼尔集》下，997)。

此外，值得注意的是剧作家同情地再现了玛丽对女性友情的向往。剧中极其孤独的玛丽叹息道："我恨不得有什么地方可躲上一天，就是一个下午也好。或者有个知己的女友可以谈谈心——不谈什么正经，只是随便说说笑笑，暂时地忘掉自己的不幸"(《奥尼尔集》下，955)。

在对丈夫和儿子失望后，玛丽和许多饱受折磨女性一样，将诉说的对象转向了周围的女人。由于没有可信任的女友，她只好将诉说的对象转向了家里的女佣人凯瑟琳（Cathleen）。琼·乔西亚认为，凯瑟琳是西方19世纪传统戏剧中典型的喜剧性佣人形象。① 她在剧中充当的只是一面镜子的作用，映照着玛丽的形象：一个牵挂孩子的慈母，一个对下人很体贴的女主人。凯瑟琳几乎并不明白玛丽说的东西，但她毕竟在倾听玛丽的诉说，而蒂龙父子三人恰恰都没有做到这点，埃得蒙甚至还屡次叫玛丽不要说了。

凯瑟琳不仅是剧中唯一在倾听玛丽诉说的人，她还是"玛丽与外界关系的一个缓冲带"。② 凯瑟琳陪着玛丽到镇上去并替她到药店买吗啡，使得玛丽避免了直接遭受药剂师的白眼。凯瑟琳在佣人中的地位也与玛丽在家中的地位比较相似；两人都得服从他人的要求。就凯瑟琳而言，厨娘老是在支使她，而男司机则总是对她动手动脚的。玛丽之所以和她待在一起时感到自在，也愿意和她一起分享自己对往昔的幸福回忆，大概也是因为她们都是势单力薄的一方。

除了凯瑟琳，玛丽还借助对少女时代的回忆向修女院的女性群体寻求慰

---

① Hall, *"A Kind of Alaska": Women in the Plays of O'Neill, Pinter, and Shepard*, 44.
② Hinden, *Long Day's Journey into Night: Native Eloquence*, 42. Sheaffer, *O'Neill: Son and Artist*, 506.

藉。她幸福地回忆她对圣母玛利亚的祈祷、她和伊丽莎白嬷嬷的谈话、她和修女们在一起的时光、她一度想做一名修女的情景。玛丽记忆中的修道院，是一个理想化的世界；在那里，她弹着钢琴，生活在一群没有家庭束缚的女人中间。全剧突出了她的梦想和回忆，象征性强调了她少女时代想成为修女或钢琴家的愿望。

借助于梦幻般的回忆，玛丽回到了有信仰、有梦想、有欢乐的少女时代。只有在这样的甜蜜回忆里，她才能暂时摆脱焦虑和烦恼，得到片刻的宁静和幸福；这时的玛丽"痴呆地望着前方，她的脸显得异常年轻而天真。嘴边浮现出羞涩而信赖的微笑"（《奥尼尔集》下，1066）。然而，这个女性乌托邦的梦幻世界并不足以支撑玛丽现实生活的天空；该剧接近结束时，困惑和迷茫像浓雾一样笼罩着玛丽，她感觉自己需要确立自我，找到曾经使自己感到充实的理想和信仰："我在找什么？我知道在找我失掉的一件东西……我缺少一件要紧的东西。我记得没有丢失以前我从来不感到孤独，也从来不觉得害怕。"（《奥尼尔集》下，1063—1064）此时，玛丽似乎在寻找一种自我意识，一种摆脱程式化性别角色的存在意义。剧中多次提到玛丽的那件婚纱也似乎成了少女时代天真和快乐的象征。

现实中男性对玛丽的束缚和要求、冷漠和无情使她感到困苦和窒息。她于是梦想回到女性群体中去，而梦想是她唯一可以自由表达自己的愿望和追求的地方。不过，玛丽并不是什么女权主义者，她求助于吗啡、圣母玛利亚、修女以及女佣并非一种女权主义反抗男权压迫的方式；但她想远离身边的男性世界回归女性群体的愿望是值得我们注意的。她对女性友情的渴望几乎贯穿全剧，而这种渴望反映出她受压抑的程度，强调了她生为女人的不幸。

不过，作品并没有因此以压抑和绝望的气氛告终，而是给人们留下了一个值得回味的结尾：当完全处在吗啡幻觉中的玛丽最后像一个梦游者一样出现在舞台中央时，剧作家提供了这样的舞台提示："蒂龙举杯。两个儿子也机械地举起杯来。没等他们喝酒,玛丽开口了。大家慢慢地把杯子放下,将喝酒一事置诸脑后。"(《奥尼尔集》下,1066)当玛丽开始她最后的、也是全剧最长的独白时,父子三人不约而同地放下手中的酒杯开始倾听她的诉说。这时,她的影响力似乎超过了酒精的诱惑力。

在最后一幕的结尾部分,玛丽成为唯一的主角;全剧以她最后的独白结束。在玛丽大段的独白过程中,再也没有人像从前那样拂袖而去或摔门而走,再也没有人像从前那样对她的话置之不理。也许,蒂龙父子正在开始学着理解她的不幸。虽然这一刻似乎来得太迟了,但是它毕竟是漫漫长夜过后透露出的一缕曙光。

五、夹缝中求生存:谈《月照不幸人》中的乔茜

1973年《月照不幸人》再次亮相舞台(何塞·昆特罗导演,科琳·杜赫斯特、杰森·罗巴兹主演)

作为自传体悲剧《进入黑夜的漫长旅程》的续篇,《月照不幸人》承接了"社会性别角色重负下的女性经历"这一话题。不同的是,《月照不幸人》为我们提供了一个新的视角:在《进入黑夜的漫长旅程》中,不堪重负的玛丽以吗啡和疯癫对"贤妻良母"的角色要求进行了消极抵抗;而《月照不幸人》的女主人公乔茜·霍根(Josie Hogan)却接受并扮演了这个角色。虽然剧作家奥尼尔在她的形象塑造上存在着

一定的局限，但通过表现乔茜在角色扮演中所经历的内心折磨和苦涩，《月照不幸人》一剧，无疑成了对社会性别角色规定的质疑。

像奥尼尔笔下许多女性人物一样，乔茜扮演的也是传统的女性角色，充当的也是反映男性愿望的"镜子"。[①] 不过，乔茜并不是一面被动的"镜子"，她自愿扮演了或"妖魔"或"天使"的程式化女性角色。

起先，乔茜极力将自己伪装成一个与"贤妻良母"形象截然相反的"荡妇"形象。《月照不幸人》第一幕开始不久就提到当地有关于她跟很多男人鬼混的传闻，而她自己对此不但不否认，反而还夸耀说："我想要这一带的哪个男人就能弄到哪个男人。"（《奥尼尔集》下，1162）她甚至声称要正式加入妓女的行当。她伪装得非常成功，几乎骗过了所有的人。只有关心她的老父亲和爱慕她的吉米心中明白，事实上"她是个清白无辜的处女，而她那些浪里浪荡的事儿都是自己吹牛做假"（《奥尼尔集》下，1159）。剧中男主人公吉米·蒂龙（Jamie Tyrone）后来对她的伪装一语道破："你逗弄他们，逗得你确信他们想要你的时候。你想干的就是这些。然后他们想得寸进尺，你就扇他们耳光。他们都互相撒谎，一想到别的小伙子得手了，就没人愿意承认自己得到的只是一记耳光。你也不怪他们。他们都知道随便他们怎么吹牛撒谎，你都满不在乎"（《奥尼尔集》下，1188—1189）。乔茜利用很多男人的虚荣心制造了一个瞒天过海的谎言和假象。

乔茜为何要扮演一个"坏女人"的角色呢？对此，剧作家在《月照不幸人》的工作笔记中做了专门说明，强调了乔茜的两难处境和她扮演"荡妇"背后的自尊，[②] 并且在剧中充分展示了这个人物复杂的内心世界。

一方面，乔茜心中充满了爱，但由于一直没有男人真心喜欢她，她的内心深深受到伤害，出于强烈自尊，她宁愿守身如玉；另一方面，她又对自己外表极其自卑。她把自己称为"难看的大块头""难看的母牛似的大胖娘们

[①] 详见：弗吉尼亚·伍尔夫：《一间自己的屋子》，王还译，第42页。

[②] 参见：Judith E. Barlow, *Final Acts: The Creation of Three Late O' Neill Plays*, 148—149.

儿"(《奥尼尔集》下，1177)，把自己的手叫做"又大又丑的爪子"(《奥尼尔集》下，1185)。她嫉妒那些和吉米在一起的妓女，因为在她的想象中，她们个个都娇小玲珑，标致秀气。吉米对她的爱慕使她看到了爱情的希望，但也使她感到更加自卑。当父亲建议她嫁给吉米时，她辛酸地说："别再拿我开心啦……我心里明白，我是个块头大的丑八怪。"(《奥尼尔集》下，1120)她认为没有男人会爱她，"因为没人愿意——因为我是个蠢牛式的大胖娘们"(《奥尼尔集》下，1188)。对她而言，"贞洁"的现状成了对她的最大讽刺和嘲笑。她装出"荡妇"的样子，是为了掩饰内心的伤痛；"荡妇"的形象虽然坏了她的名声，但她至少能以此"证明她可以使许多男人想要她"①。

在乔茜的外表形象上，剧作家奥尼尔表现出了大胆的创新。② 一般而言，文学作品中女主人公在长相上几乎无不符合"窈窕淑女，君子好逑"的标准，而奥尼尔笔下的乔茜既不"窈窕"也不"淑女"，是一个大块头的农家女："她作为一个女人，块头可大得出奇，近乎畸形——不穿鞋时身高5英尺11英寸，体重180磅左右。除了极个别的壮汉之外，她可比一般男人都更强壮，能干两个普通男人的力气活儿"(《奥尼尔集》下，1103)。就是通过这么一个外表"难看"的女人，③ 奥尼尔成功地刻画了一个难忘的艺术形象。不仅如此，在这个人物形象的塑造上，奥尼尔还一反传统文学的模式，刻画的不是那种拥有一颗金子般心灵但不幸沦为妓女的人物类型，而是一个洁身自好但伪装

---

① Falk, *Eugene O' Neill and the Tragic Tension: An Interpretive Study of the Plays*, 174.

② 在罗利看来，乔茜这个人物形象与奥尼尔的爱尔兰血统有关。乔茜很像爱尔兰神话中的女战士，这类女性被赋予了男性的一些特征，她们具有男性体力和精神上的力量。详见：Raleigh, "The Irish Atavism of *A Moon for the Misbegotten*." Floyd, ed, *Eugene O' Neill: A World View*, 234—235. 笔者认为，如果说乔茜的艺术形象具有双性同体的特点，或许可以说这个形象在一定程度上象征性地表达了作者对于两性融合的理想。

③ 当时，在按剧本的要求挑选扮演乔茜的演员时遇到了困难。参加过该剧第一次演出的女演员劳伦丝·兰格回忆说，当时对扮演乔茜这个角色的要求是"这样一种形象的女人：当她来见你并问你她是否能从事舞台生涯，你会尴尬地回答："恐怕你个头太大了，我们怎么才能找到一个在个头上可以和你做搭档的男演员呢？"详见：Bogard, *Contour in Time: The plays of Eugene O' Neill*, 451—452.

成妓女的人物形象。

对女性的这种"伪装",当代著名女性主义批评理论家露丝·伊瑞格瑞作了清晰的诠释:"何谓'伪装'?用弗洛伊德的话来表示就是'女性气质'。比如,'女性气质'论认为,女人需要成为女人,即一个'正常'的女人;而男人则不用,男人从一开始就是男人。男人只需顺其自然,而女人则必须成为一个正常的女人,即必须进行女性气质的伪装。"[1] 既然乔茜非常希望被看作一个"正常"的女人,她就不得不掩盖真实的自我,扮演某种符合男性需要的女性角色。伪装,对于她来说,不仅是一种心理上的需要,而且是一种生存的需要。乔茜因此小心守护着自己的伪装。当她对吉米不得不承认自己的真相时,内心充满了羞辱和辛酸,忍不住掩面而泣。对于把自尊看得比名誉更宝贵的乔茜来说,承认自己的"贞洁"是一个非常痛苦的经历,因为这意味着她要摈弃一直保护她的伪装。但这还不是为吉米做出的唯一牺牲,她的牺牲才刚刚开始。

对于乔茜而言,更大、更艰难的牺牲还在于她摘下"荡妇"的面具后又为吉米扮演了一个"圣母"的角色,而这一角色的扮演和前一角色的扮演一样,都是一种无可奈何的选择。对此,卡彭特指出:

> 由于异常的外表,她一直没有男人喜欢,只好将自己幻想成一个永恒的妓女并滑稽地扮演这个角色。吉米对她的真诚好感使她看到爱情的希望,然而,他对她处女状态的理想化和对这种状态的强烈需要,使她只得接受自己的现状,放弃自己的梦想。这个大个头女人不得不继续"守身如玉",为一个不可救药的罪人扮演母亲兼牧师这么一个奇怪的角色。[2]

---

[1] 转引自:Whitford, *The Irigaray Reader*, 136.
[2] Carpenter, *Eugene O'Neill*, 162.

不过，也有一些评论家表达了不同的观点。在他们看来，乔茜对爱情的渴望是一种生理上的冲动，而她为吉米扮演母亲是一种精神上升华。例如，迈克·辛登认为"乔茜超越了先前性方面的兴趣……有了母爱和宗教的需要"，从一种生理的"邪恶冲动"升华为一种"高尚的、纯洁的、宗教体验"；查曼·阿胡伽也表达了同样的看法，认为乔茜的角色扮演超越了她对吉米的生理欲望，将"性冲动"转化成"温柔的母爱"。①

的确，乔茜后来放弃了与吉米结合的愿望和对爱情的幻想，真心诚意地充当他所期望的母亲角色，但那并不是她的初衷，而是因为吉米不能用别的方式来对待她。

起初，乔茜相信爱情可以产生奇迹。根据作品所示，乔茜爱吉米而且认为爱情会使他摆脱自我毁灭的酗酒。她在第一幕对父亲说，"如果我是他的老婆，我要治好他这种慢性自杀的毛病"（《奥尼尔集》下，1121）。即使当吉米后来警告她，他已经是一个不可救药的酒鬼，乔茜仍然相信爱情的力量："不过跟你在一起可能会大不一样。爱情能改变那种情况"（《奥尼尔集》下，1182）。她渴望爱情并且幻想爱情能使两人有一个新的生活。因此，出于对吉米的爱和对爱情的追求，她勇敢地去掉自己的伪装，大胆地承认爱他，热情地亲吻他，但结果却发现他根本没有正常的爱的能力。

在饱受内疚折磨的吉米眼里，乔茜内心深处很像他去世的母亲，是唯一真心爱他、能够理解和宽恕他的人。他因此把乔茜当作母亲的化身，期盼她母亲般的抚慰。对他而言，与乔茜同床而眠只不过是把他的脑袋枕在她"美丽而温暖"的胸脯上进行忏悔罢了——这一切与乔茜当初对爱情的期望完全不同。吉米扭曲的心灵和荒诞的观念决定了乔茜对他的爱是毫无希望的，也预示着乔茜后来注定要遭受挫折和痛苦。

在奥尼尔笔下，不幸的乔茜是一个心地善良、富有牺牲精神的女性。当

---

① Hinden, "Desire and Forgiveness: O'Neill's Diptych." *Comparative Drama* 14, 245; Ahuja, *Tragedy, Modern Temper and O'Neill*, 163.

第二部分　重读经典：奥尼尔戏剧中的性别观与女性形象

吉米恳求她给予他一次特殊的母爱时，她被他那伤感的样子感动了。经过激烈的内心斗争，为了不使他失望，她不顾自己的创伤，怀着怜悯之心，原谅了他的粗暴行为而且决定满足他的要求——把他渴求的母爱献给他："亲爱的，你来这儿想干什么就干什么吧。你根本不是想听酒馆里的那些酒鬼的笑声，而是倚在你母亲的怀里听你那内心忏悔的呼声。"(《奥尼尔集》下，1200）为自己喜欢的成年男人扮演一个母亲角色，对乔茜而言无疑是一种自我牺牲，"因为这花费了很大的代价"(《奥尼尔集》下，1193）。她的付出显然是没有回报、也没有希望的付出，是一种"代价巨大的爱的付出，因为这种爱没有任何性爱的成分"。①

在第三幕的结尾，乔茜几乎被神化为一个"圣母"：她像母亲一样温柔而爱护地搂着悲伤的吉米，让他把脸埋在她怀里哭泣，像对孩子那样耐心倾听他的忏悔，温言细语地抚慰他，宽恕他一切可怕行为。吉米在她母亲般的怀抱中安详地睡了一夜，他那愧疚不安的灵魂终于得到暂时的平静。但这一切都建立在乔茜单方面的付出和牺牲上——她疲惫不堪地坐着冰凉的月光下，四肢被他身体的重量压得筋疲力尽，因为"她尽管有力气，一连几个钟头保持那种姿势，害怕把他惊醒，可也实在有点支撑不住了"(《奥尼尔集》下，1202）。此时的乔茜不仅是吉米的第二个母亲，而且仿佛是圣母玛利亚的化身。整整一夜，神情忧伤的乔茜一动不动地搂着他，犹如一幅悲怆的"圣母怜子图"。②

奥尼尔笔下的乔茜坚韧强大，充满母爱和献身精神，是奥尼尔戏剧中最理想的女性形象。有学者甚至因此认为她是奥尼尔艺术生涯中"第一次塑造的一个完全令人钦佩的主要女性人物"。③ 然而，这个形象在一定程度上也表

---

① Adler, *American Drama, 1940—1960*, 40.
② Eric Bentley, "Eugene O'Neill's Pietà," *New Republic* 4, Aug. 1952, 18; Manheim, *O'Neill's New Language of Kinship*, 206; Scheibler, *The Late Plays of Eugene O'Neill*, 85—88.
③ Floyd, ed, *Eugene O'Neill: A World View*, 234.

现了剧作家在女性问题上的局限,反映了一种关于"好女人"的男性幻想。①

不过,剧作家的艺术创作并没停留在这个幻想上。他一方面以赞美口吻的表现了乔茜无我的境界,另一方面也以同情的笔调刻画了她内心的矛盾和折磨;他不仅表现了她的母爱和高尚,而且还真实地再现了她的脆弱和无奈、自卑和自尊,尤其是她后来因为吉米而经受的痛苦和辛酸——这些痛苦和辛酸,贯穿了她为吉米摘下自己的面具、压抑自己的愿望、为他扮演母亲角色的整个过程。这些痛苦和辛酸充分说明了这一角色的非人性特点。通过展现乔茜的内心渴望和吉米的实际需要之间的矛盾冲突,以及乔茜后来的自我奉献,剧作家揭示了这样的真相,即女性在扮演男性期望的角色时,往往不得不做出自我牺牲。

此外,剧作家对于乔茜对健康爱情的向往和渴望给予了深深的同情,并通过一系列细节来表现乔茜的忧伤。例如,他不仅描写了乔茜在阻止吉米粗暴行为后的伤心低泣,而且还在同一幕的舞台说明中再三提到她的哭泣,突出强调了她在爱情上的失望和伤心——当她对父亲解释自己的忧伤时,她自嘲地说,那是因为"一个处女在夜间生了一个死孩子,天亮时她还是个处女"(奥尼尔 1204)。另外,作者在舞台提示和说明中多次使用"悲伤"这个词来形容她的语调和声音。虽然她强带微笑地同老父亲打趣,但是她的表情看上去如此悲哀,以至老父亲不得不为她担心起来。当老父亲因此责骂吉米时,她再也无法掩藏内心的悲痛,对老父亲大喊道"别这样,爹!我爱他!"(《奥尼尔集》下,1215)对吉米无私的付出,是乔茜的高尚之处,也是她的悲哀所在。乔茜在感情上的创伤,反映了现实生活中众多女性在追求爱情时的普遍经历,因此,乔茜的不幸具有一定的代表性。

---

① 参见:Manheim, *Eugene O'Neill's New Language of Kinship*, 206; Sheaffer, *O'Neill: Son and Artist*, 529; Ranald, *The Eugene O'Neill Companion*, 299; Carpenter, *Eugene O'Neill*, 162; Barlow, *Final Acts: The Creation of Three Late O'Neill Plays*, 155—156; Adler, *American Drama, 1940—1960*, 39—40.

正如作品所表现的那样，不论乔茜扮演的是一个"荡妇"还是一个"圣母"，都是出于一种无奈。这种无奈真实再现了女性在男权社会中的一种生存状态。生物学研究表明，一些生物在险恶的环境中会本能地用伪装的办法来掩护自己。其实，"伪装"不仅是这些生物的生存方式，也是处境艰难的人类（尤其是女性）的生存方式。伊瑞格瑞谈到女性的伪装时曾指出："女性这样做是为了保留住自己的一点点愿望；为了进入男性世界，她们只得以放弃自己的愿望为代价。在伪装过程中，为了使自己'有销路'，她们只得屈从占统治地位的性经济市场。但是，她们在这个市场只是性快乐的客体而非主体。"[①]

对于《月照不幸人》中的女主人公乔茜而言，不论是扮演"荡妇"还是"圣母"都是一种不得已的选择，一种夹缝中的生存策略，一种女性的自我保护。在无法用语言表达自己欲望而且也没有这种权利的情况下，女人往往只得将自我"封存"在男性的需要及幻想里，扮演着他们所需要的性别角色。不过，不论乔茜是出于自尊扮演一个受社会唾弃的"荡妇"，还是后来出于善良扮演一个受社会推崇的"母亲"，她都使自己有幸脱离了性的经济市场和婚姻市场，最终使自己免于沦为一个性对象。扮演一个圣母玛利亚式的母亲，使她在一定程度变成了吉米寻求宽恕的工具；但另一方面，扮演这个角色也使她获得了对自我的一种全新认识——她对自己开始感到自豪，而不再自卑。此外，虽然乔茜为吉米扮演了一夜母亲，但她毕竟不是他的母亲，因此，她的角色扮演也只是暂时的。

与吉米的悲剧结局相比，乔茜的未来在最后一幕显得更重要。在这一幕里，奥尼尔着意刻画了失去吉米之后的乔茜，以及她如何面对失去了吉米之后的生活。根据巴罗的研究结果，围绕乔茜的形象以及她未来的命运，奥尼尔在定稿时进行了很大的修改，使这个人物更加理想化。[②] 例如，草稿中的乔茜有一个梦想，即做一个"贤妻良母"，一个乐于服侍丈夫、孩子和家庭的家

---

① 转引自：Whitford, *The Irigaray Reader*, 135—136.
② Barlow, *Final Acts: The Creation of Three Late O' Neill Plays*, 112—155.

跨文化之旅：奥尼尔与中国

庭妇女。这个梦想在后面几稿也一再出现；示意她会很快走一条女性的传统道路，将这段伤心的爱情埋藏在心里，像大多数女人一样结婚成家、生儿育女——这种处理方式无疑会使《月照不幸人》变成一个肤浅的肥皂剧，而乔茜所遭受的痛苦也就显得微不足道。再如，根据该剧的初稿，她还梦想做一个"荡妇"，一个利用男人而决不动情的浪女。这个梦想很容易使读者误以为她不仅有可能真的是一个"荡妇"，而且在未来的生活里还可能扮演这个角色。奥尼尔后来显然意识到这些问题，他在《月照不幸人》的定稿中删去了乔茜的这两个梦想和容易引起误解的地方。奥尼尔似乎以此表明：对于经历了不幸之后的乔茜而言，不论是哪种角色的扮演已没有必要。

与奥尼尔前两部剧作《送冰的人来了》和《进入黑夜的漫长旅程》比较，《月照不幸人》在女性人物形象塑造上既有继承又有发展。《送冰的人来了》中的几个主要女性人物在剧中是一个沉默的群体，观众唯有通过男性人物的白日梦才能发现她们的存在；《进入黑夜的漫长旅程》中的玛丽不仅发出了自己的声音，而且成了该剧的舞台中心，但她最后只能在梦幻世界寻找慰藉；而《月照不幸人》中的乔茜，在形象塑造上，明显增加了亮度和色彩。为了保护自己的尊严，乔茜编造了自欺欺人的谎言，甚至幻想同吉米有一种新的生活；幻想破灭后，她没有因此被击垮，也没有回到从前的虚幻世界，而是面对现实、接受现实。

尤其值得注意的是，她甚至否定了自己对爱情所抱的幻想，清醒地认识到爱情并不能战胜一切。她对父亲说道："这都是我的错。我原以为还有希望。我不知道他已经死了——在这月光下是个该死的魂儿，来到我这儿忏悔，寻求安静地度过一夜。"（《奥尼尔》下，1205）在最后一幕，乔茜清醒地意识到她救不了吉米，而吉米注定迅速走向死亡；"她的爱情和理解也许可以带给他内心的平静，但是无法彻底消除他良心上的罪恶感；他的灵魂已经死了，唯一的解脱的方式是肉体的消失。"[①] 她目送着吉米上路，伤心而怜悯地说"但愿你

[①] Ahuja, *Tragedy, Modern Temper and O' Neill*, 165—166.

第二部分　重读经典：奥尼尔戏剧中的性别观与女性形象

如愿以偿，不久就在睡梦中死去吧。但愿你宽慰而平静地永远安息吧"(《奥尼尔》下，1216)。在奥尼尔的戏剧世界里，死亡是一种解脱。乔茜给予吉米面对死亡的力量就是一种爱的祝福，是乔茜给予吉米的一种真诚无私的爱情。乔茜为爱情做出了最大的牺牲，但她并没有和她所爱的人一起走向死亡。如果说，《送冰的人来了》和《进入黑夜的漫长旅程》让人感受到生为女性的不幸和悲哀，那么，《月照不幸人》则在此基础上让人看到了女性面对现实的勇气和力量。

《月照不幸人》让读者和观众目睹了乔茜的期望和失望、挫折和忧伤，也让读者和观众目睹了乔茜的自我调整和振作。乔茜失去了吉米，但她没有在不幸中沉沦，也没有作茧自缚，更没有沉溺于忧伤。吉米离去后，乔茜忍不住暗自哭泣，但她只让自己哭了片刻，很快便回到了现实生活。结尾时乔茜和父亲的对话，进一步展示了乔茜令人感动的勇气和力量。表面上，结尾讲的是乔茜对老父亲的"气恼"，但实际上，《月照不幸人》通过将乔茜内心的忧伤转化成她对父亲"乱点鸳鸯谱"的责怪，表现了乔茜正在"走出失去吉米的痛苦"。[①]

虽然奥尼尔没有明确指出乔茜的未来会如何，但是该剧的结尾显示，经历了不幸后的乔茜显然更加成熟，她无疑会像岩石缝里的植物一样顽强地生存下去。从这个意义上看，奥尼尔将故事的结尾安排在黎明时分不无道理：黎明的朝晖使人从梦幻中清醒，也使人感到未来的光明和希望——这或许就是《月照不幸人》留给人们的一个重要启示。

六、局限与超越：再谈《月照不幸人》

奥尼尔在完成了《进入黑夜的漫长旅程》之后，以自己的兄长为原型，创作了《月照不幸人》。该作品以同情的口吻讲述了吉米·蒂龙的悲剧故事，表达了吉米对母爱的渴望，以及作家对理想型女性的定位；与此同时，作品通

[①] Barlow, *Final Acts: The Creation of Three Late O'Neill Plays*, 153.

跨文化之旅：奥尼尔与中国

过客观再现吉米对待母亲和其他女人的畸形态度，揭示了吉米在女性问题上的扭曲心态及其危害，体现了剧作家在女性问题上的自省和超越自我的能力。

奥尼尔笔下的吉米对母亲有着强烈的依恋情结。为了让母亲高兴，他毅然戒掉了多年的酒瘾。对此，他解释道："她一向恨我饮酒。所以我戒了酒。我那样做，自己也很高兴。为了她的缘故。……因为我爱她。"（《奥尼尔集》下，1196）然而，得知母亲病重并将不久于人世，由于不能面对失去她的痛苦，他又开始酗酒，而且还让她在临终前失望地看到了他喝醉的样子。他悔恨地回忆道："我明明知道她在死之前把我认出来了。她看到我喝得醉醺醺的，随后就闭上眼睛死了，好不再看到这种使她伤心的情况，而且乐意死去！"（《奥尼尔集》下，1196）但这还不是使吉米最自责的地方。让他回想起来就对自己痛恨不已的是他在母亲去世后的所作所为：他在运送母亲回乡安葬的火车上，又是酗酒又是嫖妓；他甚至喝得醉醺醺地去参加母亲的葬礼。这之后，他一直生活在自我惩罚的地狱里，痛恨自己辜负了母亲的期望。饱受伤心和自责之苦的吉米极力寻找能够代替他母亲的女人。他终于在女主人公乔茜身上找到了母亲的影子。他在回忆母亲时将乔茜与之比较："她会理解我，宽恕我……她一向会的。她为人直率善良，心地纯洁。她长得漂亮。你内心深处很像她。这就是我为什么讲给你听的缘故。"（《奥尼尔集》下，1199）吉米的话表达了他对乔茜的期望和定位，也预示了乔茜后来在剧中扮演的角色。

对于吉米失去母亲后的悲伤、对母爱的渴望以及对母亲型女性的追求，

1900年奥尼尔与兄长吉米（中）、父亲（右）

奥尼尔给予了深深的同情和认同，将他置于《月照不幸人》中心人物位置。男主人公吉米的形象塑造在很大程度上影响了女主人公乔茜的形象塑造。在剧作家笔下，吉米在母亲去世后的绝望和内疚，以及他对母爱的渴望，主导了乔茜的角色扮演。奥尼尔在创作过程中对乔茜这个女性人物进行了反复修改，使她的形象更加理想化。例如，为了突出乔茜的女性特点，剧作家从最后的定稿中删去了关于她长相难看的舞台提示，在作品中明确指出："她并没有男子气，是个纯粹的女性"（《奥尼尔集》下，1130）。在塑造乔茜的形象时，剧作家还突出了她的"贞洁"特点。根据该剧的初稿，乔茜梦想成为一个"荡妇"，但在最后的定稿中，奥尼尔删去了这一梦想以及任何可能影响理想女性形象的文字，突出强调乔茜是一个向往爱情、"守身如玉"的女性；为了维护自尊，她不得不假扮"荡妇"。①

此外，剧作家突出了乔茜的母性特点。例如，她像母鸡护小鸡一样，呵护着三个惧怕父亲的兄弟，并帮助他们离开家乡各奔前程。她甚至像母亲一样抚养弟弟迈克长大。《月照不幸人》开始不久，剧作家就以细腻的笔触描述了她对弟弟的爱护和与他告别时伤感的一幕。这对确立乔茜的母性形象具有重要作用。② 当这一形象确立后，奥尼尔在第一幕的结尾示意了男女主人公即将建立的一种母子关系模式：

蒂龙——（讥诮地）没错儿人。乔茜，那就像母亲那样关照我吧。我倒喜欢这样。

乔茜——（厉声厉色地）那我就管啦。你需要一个照顾你的人。（两人一起走进屋内）。

（《奥尼尔集》下，1146）

---

① 关于奥尼尔对该作品的反复修改，巴罗做了大量研究，详见：Barlow, *Final Acts: The Creation of Three Late O' Neill Plays Final Acts*, 112—155.

② 参见：Törnqvist, *A Drama of Souls: Studies in O' Neill's Supernaturalistic Technique*, 250.

跨文化之旅：奥尼尔与中国

该剧着意刻画乔茜的贞洁和母性，无疑是出于男主人公吉米的需要。吉米渴望找到母亲的替身，以便在她怀里哭泣和忏悔——从这个意义上说，乔茜不过是吉米满足个人需要的工具。为了满足吉米的需要，乔茜辛酸地扮演了这个角色。在第三幕结束时，乔茜宛如一个温柔而宽容的母亲，搂着悲伤的吉米，倾听他伤心的忏悔，抚慰他痛苦的灵魂。在乔茜母亲般的怀抱中，连续几个月难以入眠的吉米终于安详地睡了一夜；在乔茜无私的奉献中，饱受噩梦和良心折磨的吉米找到了渴望已久的母爱和宽恕，他不断挣扎的内心终于得到暂时的平静。此时的乔茜不仅是吉米的第二个母亲，而且是圣母玛利亚的化身。乔茜以自嘲的口吻承认了自己与后者的相似之处："一个处女在夜间生了一个死孩子，天亮时她还是个处女"（《奥尼尔集》下，1204）。奥尼尔在作品的最后一幕用厚重的笔墨突出了乔茜与圣母玛利亚的相似，强调指出，"在暗淡的曙光下，两人形成一幅异常凄凉的图景——一个哀伤的胖女人胸前搂着一个面容憔悴的中年酒鬼，仿佛他是个病孩子"（《奥尼尔集》下，1202）。

塑造这个圣母般的女性形象，不仅表达了奥尼尔对吉米的怜悯和宽恕，也表现了奥尼尔自己对理想女性的想象和对母爱的渴望。艾德勒指出：认识该剧最后一幕的"圣母怜子图"，对于了解奥尼尔的作品很重要，因为奥尼尔认为"怀抱孩子的母亲无疑是人类爱的典范，没有这种爱，世界将恐怖无望"[1]。曼海

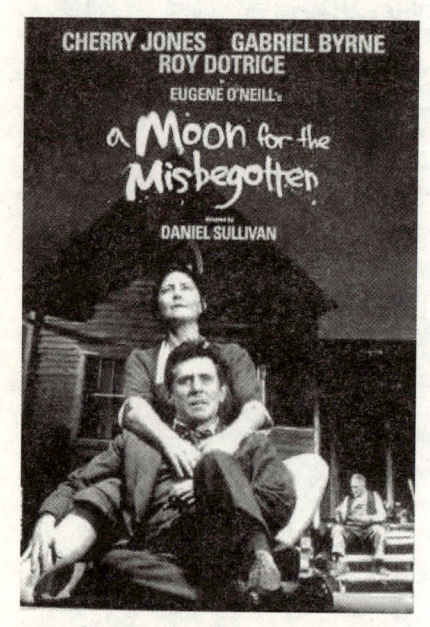

2000年百老汇重新上演《月照不幸人》

---

[1] Adler, *American Drama, 1940—1960*, 39.

136

姆因此指出："对奥尼尔而言，母与子的形象是人类赖以生存的最伟大的爱的形象。母爱既是人的身体需要也是人的情感需要。如果没有这种爱，我们必死无疑：得不到母亲乳汁的滋养就意味着肉体的死亡；得不到母爱的温柔就意味着精神上的死亡。"①

为了让吉米能在母爱的怀抱中找到宁静和幸福，乔茜放弃了与他同床共眠的希望，做出了一次"伟大的牺牲"。充满母爱和牺牲精神的乔茜无疑成了作者笔下最理想的女性形象。在传记家谢夫看来，吉米是一个"寻找母亲的绝望孩子"。② 其实，奥尼尔自己何尝不是这样。渴望母爱的吉米·蒂龙从一定意义上说也是剧作家自己的写照。奥尼尔的遗孀卡洛塔回忆当年奥尼尔追求她的情景时说道：

> 他从不对我说"我爱你，我认为你很出色"这样的话，他总是反复说"我需要你，我需要你，我需要你"。我发现他的确需要我。他身体总是不好。他谈到他的幼年生活，他说他没有真正意义上的家和父母，没人像对待孩子一样对待过他，说着说着，他的表情变得越来越忧伤。③

据卡洛塔回忆，在奥尼尔生命的最后几天时间里，他甚至还执意把她当作他的妈妈。对他而言，她就是他的妈妈，而且"他一直都在寻找一个妈妈"④。传记家们也认为奥尼尔似乎一生都在寻找一个能代替他母亲的女人，他

---

① Manheim, *Eugene O'Neill's New Language of Kinship*, 206. 另见：Eric Bentley, "Eugene O'Neill's Pietà," *New Republic* 4（Aug. 1952），18；Scheibler, *The Late Plays of Eugene O'Neill*, 85—88.
② Sheaffer, *O'Neill: Son and Artist*, 529.
③ Falk, *Eugene O'Neill and the Tragic Tension: An Interpretive Study of the Plays*, 178.
④ Sheaffer, *O'Neill: Son and Artist*, 669—670.

似乎终于在第三任妻子卡洛塔身上找到了。① 出于对兄长吉米的爱和怜悯,他让笔下的吉米至少有一个晚上在乔茜那里找到了一个母亲般的女人。

也许正是出于对母爱的渴望,奥尼尔一生不仅描写了许多寻找母亲的小男孩式人物——吉米不过是"奥尼尔笔下最后一个迷了路、哭着找妈妈的小男孩,"② 而且还常常以母子关系为主题,塑造出不少母亲型的女性形象。乔茜就是这些女性形象的缩影:她既像《大神布朗》里的西比尔一样懂得如何使饱受良心折磨的男人得到安宁,又像《更庄严的大厦》里的萨拉一样怀抱着自己爱的男人入眠。她甚至还像《诗人气质》中卑微的诺拉那样满足于为所爱的男人做出牺牲。她告诉吉米:"你来我这儿,使我感到自豪,你知道我是这个人世间爱你的一个人,爱你爱到足以理解和宽恕你——我确实宽恕你!"(《奥尼尔集》下,1200)令她感到安慰的是,她至少在一个晚上帮助他得到了平静,而他对她付出的承认似乎就是对她最大的报答。当他准备离去时,她伤心地恳求道:

> 我没法忍受看到你由于曾经需要我的爱来安抚你的哀伤而感到羞耻——当时我能够给你这种安慰,确实感到非常自豪。(央求地)我曾经希望为了不叫你难堪,你最好不记得这件事,可你现在记起来了,我希望你记得我给你的爱使你心情平静了一会儿(《奥尼尔集》下,1213)。

对此,吉米最后回答道:"我永远忘不了你的爱!……我会一直爱你,乔茜。"(《奥尼尔集》下,1214)吉米的表示使乔茜感到自己存在的价值。

---

① 盖尔泊夫妇和谢夫在奥尼尔传记中,分别用不少篇幅记载了奥尼尔对母爱的渴望以及卡洛塔与奥尼尔之间的一种母子关系。详见:Gelbs, *O'Neill*(1973),705—709; Sheaffer, *O'Neill: Son and Artist*, 283, 343.

② Falk, *Eugene O'Neill and the Tragic Tension: An Interpretive Study of the Plays*, 177.

第二部分 重读经典：奥尼尔戏剧中的性别观与女性形象

奥尼尔通过乔茜的无私奉献和自我牺牲，塑造了一个充满母爱的"好女人"形象，表达了他对母爱的渴望和母亲角色的神化。虽然不少评论家都认为乔茜是一个非常生动的艺术形象，但从女性主义批评角度看，关于乔茜的这些描写，表现出奥尼尔在女性形象塑造上仍然存在一定的局限性。

不过，值得注意的是，剧作家并没有因此否定乔茜对健康爱情的向往和渴望，而是给予了深深的同情；他在舞台提示中多次提到她的哭泣，突出强调了她当时的失望和忧伤。

更值得注意的是，剧作家虽然以同情的笔触描写了吉米对母爱的渴望和找寻，但他同时也客观再现了吉米对母亲的畸形爱恋和在女性问题上的变态心理。

吉米对母亲有着乱伦的潜意识。他讨厌父亲，爱恋母亲。他把母亲看作自己生命的一部分，母亲的死亡意味着他生命意义的终结。没有了母亲，吉米便失去了自己的灵魂，变得痛苦不堪、不可救药；没有了母亲的爱护，他没法面对生活；没有母亲的宽恕，他良心无法安宁。他把乔茜当作母亲的化身，并找到了他期盼的母亲般的抚慰和宽恕。然而，他需要的不只是一个像他母亲那样的"好女人"；他真正需要的不是别的女人，而是他母亲本人。即使是为他充当了一夜母亲的乔茜也只能给予他片刻的安宁而无法真正替代她。

吉米在第三幕反复唱着两句同样的歌词："可是孩儿的哭声惊醒不了／前面行李车厢里的她。"即使是在运送母亲棺木的旅程中，这两句歌词也总是在他脑子里萦绕。他坦言："我没法儿止住内心那种歌唱，我也不想止住！"（《奥尼尔集》下，1199）。这两句歌词来自19世纪90年代流行的一首叫做《前面的行李车厢》的伤感老歌。该歌词全文如下：

　　火车在奔驰向前
　　有个丈夫垂泪坐在里面，
　　想着幸福的时光

跨文化之旅：奥尼尔与中国

> 只有短暂几年；
> 孩子的脸庞
> 映照着一个逝去的美好希望，
> 可是孩儿的哭声惊醒不了
> 前面行李车厢里的她。①

显然，这首歌曲的主题是关于一个失去妻子的丈夫，强调的是丧妻的悲痛和忧伤。然而，吉米引用这首歌尤其是其中涉及孩子哭声的最后两句，非常符合他当时的心态。母亲去世后，他表现得的确像一个"哭喊着要妈妈的小男孩"②，但更像一个悲悼中的丧偶男人。

同奥尼尔笔下许多男性人物一样，吉米带着俄狄浦斯情结依恋着母亲，又被一种沉重的罪恶感所折磨；他既怨恨母亲"弃他而去"，又痛恨自己对她的亵渎和不忠。吉米与《送冰的人来了》一剧中的唐·帕里特非常相似：两人都对母亲有一种畸形的爱恋，又都背叛了母亲——前者与妓女鬼混，后者使母亲铃铛入狱——而且都把自己的堕落和报复行为归咎于母亲。同帕特里一样，吉米在忏悔中极力为自己的罪孽开脱："这就仿佛我想报复似的——因为我被孤零零地撇下——因为我知道自己彻底绝望了——剩下还能干的事就是借酒浇愁，醉死过去，因为不再有人能够帮助我了。"他还在忏悔中替自己辩解道："那是因为我多么想念她，没法儿宽恕她撇下我。"（《奥尼尔集》下，1198—1199）吉米的忏悔既表达了失去母亲后的孤独，又流露出残酷的报复心理。吉米用自暴自弃来报复母亲的去世，但他的报复不但没有使他感到满足反而使他更加厌恶自己。

奥尼尔笔下的吉米对女人和性有着荒谬的认识和态度。吉米把女人不是

---

① Sigmund Spaeth, *Read 'Em and Weep: The Songs You Forgot to Remember*, 175；转引自：Barlow, *Final Acts: The Creation of Three Late O'Neill Plays*, 138.

② Falk, *Eugene O'Neill and the Tragic Tension: An Interpretive Study of the Plays*, 175.

看成母亲就是当作妓女，而且，在他的眼里，性只与妓女有关。吉米的这种观念使他丧失了性爱的能力，也决定了乔茜对他的爱情不仅毫无希望而且充满了辛酸。乔茜既不是母亲也不是妓女，是一个爱着他、愿意成为他妻子的女人，而他却无法与她（或别的女人）建立正常的两性关系。当乔茜承认了对他的爱情并表示愿意与他共度良宵，他的言行变得粗暴起来，对待她就像对待妓女一样：

　　当然，来啦，小宝贝儿。你当我还为什么别的事来这儿吗？我一直在拿自己开心玩。（跟在她身旁走上台阶，用胳臂搂住她，紧紧贴着她的身体）你是我的心上人，宝贝儿。我一直想要你。爱情，扯淡！我会叫你懂得什么是爱。我知道你要什么，亮眼睛！（她一直恐惧地盯视着他。他粗鲁地吻她）来吧，小娃娃，咱们上床睡觉去吧。（在门口那儿推她进屋。）《奥尼尔集》下，1190）

　　吉米习惯将性与妓女联系在一起，这已成了他对女性的一种本能态度，即使是对乔茜也不例外。他的这种态度使爱他的乔茜感到痛苦和绝望。的确，乔茜后来放弃了与吉米结合的愿望和对爱情的幻想，为他扮演了他需要的母亲角色，但那并不是她的初衷，而是因为吉米不能用别方式来对待她。对于乔茜的这种无奈，有学者曾做过这样概括：吉米对她的真诚和好感使她看到爱情的希望，然而，他对她处女状态的理想化和对这种状态的强烈需要，使她只得接受自己的现状，放弃自己的梦想。这个大个头女人不得不继续"守身如玉"，"为一个不可救药的罪人扮演母亲兼牧师这么一个奇怪的角色。"[①]

　　吉米将性与爱分离的态度并非个别现象，而是一个应当引起重视的社会

---

① Carpenter, *Eugene O'Neill*, 162.

问题。有学者认为，吉米代表了一部分有类似问题的爱尔兰男人。[①] 据卡洛塔回忆，奥尼尔本人似乎也有这种问题，即使是和他所爱的女人在一起时也难免如此。[②]

不过，从该剧的人物塑造和情节的处理看，奥尼尔通过客观再现吉米在女人问题上的扭曲心态，以及这种扭曲心态对自己灵魂和乔茜感情的损害，表现了艺术家对这种扭曲心态及其危害的清醒认识，以及在艺术创作中对自身狭隘和局限的超越，而这也正是奥尼尔真实和伟大之处。

[①] John H.Raleigh, "O' Neill's *Long Day's Journey into Night* and New England Irish Catholicism." Gassner, ed., *A Collection of Critical Essays*, 135—136.

[②] 详见：Sheaffer, *O' Neill: Son and Artist*, 530—531.

第三部分　奥尼尔戏剧在中国

奥尼尔戏剧自20世纪20年代初进入中国，到三四十年代已经为知识界所熟悉；自八九十年代开始，奥尼尔戏剧在中国形成了研究热、改编和演出热。直到今天，中国学术界、艺术界、教育界对奥尼尔戏剧仍然情有独钟。"奥尼尔热"在中国延续的时间之长，令世界瞩目。作为中国的奥尼尔学者，笔者有幸见证了八九十年代以来的"奥尼尔热"，在此记录令笔者最难忘的一位奥尼尔研究带头人、一次奥尼尔戏剧的现场演出，以及一次奥尼尔戏剧的教学活动。

一、同气相求：廖可兑与中国的奥尼尔研究

廖可兑（1915—2001）是中国著名的戏剧教育家、欧美戏剧专家、当代奥尼尔研究的带头人，生前任中央戏剧学院教授、奥尼尔戏剧研究中心主任。他在古希腊悲剧、西欧戏剧和美国戏剧等研究领域具有很高的造诣。他的代表作《西欧戏剧史》（1981）介绍了自古希腊时期到20世纪50年代以前两千多年的西欧戏剧历史上重要的剧作家和剧作，以及各个时期的剧场艺术状况，填补了国内西方戏剧史研究的空白，是一部影响久远的经典著作，时至今日，该书仍然是人文艺术学科及专业剧团的必读书籍。廖先生终身坚持不懈地致力于中外戏剧交流事业。为了推动奥尼尔戏剧研究在中国的发展、促进当代中国戏剧艺术的繁荣，他鞠躬尽瘁，付出了生命最后的光和热。

跨文化之旅：奥尼尔与中国

《尤金·奥尼尔戏剧研究论文集》
（1999）书影

（一）

1985年，在美国文学专家和学者的支持下，70岁的廖先生在中央戏剧学院创立奥尼尔研究中心。从此，他几乎将全部精力和时间投入到研究中心的工作。在此后十几年的时间里，在廖先生的主持下，中国几乎每隔一两年就会举办一次全国性或国际性的奥尼尔戏剧研讨会。自1987年在北京举办第一届奥尼尔戏剧研讨会，至2001年他病逝前，他在全国各地共筹划召开了九届奥尼尔戏剧专题研讨会，会议期间还多次上演了奥尼尔的剧作或根据奥尼尔的作品改编的中国戏剧。作为中国当代欧美戏剧研究的开拓者、奥尼尔研究带头人，他把全国奥尼尔戏剧的研究学者、戏剧表演者以及作家和艺术家凝聚在一起，把每一次研讨会都开得有声有色。为了更好地交流研究成果，他还主编了五部《尤金·奥尼尔戏剧研究论文集》（1988；1990；1997；1999；2001），汇集了国内外许多著名学者和艺术家的文章。这些研讨会和论文集，在国内外学界和艺术界产生了深远影响，对繁荣外国文学艺术研究和当代中国戏剧的发展，起到了重要的推动作用。

为了这些研讨会和论文集，这位可敬可佩的老人锲而不舍地奔波操劳，有时甚至"孤军奋战"，付出了常人难以想象的努力，承受了许许多多的委屈和无奈。1997年，廖先生在论文集的后记中说："我们的专家学者并不计报酬，他们关心的是如何更好地开展研究工作，以提高我们研究奥尼尔的学术水平，促进我国戏剧事业的繁荣与发展，同时增进国际文化交流与合作。"[①] 他自己何

[①] 廖可兑："编后话十年"。载廖可兑（主编）：《尤金·奥尼尔戏剧研究论文集》（1997），第293页。

尝不是这样！从筹措会议经费、选择会议地点到组织召开会议，从论文的约稿和汇总、编辑和校对，到撰写前言和后记，到联系出版、支付稿费、邮寄样书等等，他任劳任怨，默默奉献。"许多学者都见证了廖先生晚年不顾年迈体衰，四处奔走，八方求援，为奥尼尔研究的持续发展殚精竭虑的形象。"[①]直到逝世前不久，他还在忙于召开研讨会、编辑论文集、筹划下一届研讨会。"这在我国奥尼尔研究历史上是应该永远铭记的一笔。"[②]

2000年9月，为了办好第九届奥尼尔研讨会，85岁高龄的廖先生不辞辛苦，专程前往郑州。回到北京后，为了尽快出版会议论文集，他一直伏案工作，认真审阅每一篇稿件并作必要的修改。家人发现他身体越来越消瘦，劝他去医院看病，他却不肯放下正在编辑的论文集，直到坚持完成了论文集的编辑和序言的撰写——按照惯例，他还会亲自为论文集写一篇后记；然而，这次由于病得太重，他没能做到。

2001年2月，他的身体愈来愈虚弱，手开始发抖，无法握住笔，他不得不停下手中的工作，去医院看病。医院诊断结果是肝癌晚期，已经多发性转移，病情日益恶化——此时，可能没人比他更深切地体会到奥尼尔晚年因疾病缠身而无法写作的那种痛苦；或许，也没人比他更理解他的老师罗念生先生因病无法完成《伊利亚特》全部译文时的那种遗憾——在对事业的执着方面，他与他们息息相通，一脉相承。[③]

病重期间，廖先生仍然惦念着奥尼尔研究事业的未来，惦念着即将在山东大学召开的第十届奥尼尔研讨会；他牵挂着成立奥尼尔研究会的事，牵挂着奥尼尔研究的未来发展。为了奥尼尔研究事业，他忘我工作，耗尽了自己的健康和生命。"廖先生拖着病体，刚刚编完第五部《尤金·奥尼尔戏剧研究论

---

① 陈立华："国内奥尼尔研究述评"。载郭继德主编：《尤金·奥尼尔戏剧研究论文集》（2013），第16页。

② 王义群：《奥尼尔研究》，第311页。

③ 关于廖可兑病重期间的情况，详见廖心文："陪伴父亲最后的日子"。载《戏剧》，2001年第02期。

跨文化之旅：奥尼尔与中国

文集》就去世了，可以说他是'累死'在奥尼尔戏剧研究'岗位'上的。"①

临终前，这位一生执着于欧美戏剧研究事业的老人仍念念不忘已经撰写过半的书稿《20世纪西欧名剧分析》②——由于忙于奥尼尔研讨会和论文集，他没能顾上完成自己的这部书稿。他是多么希望医生能延缓死神的脚步，让他有时间完成剩余的部分；如果他还有更多的时间，他还想完成那部酝酿多年的《美国戏剧史》。然而，令人惋惜的是，他未能如愿。2001年3月23日，他离开了人世，带着对戏剧事业的热爱，带着对未来奥尼尔研究的牵挂……

（二）

廖先生去世后，有人曾提出这样一个问题："廖先生为何如此执着于奥尼尔研究？"多年来，笔者在奥尼尔研究过程中，一直在思考这个似乎不成问题的问题。

在笔者看来，廖先生与奥尼尔戏剧的情缘，源于他对欧美戏剧研究事业的追求，也源于他对祖国的赤子情怀；廖先生对奥尼尔戏剧研究的执着，实际上是他一生所热爱的欧美戏剧研究事业的延续，也是他终其一生的爱国情怀的延续。

1947年，廖先生远渡重洋，赴美留学，专修欧美戏剧，力图从西方文学艺术中寻找有益于中国文学艺术发展的资源；1950年，为了报效祖国，他毅然回国参加新中国建设。作为新中国急需的专业人才，他和同期回国的留学人员得到了国家领导人的高度重视。从他们回国的行程路线到回国后的接待工作，周恩来总理都给予了亲切的关怀和周到的安排；那年的国庆节，他们作为特邀嘉宾在天安门观礼台上观礼，目睹了激动人心的大阅兵仪式，感受到祖国的温暖和参加新中国建设的光荣——对此，廖先生一直铭记不忘。廖心文在谈到这段回国经历对父亲的深刻影响时说："这段往事珍藏在父亲心中

---

① 郭继德："编后记"。载《尤金·奥尼尔戏剧研究论文集》（2004），第266页。
② 该著是廖可兑为《20世纪西欧戏剧》（1994）撰写的配套教材，遗作，未完。

一辈子，直到他去世前在病床上才讲给我们听。父亲的讲述让我突然明白了，为什么父亲能够始终坚守最初的选择，不管后来遇到什么艰难困苦，处在什么样的境遇中，都坚持下来，为新中国培养欧美戏剧人才奋斗一辈子。"①

在之后长达半个世纪的戏剧教育和研究生涯，廖先生始终保持着这种高尚的爱国主义情怀，以培养中国的戏剧人才、推动中国戏剧艺术繁荣为己任，兢兢业业，勤勤恳恳。"文革"中，他历经坎坷，被打成"反动学术权威"，下放到农场劳动；用十年时间撰写而成的书稿《西洋戏剧史》（包含西欧戏剧历史和美国戏剧历史两个部分）也遭到批判和封杀，迟迟不能出版。但是，他始终坚守着一个爱国知识分子的良知，坚守着对欧美戏剧研究事业的追求。"文革"结束后，为了弥补被极左政治运动耽误的时间，他与时间赛跑，笔耕不辍。除了发表一系列关于欧美戏剧的学术文章，他还补充和修订了《西洋戏剧史》的西欧部分，于1981年出版了《西欧戏剧史》。《西欧戏剧史》出版后，他一直惦记着原书稿中的美国戏剧部分，计划再用五年时间完成一部《美国戏剧史》。

随着研究的深入，廖先生越来越关注美国戏剧，尤其是被誉为"美国现代戏剧之父"的奥尼尔及其戏剧。他先后于1981年和1985年主编了两部《美国戏剧论辑》；自奥尼尔研究中心成立后，他更是将主要精力投入到奥尼尔戏剧研究中。除了在全国各地筹办召开奥尼尔学术会议、开展中美戏剧交流活动并且主编了五部《尤金·奥尼尔戏剧研究论文集》，他还先后发表了《论＜毛猿＞》（1986）、《论奥尼尔的＜马可百万＞》（1987）、《一次盛大的国际学术会议和戏剧节》（1988）《访美归来》（1994）、《论＜大神布朗＞》（1995）、《论＜月照不幸人＞》（1997）等一系列重要文章；1999年，他出版了专著《尤金·奥尼尔剧作研究》。这些著述，凝聚着他多年的心血，是外国文学艺术研究领域不可多得的成果，具有很高的参考价值。

---

① 廖心文："周恩来与'铁三号'的文化名人"。载《纵横》，2013（7）：第46—50页。

跨文化之旅：奥尼尔与中国

廖先生在欧美戏剧研究中，始终坚持"洋为中用"思想。他晚年倡导奥尼尔戏剧研究并以此作为自己的终身事业，也正是源于这一研究思想。早在《西欧戏剧史》的绪言中，他引用毛泽东《新民主主义论》的话说："中国应该大量吸收外国的进步文化，作为自己文化的原料……凡是我们用得着的东西，都应该吸收。"① 他在西方戏剧教学与研究中，历来主张"立足本土"，"洋为中用"，从西方艺术成就中，批判地吸收有益于中国的东西。他研究奥尼尔戏剧也不例外。他高度重视奥尼尔戏剧的重要性，尤其是奥尼尔戏剧之于中国的意义。1997年，在《尤金·奥尼尔戏剧研究论文集》的前言中，他明确阐述了奥尼尔戏剧在西方戏剧谱系中的地位、研究奥尼尔戏剧的难度和重要意义：

> 奥尼尔继承和发扬了自古希腊一直到易卜生和斯特林堡的西方戏剧传统，与20世纪西方各种戏剧流派有着千丝万缕的联系，这就构成了他的戏剧艺术的复杂性，而他又是一位多产作家，有些剧本堪称戏剧巨著，要将其全部剧作进行全面深入的研究，从而做出科学的结论，那的确不是一蹴而就的事情……研究奥尼尔的戏剧，可以大大地丰富我们的西方戏剧知识，了解他是怎样在西方戏剧传统的基础上创造性取得他自己的戏剧成就的；认识他和20世纪西方各种戏剧流派之间的异同和得失。"他山之石，可以攻玉。"这一切无疑有助于发展和繁荣我们自己的戏剧艺术事业。②

正如奥尼尔当年希望从东方文化寻求解决西方问题的良药，廖先生希望从奥尼尔戏剧中提取对中国当代戏剧艺术有益的养分，以及可供中国社会发展引以为戒的教训。

晚年，廖先生以奥尼尔戏剧作为研究重点，也正是基于他对中国社会发

---

① 转引自：廖可兑：《西欧戏剧史》（1994年第二版），第6页。
② 廖可兑主编：《尤金·奥尼尔戏剧研究论文集》（1997），第3页。

展现状和未来的关切和思考。作为一位忧国忧民的知识分子，他认同奥尼尔的社会责任感和对美国物质主义社会的反思，对中国八九十年代经济快速发展后出现的一些道德沦丧现象甚为忧虑。他在专著《尤金·奥尼尔剧作研究》的封底，非常醒目地援引了奥尼尔的一段话："当代剧作家必须挖掘当代的病根——老的上帝已死，而科学和物质主义又不能提供任何令人满意的新上帝，借以为残存的原始宗教本能寻找生命的意义，并安慰它对死亡的恐惧……。"①他还在多篇论文中，多次谈到奥尼尔戏剧对拜金主义的批判。他借助奥尼尔戏剧，警示中国读者："资本主义世界只知道追求物质文明，不重视精神文明建设，结果人们丧失了人类的灵魂，各种问题和罪恶事件也就随之发生。"②今天看来，在物质文明高速发展的21世纪中国，研究奥尼尔戏剧仍然十分必要，因为奥尼尔对"美国悲剧"的挖掘，无疑有助于中国在经济发展大潮中保持警醒，避免人为物役的社会悲剧。

"同气相求，同声相应。"廖先生与奥尼尔戏剧的情缘，离不开他对奥尼尔社会责任感的认同，也离不开他对奥尼尔艺术成就和精神力量的钦佩。在经历了多年政治运动磨难之后，廖先生无疑对奥尼尔的坎坷人生及其执着追求更是产生了强烈共鸣。他在论文集的前言中说道："我们研究奥尼尔，首先应该学习他毕生追求戏剧艺术的执着精神。正因为具有这种精神，他才能取得如此重大的戏剧创作成就，从而使美国戏剧摆脱了长期落后的状态，并一跃而赢得它的国际地位。"③他号召大家在研究中学习奥尼尔对事业的执着精神，并且身体力行，持之以恒，始终将个人的事业追求与祖国的发展紧紧相连。在学生眼里，"为了中国的奥尼尔研究事业，先生是鞠躬尽瘁，死而后已了"④。在同行心目中，"廖先生始终如一地做着三件事：不倦地教学生、伏案

---

① 转引自：廖可兑：《尤金·奥尼尔剧作研究》，封底页。
② 廖可兑：《尤金·奥尼尔剧作研究》，第22页。
③ 廖可兑主编：《尤金·奥尼尔戏剧研究论文集》(1997)，第3页。
④ 华明："怀念先生"。载《戏剧》，2001年第02期。

写作、参与组织和主持全国性奥尼尔研究活动。概括来说就是一件事：为在中国开拓欧美戏剧的研究而鞠躬尽瘁"。① 作为中国当代欧美戏剧研究的开拓者，廖先生为推动奥尼尔研究和中国戏剧的发展，生命不息，奋斗不止，表现了一位爱国知识分子的高尚情怀和高度责任感。

如果我们理解廖先生的爱国情怀和忧国忧民的责任感，理解他对欧美戏剧研究事业的热爱，理解奥尼尔戏剧的艺术价值和现实意义，理解奥尼尔的坎坷及其顽强精神在历经磨难的老一代知识分子心中引起的共鸣，我们一定不会对廖先生晚年执着于奥尼尔研究事业感到疑惑不解；如果我们钦佩奥尼尔的执着探索，我们也一定会对廖先生的不懈努力充满敬意。

（三）

廖先生的去世，对于中国的欧美戏剧研究事业尤其是奥尼尔戏剧研究事业，是一个巨大的损失；对于年轻一代的奥尼尔学者和戏剧艺术工作者而言，他们更是失去了一位敬爱的良师益友。

廖先生不仅学问渊博、治学严谨，而且严于律己、宽于待人。他为人宽容和善，富有人格魅力，对许多年轻学者和艺术工作者的成长产生了深刻影响。廖先生的学生、著名导演兼奥尼尔学者艾辛在一次访谈中谈到廖先生对她的影响时，讲述了一件难忘的往事：1988年，她陪同廖先生到南京出席奥尼尔国际学术会议。会议期间，廖先生去一个博士生家中看望。路上，在商店给该博士生的孩子买蛋糕时，他因为掏钱的速度慢了一点，遭到售货员的粗鲁对待。艾辛十分气愤，廖先生却劝道："天气这么热，她站在这里售货很辛苦，很心烦，我们就不要计较了。"② 廖先生就是这样为人师表，令人感动也

---

① 徐晓钟："缅怀廖可兑先生"。载郭继德主编：《尤金·奥尼尔戏剧研究论文集》（2004），第245页。
② 陈军伟："艾辛访谈三：人活着是要有一种精神的"，2011—6-22。http://www.haodaxue.net/2015/12/1

令人深受教育。

廖先生为人宽厚慈爱，对青年学者和艺术工作者爱护有加。作为中国奥尼尔研究的带头人，他重视培养年轻人，关心年轻人的成长，为此付出了大量的时间和精力。他视自己热爱的研究事业为生命，视宝贵的时间为生命，但是，他对培养和关心年轻人却从不吝惜自己宝贵的时间。他热忱地为晚辈求学、晋升写推荐信，不辞辛苦地为学生评阅毕业论文、出席论文答辩，亲笔回复每一封青年学子的来信，认真修改寄给他的每一篇稿件……他理解年轻人奋斗过程的重重困难，总是给予慷慨无私的支持、帮助和提携。他的博士生、著名奥尼尔学者刘明厚曾感慨地说："他特别懂得尊重人、关心人、体贴人，这是他的人格魅力所在。"① 对此，许多晚辈都感同身受，深受感染。

像当年许多年轻学者一样，笔者是通过奥尼尔戏剧认识廖先生的。1993年，在山东大学召开的奥尼尔研讨会上，笔者第一次见到廖先生。会议期间，他严谨的治学态度和平易近人的风格给笔者留下了深刻印象。会后参观曲阜孔林时，廖先生与我们几个年轻学者边走边聊，继续讨论奥尼尔研讨会上的有关议题，给予年轻人非常宝贵的鼓励和建议。1995—1998年，笔者在北京大学求学，多次见到廖先生并得到他的亲切关心。在收集资料、撰写博士学位论文期间，更是得到廖先生的许多帮助和支持。1998年，他在百忙之中，对笔者的博士学位论文进行了认真细致的评阅，给予了非常宝贵的肯定和鼓励。记得有一次去看望廖先生，离开他家时天色已晚，他担心笔者的安全，特意委托家人把笔者送到车站；1998年笔者去他家送审毕业论文时，他担心楼门上锁后笔者进不去，特意提前在楼下等着。一位德高望重的老专家如此厚待晚辈学子，令人终生难忘！

2000年6月，笔者写信问候廖先生并汇报了自己在京工作和安顿情况，很快收到他的回信："现在苦尽甘来，可以安心工作，不容易！我为你祝福。"信中还谈到即将于9月22—24日在郑州召开的第九届全国奥尼尔学术研讨会

---

① 刘明厚："生命的延续——怀念我的恩师廖可兑先生"。载《戏剧》，2001年第02期。

和出版论文集的计划;10月初,笔者收到廖先生的最后一封来信,信中通知论文集的征稿和交稿时间。他的书信字迹工整认真,语言亲切朴实,文如其人。多年来,正如许多晚辈学者一样,笔者一直珍藏着他的亲笔书信,铭记着他对奥尼尔研究事业的执着和对晚辈的关爱。

笔者永远不会忘记最后一次见到廖先生时的情景。那是2000年10月中旬的一天下午,笔者去廖先生家送论文。他看上去消瘦了许多、苍老了许多。笔者知道他刚忙完第九届全国奥尼尔学术研讨会,又在忙于编辑《尤金·奥尼尔戏剧研究论文集》第五辑,劝他注意多休息,他说:"手头还有很多事,等忙完了这本论文集再说。"2001年4月初,笔者打电话问候他,不料电话那头传来的不是他那带有湖北特色的声音,而是他已经离世的噩耗……

廖先生刚刚编完《尤金·奥尼尔戏剧研究论文集》第五辑就倒下了,这部论文集的前言成了他的绝笔。"捧起这本集子,便捧起一位老人炽烫的心";[①]每次看到这部论文集,笔者就仿佛看到廖先生拖着病体伏案编辑论文集的身影、听到他那亲切而熟悉的话语。在撰写本文过程中,笔者多次捧起他赠送的著作《西欧戏剧史》、他主编的论文集,重新阅读他关于奥尼尔戏剧的研究文章,重新打开他当年的亲笔回信,通过字里行间,更加深刻地感受到他对研究事业的执着和对晚辈的关爱。此外,笔者也重新阅读了许多同行关于廖先生的回忆和纪念文章,更加了解他的高尚情怀和人格魅力,同时也深为奥尼

《尤金·奥尼尔戏剧研究论文集》(第五辑)书影

[①] 孟华:"后记"。载廖可兑(主编):《尤金·奥尼尔戏剧研究论文集》(2001),第287页。

尔学者之间的友谊和默契而感动。

可以告慰廖先生的是，他对中外文学艺术交流事业的贡献，他对戏剧研究事业的执着精神，以及他高尚的情怀和人格魅力，赢得了许多人的敬佩和爱戴。在他身后，许多人都在深切地怀念着他；他已成为后辈学习的榜样和推动奥尼尔研究薪火相传的力量。

廖先生去世后，《戏剧》（2001 年第 2 期）、《中国戏剧》（2001 年第 5 期）等著名刊物随即发表了悼词；2001 年 4 月 11 日，中央戏剧学院召开了缅怀廖先生的座谈会；同年，《戏剧》还刊登了一组纪念文章，追忆廖先生生前和病中诸多感人的事迹。多年来，学者们不约而同地在论文和著作中高度赞扬了廖先生对奥尼尔研究的突出贡献，表达了对廖先生的诚挚敬意和怀念。尤其值得一提的是，廖先生去世后，著名剧作家、戏剧专家孟华先生为《尤金·奥尼尔戏剧研究论文集》第五辑（2001）补写了后记，并且承担起该论文集的后期出版工作和邮寄样书等繁杂事务。孟华先生根据奥尼尔《榆树下的欲望》改编和创作而成的河南曲剧《榆树孤宅》，更是成功诠释了廖先生等老一代专家和学者在奥尼尔研究中所提倡的"洋为中用"、"本土化"的原则。与此同时，著名美国文学专家郭继德先生从廖先生肩上接过了奥尼尔研究事业的重任，带领中国的奥尼尔的学者继续前行。除了主持召开了第十届、第十一届奥尼尔专题研讨会，以及十多届美国戏剧研讨会，郭先生还主编了第六辑《尤金·奥尼尔戏剧研究论文集》（2004）和第七辑《尤金·奥尼尔戏剧研究论文集》（2013），主编了六卷本《奥尼尔文集》（2006），2011 年出版了《美国戏剧史》修订版。如今，当年的年轻学者已经成为奥尼尔研究、欧美戏剧研究的主力，年轻一代的学者正在迅速成长，还有许多年轻的学子正在以奥尼尔戏剧、欧美戏剧为研究对象，撰写硕士和博学位论文，他们将成为中国未来戏剧事业的希望。

廖先生所牵挂的奥尼尔研究后继有人，廖先生为之奋斗终生的戏剧事业更是人才辈出，廖先生的执着精神和高风亮节永垂不朽！

二、戏曲舞台上的《榆树下的欲望》：观川剧《欲海狂潮》

2008年川剧《欲海狂潮》演出海报

《欲海狂潮》是中国剧作家徐棻根据奥尼尔《榆树下的欲望》改编而成的川剧作品。改编依据"中国化、戏曲化、川剧化"的宗旨，将一部美国现代剧改写成一部中国古装戏、地方戏。1989年5月，《欲海狂潮》由成都川剧院成功上演；1993年，《欲海狂潮》由电视台拍摄成同名戏曲电视剧，陆续在中央台、四川台播出，令全国观众耳目一新；1999年，《欲海狂潮》剧组应邀为第八届奥尼尔研讨会举行了内部演出，[①]引起奥尼尔学者和专家的浓厚兴趣和热烈讨论。2006年4月15日，《欲海狂潮》经过修改和复排，重新亮相舞台，由徐棻编剧、张曼君导演、王文训作曲、陈巧茹饰"蒲兰"、孙普协饰"白老头"、王超饰"白三郎"、叶长敏饰"欲望"、马丽饰"茄子花"，先后在成都、武汉、苏州、北京、上海等各地多次公演，为处在春寒料峭中的川剧舞台带来了浓浓的春意。2008年，《欲海狂潮》在北京保利剧院、北京大学百年大讲堂演出，激发了年轻一代观众对传统戏曲艺

---

① 成都川剧院担心无力向奥尼尔戏剧权益人支付稿酬，自1991年，未再演《欲海狂潮》；直到2006年，《榆树下的欲望》已逾著作权保护期，《欲海狂潮》开始重新公演。

术的热情。多年来,《欲海狂潮》作为中国当代戏曲的经典作品,不断活跃在中外戏剧舞台,为弘扬中国戏曲艺术、促进中外文化交流做出了巨大贡献。

2008年4月川剧院来京演出的时候,恰值笔者在为研究生开设选修课"中美戏剧交流",而奥尼尔戏剧在中国舞台上的改编和演出正好是课程的议题之一。《欲海狂潮》演出的消息,激起了师生的好奇:《欲海狂潮》如何将《榆树下的欲望》这部典型的美国现代剧进行中国化、戏曲化、川剧化?川剧舞台上如何处理奥尼尔剧中的乱伦、杀子等有违于中国伦理的情节?改编如何将"欲望"这一抽象概念转化为一个栩栩如生的舞台形象?《欲海狂潮》的演出给大家带来了极其难得、一睹为快的机会。于是,师生一行十多人带着强烈的好奇,于26日晚前往北京大学百年纪念堂观看了精彩的现场演出。

演出给笔者留下了深刻的印象,其中最难忘的是《欲海狂潮》对奥尼尔戏剧《榆树下的欲望》的创造性改编。原作是一部美国现代戏剧,改编后呈现在观众面前的却是一部地地道道的中国川剧作品。编剧对原剧采用了有选择的借鉴,从内容到形式都加以了具有中国特色改编,为戏剧界探索如何继承和发展传统戏剧艺术、如何将外国戏剧本土化,提供了值得参考的经验。

(一)

《欲海狂潮》讲述的是一个发生在旧中国土财主家庭的欲望悲剧,反映的是人的贪欲、纵欲如何最后毁灭了家庭和爱情。剧中主要人物与原剧依次对映如下:蒲兰(爱碧)、白老头(凯勃特)、白三郎(埃本)。故事主要内容如下:爱财如命的白老头(76岁)把年轻力壮的儿子白三郎(三十来岁)当作长工,把年轻妻子蒲兰(三十来岁)视为传宗接代的工具,承诺如果蒲兰为他生个儿子,所有财产将由她母子继承;蒲兰与三郎在相争又相爱的纠葛中生下一子;白老头以为老来得子,欣喜若狂;三郎认为蒲兰借种生子、图谋财产,由爱生恨,决意斩断情缘,远走他乡;蒲兰情急中杀死婴儿,以表真情;三郎见状惊恐万状,立即报官;蒲兰独自面对死去的婴儿,悔恨不已,痛不欲生,随即自尽；三郎报官后，幡然醒悟，悔恨中殉情自杀；面对无人继承的家产，白老头气急败坏，冲动之下将房屋付之一炬，又因舍不得财产而拼命救火，最后被大火吞噬。显然，在否定物质主义、表现欲望造成人物心理扭曲等方面，《欲海狂潮》与原剧一致，主要情节、人物关系也与原剧相似——老夫少妻同床异梦的婚姻，继母与继子的乱伦之恋，母亲为挽救爱情而杀子。但是，在作品人物形象、故事结局等方面，《欲海狂潮》的编剧根据中国文化传统和观众的接受心理，做了非常大的改编。

《欲海狂潮》中的女主人公蒲兰一改原剧中性感、泼辣的爱碧形象，成为一个温婉、柔弱的女性形象；而男主人公白老头的形象也相应有了变化。原剧中的倔老头凯勃特，是一个复杂的人物形象：他的性格既有葛朗台吝啬、冷酷的特点，又有早年美国清教徒坚忍、虔诚的特点；他对年轻妻子爱碧的肺腑之言，以及剧终他站在榆树下的孤独身影，令观众产生不少同情。川剧《欲海狂潮》则强化了白老头爱财如命的特点，把他塑造成性格单一而鲜明的形象，一个葛朗台式的守财奴。在观众眼里，他的吝啬和冷酷是导致家庭关系扭曲和家庭悲剧的主要因素。

《欲海狂潮》的结局更是与原剧截然不同。原剧的结尾是：两个年轻人消除误会，手挽手，坦然面对牢狱之苦，爱情使他们扭曲的心灵得到拯救、升华。天空一抹霞光映照在两人的脸上，也让观众感受到爱情的力量。[①]《欲海狂潮》则以整个家庭的死亡结束全剧：两个疯狂相爱的年轻人因财产问题发生误会，酿成杀子之罪，最后在悔恨和绝望中自杀身亡，令人叹息纵欲的可悲结局；爱财如命的白老头，最后也因贪财而葬身火海，又让人感叹贪欲的可怕后果。

此外，《欲海狂潮》还完全删除了"榆树"及其相关内容。"榆树"在原剧中非常重要。奥尼尔不仅在剧名上刻意突出了"榆树"的重要，而且还在剧中用了大段笔墨来描述位于房屋两边的"榆树"："那弯曲伸展的树枝覆盖

---

① 不过，警长押解犯人离开时，羡慕地望着凯勃特农场说的最后那句台词——"但愿是我的该多好啊！"——又让观众感到忐忑不安，仿佛预感到贪欲或许又在酿造一场新的人间悲剧。

着房顶，既像保护着它，又像是在压抑它。这两棵树的外表，使人感到一种不祥的、充满妒意和企图征服一切的母性心理……它们层层叠叠地笼罩着屋子，将它压得透不过气来，就像两个精疲力竭的女人，将她们松垂的乳房、双手和头发都耷拉在屋顶上……"① 剧中人物因此总是感到自己被一种难以名状的东西驱使着。在奥尼尔的笔下，"榆树"具有浓厚的象征意义，也营造了一种神秘的气氛，而《欲海狂潮》则完成剔除了原剧中"榆树"及其象征性和神秘性。

《欲海狂潮》的改编，得到了普遍好评，也引起了学术界和戏剧界关于如何改编西方戏剧的争论。有人认为《欲海狂潮》的白老头形象过于简单化，不如原剧形象饱满。不少人则对《欲海狂潮》结尾的改动、对"榆树"的删除等多处改编提出了异议。对此，编剧徐棻表达了自己的看法。她认为：改编就是一种创造性的艺术活动，"何况今日之中国与20年代的美国有很大的不同，加之东西文化传统的相异，若无一番'再造'之功，很难被中国的戏曲观众所接受"。因此，她的改编宗旨是：努力把美国现代戏剧"中国化、戏曲化、川剧化"。② 虽然两剧表现的都是情、欲交织和冲突的悲剧，批判的矛头都指向人性的贪婪，但两剧在处理继母与继子相恋的情节上表现了不同的情爱观。《榆树下的欲望》批判贪欲而褒扬爱情，作品结尾旨在褒扬爱情，强调爱情对两人心灵的洗涤和升华；《欲海狂潮》不仅否定物质的贪欲，而且也否定情欲的放纵；编剧对原剧人物和结局的改写，旨在向人性中的贪欲、纵欲敲响警钟，而熊熊燃烧的大火无疑是对现代社会物欲横流、情欲泛滥现象发出警示。

笔者认为，如果从编剧的改编宗旨和主题立意的角度去看问题，就容易理解《欲海狂潮》对人物、情节、结局等方面的改写其实是独具匠心的。改

---

① 郭继德主编：《奥尼尔文集》二，第557页。
② 徐棻："如果没有或如果只有——改编《欲海狂潮》后记"。载《中国电视》，1994年，第9期，第34页。

编从中国价值观和观众接受心理出发,对"乱伦""杀子"等有违中国伦理的情节都相应做了本土化处理。按照中国人的伦理观念,"虎毒不食子",母杀子是中国人伦大忌。编剧虽然对剧中年轻男女主人公的不幸给予了同情,但并不赞同他们的乱伦行为。该剧的悲剧结局正是对"乱伦之恋"及其后果的否定,具有鲜明的中国传统价值观立场。在编剧看来,"完全丧失理智的爱情也是可怕的。被他们自己杀死的儿子将永远横尸于他们之间,他们的爱也将是永远的悲苦不幸。"①因此,在杀婴事件发生之后,他们在悔恨中相继自杀。同样是出于中国伦理方面的考虑,改编将继子的年龄由25岁改为"三十来岁",与继母同龄,并且去除了原剧的恋母情结及其相关情节、榆树及其象征和神秘意义。此外,为了符合中国国情,改编还去除了原作中新英格兰清教主义、西部开发、淘金热、大移民等美国背景,将故事场景完全中国化。

《欲海狂潮》剧照,叶长敏扮演拟人化角色"欲望"

（二）

在戏剧结构上,编剧徐棻按照中国传统戏曲讲求"立主脑"、"减头绪"、"一线到底"的原则,突破了原剧《榆树下的欲望》三幕十二场的框架,将全剧浓缩为六场——《骨肉之间》《聚散之间》《爱恨之间》《进退之间》《喜怒之间》《血火之间》,每一场前后呼应、环环相扣、层层

---

① 徐棻:"如果没有或如果只有——改编《欲海狂潮》后记"。载《中国电视》,1994年,第9期,第34页。

推进，将戏剧冲突逐步推向高潮。在艺术表现手法上，《欲海狂潮》创造性地综合了多种舞台表现手段。编剧在继承中国戏曲传统的基础上，兼容西方象征主义、表现主义等现代主义艺术手法，将人物内心的欲望具象化，创造性地塑造了一个外表似人非人、一半是人一半是鬼、名叫"欲望"的舞台角色。"欲望"时隐时现，穿行于蒲兰、三郎、白老头之间，诱惑他们走向歧途，激发他们之间的矛盾，驱使他们变得疯狂。这个角色的设计突破了西方现实主义表演的限制，将写实与写意结合起来，使得舞台充满灵性和神采，令人惊叹。剧中还增设了一个名叫"茄子花"的老板娘，既增添了生活气息，也丰富了舞台内容。此外，《欲海狂潮》还在"杀子"等场景运用了川剧的"变脸"艺术，形象再现了人物复杂的内心活动、疯狂与理智的激烈冲突。

《欲海狂潮》的成功改编，不仅在于继承与创新，还在于精益求精。2006年复排时，编剧又在1989年版的基础上，对《欲海狂潮》进行了进一步完善，将六场的次序和名称依次调整为：《骚动之间》《喜怒之间》《爱恨之间》《进退之间》《离合之间》《血火之间》，删除了白老头的两个大儿子（大郎、二郎）及其相关场景，将戏剧矛盾集中在白老头、白三郎、蒲兰这三个主要人物之间，减少了原剧的情节线索。修改后的《欲海狂潮》，戏剧结构更加清晰，剧情更加紧凑。

编剧还对唱词再次进行了润色。例如，第二场《喜怒之间》白老头推小车这一段，1989年版的唱词是：白老头唱："铁啊铁，又硬又冷"；蒲兰唱："蛇啊蛇，能屈能伸。"2006年版的唱词是：白老头（唱）："猛虎扑身，一动而定"；蒲兰（唱）："狡兔避祸，三窟藏身"；白老头（唱）："直挺挺，是不动不摇的大树"；蒲兰（唱）："弯弯绕，是又软又韧的长藤。"经过修改，《欲海狂潮》的唱词更有韵味，人物性格刻画更为传神。

《欲海狂潮》复排时，还将演唱形式由弹戏改为高腔，在演唱中，交替使用宣叙调与咏叹调，使得演唱具有浓郁的抒情色彩，更加优美动听。

复排还在演唱中加入了不少帮腔，突出了川剧高腔"一唱众和"的特色。

这些帮腔，根据剧情进行插话、评论、说明、补充，与演员的唱、念、做、打相配合，在描述情景、烘托气氛、外化人物心理等方面，具有妙不可言的作用。① 例如，第二场《喜怒之间》的开场，白老头用小车推着年轻的新娘上场时，帮腔唱道："小车轮，向前滚……二人同路不同心。"这段帮腔，从全知全能的角度，一语道破两人婚姻悲剧的实质，为以后的戏剧矛盾作了巧妙铺垫。再如，第二场结尾处，蒲兰与三郎一见钟情以后，望着三郎离去的方向，喃喃道："好一个逗人爱的白三郎……"此时，帮腔唱道："沙漠里，见清泉！"蒲兰接着唱道："意外的惊喜，令我陶醉，心颤的感觉，让我晕眩。"帮腔随即唱道："陶醉……晕眩……"。两处帮腔呼应和衬托主唱，揭示并强化了人物的内心情感。

2006 年的复排还重新设计了演出服装。2009 年，川剧院再次对人物形象造型、服装、舞美、灯光进行了完善，给观众带来了更多视觉上的美感。

复排后的《欲海狂潮》汇集了川剧界一流演员，演出阵容更加强大。扮演女主人公蒲兰的是国家一级演员、中国戏剧"梅花奖"二度得主陈巧茹，她柔美的舞台风格和声情并茂的演唱，令观众如痴如醉；扮演男主人公白老头的孙普协也是国家一级演员、中国戏剧"梅花奖"得主，他的表演同样是神形兼备，令观众赞不绝口。与此同时，由"梅花奖"新晋得主王超扮演的白三郎，以及叶长敏扮演的"欲望"和马丽扮演的"茄子花"也都各有特色，令人称道。

舞台上，演员们根据人物性格和戏剧情境的要求，创造性运用中国戏曲艺术的程式化、舞蹈化、虚拟化等表演手段，生动表达了人物的思想感情。该剧第四场《进退之间》中"隔墙相思"一幕尤其令人印象深刻。这一片段主要表现蒲兰和三郎苦苦思念对方，经过内心反复挣扎，最后终于结合在一起。在表演上，两人在沉重的叹息和深情对唱中表达情意，与此同时，两人"扑到墙上，手掌相抵，抚墙"，用富有表达力的舞蹈动作表现彼此的思念。

---

① 关于川剧帮腔的特点，详见朱恒夫：《中国戏曲美学》，第 88 页。

《欲海狂潮》第四场的"隔墙相思"一幕

舞台上，横亘两人之间的是一堵虚拟的墙，而演员的表演让观众真切感受到这堵无形墙的存在，感受到中国传统戏曲表演艺术的写意美。除了这堵虚拟的墙，演员在表演中还巧妙地使用了椅子这一简单而灵活的舞台道具，把椅子的作用发挥到了极致。[①] 只见蒲兰与三郎时而坐在椅上，时而站立椅上，时而绕椅而行，将人物内心的焦虑、渴望展现得淋漓尽致。演员们精湛的表演让在场的观众充分感受到中国戏曲艺术的魅力。

（三）

《欲海狂潮》演出结束后，成都川剧院还举办了剧组与观众的现场交流会。在交流会上，观众针对《欲海狂潮》改编、人物形象、剧中乱伦和杀子情节，以及中国戏曲的现状与未来等问题，进行了自由提问和发言，编剧徐棻、女主角陈巧茹、成都川剧院的徐院长，对观众的提问和发言一一作了解

---

① 在川剧舞台上，椅子的作用十分重要。详见杜建华主编：《川剧表现手法通览》，第270页。

答和回应。

在这次交流会上，作为《欲海狂潮》的编剧，徐棻向观众介绍了改编的思路和看法。她告诉观众：改编的初衷源自她对中国过去和现在的思考，源于她对"文革"时期的禁欲主义的反思、对改革开放后出现另一种极端现象的警觉。在她看来，"欲望"具有两重性；人的欲望是个人奋斗和社会发展的动力，但是如果过度追求欲望，又会给个人、家庭和社会带来灭顶之灾。在剧中，她将重点放在批判欲望的过度膨胀及其恶果。她希望这个关于欲望的悲剧对人的心灵起到潜移默化的作用。

在谈到改编剧与原剧的差异时，她再次强调：改编是一种再创造，改编应该从中国观众的价值观和审美需求出发；《欲海狂潮》的改编宗旨是将奥尼尔戏剧中国化、戏曲化、川剧化。因此，在处理"乱伦"和"杀子"等问题时，《欲海狂潮》没有照搬原剧，而是从中国伦理道德的角度出发，加以改编处理，使得中国观众能够从心理上接受，而不至于引起反感。《欲海狂潮》"死亡"结局的设计，也是基于同样的考虑：在中国文化语境下，一个杀掉自己孩子的母亲会被众人的吐沫淹死。因此，蒲兰只能在悔恨中自杀；三郎也同样因悔恨而选择了死亡。按照中国戏曲观众的欣赏习惯，贪婪而冷酷的白老头更不应该继续活在人间，因此他的结局只能是葬身于"欲望"的大火。编剧徐棻对《欲海狂潮》改编和创作思路的介绍，为解读《欲海狂潮》和原剧《榆树下的欲望》提供了一个非常重要的视角。

作为川剧史上第一位女剧作家，徐棻对于川剧情有独钟。她向在场观众热忱介绍说：川剧的重要特点是融合了古老的戏曲传统和现代戏剧艺术，"有程式而不受程式的制约，有行当而不受行当的限制"，非常灵活，而且贴近现实生活。她热切希望青年一代传承中国传统文化的宝贵遗产，让世界上更多的人了解中国的优秀文化。她的话让观众深深感受到老一辈艺术家强烈的社会责任感和对中国传统戏曲艺术的热爱。

交流会上，《欲海狂潮》剧组与观众真情互动，坦诚相待。川剧表演艺家、领衔主演《欲海狂潮》的陈巧茹，代表剧组演员向观众介绍了表演体会；当谈及戏曲事业的艰难、人才的流失现象时，她忍不住热泪盈眶。面对热心支持川剧的观众，她非常感动，表示将会为川剧艺术继续奉献。陈巧茹言语不多，但她对戏曲艺术的热爱和奉献精神、对戏曲界现状的担忧、对振兴中国戏曲艺术的期盼，溢于言表，令在场所有人为之动容。多年来，即使是在川剧最困顿的时候，陈巧茹、孙普协等著名川剧演员克服了外界难以想象的困难，坚守于川剧艺术舞台，为中国戏曲事业的传承和发展奉献了全部的青春和才华，令人敬佩。

会上，川剧院徐院长向热心观众介绍了《欲海狂潮》在欧洲演出的情况。他对笔者关于《欲海狂潮》访美演出的提议非常感兴趣，表示川剧院将把访美演出列入未来计划。他还代表川剧院呼吁大家加入到宣传川剧、传播中国戏曲艺术的行列。

笔者参加了这次交流会，深切感受到川剧的艺术魅力，感动于艺术家们强烈的社会责任感和对戏曲艺术的奉献精神，由此成为一名传播川剧《欲海狂潮》的志愿者。[①]2009年4月，笔者在美国《奥尼尔通讯》上，发表了"《欲海狂潮》：中国版的《榆树下的欲望》"，介绍了《欲海狂潮》的改编和演出，以及剧组访美演出的计划。令人欣慰的是，近几年，川剧《欲海狂潮》剧组不断传来好消息：2014年11—12月，《欲海狂潮》圆满完成第一次访美演出，在美国华盛顿、纽约等地巡演五场，成为中美戏剧交流的佳话。2016年5月，《欲海狂潮》主演陈巧茹应邀赴美进行艺术交流，再次将中国戏曲艺术的魅力带到大洋彼岸；加州大学洛杉矶分校还特地为她颁发了"杰出艺术家奖"，以表彰她的出色才华，以及把中国传统戏曲艺术带到世界舞台的努力。

---

① 2008年8月，在美国驻华使馆为富布莱特学者举办的饯行晚会上，笔者向美国大使和文化参赞推介了《欲海狂潮》；2009年4月在世界富布莱特学者大会，笔者再次向美方政府官员谈到《欲海狂潮》访美演出的话题。2009年，笔者应邀先后在俄亥俄州立大学中国研究所、德克萨斯州立大学阿灵顿分校英文系，做了题为"奥尼尔在中国"的讲座，向美国师生介绍了川剧《欲海狂潮》。

跨文化之旅：奥尼尔与中国

据悉，《欲海狂潮》还将再度应邀进行访美演出。祝愿《欲海狂潮》在世界舞台上不断绽放中国戏曲艺术之花！祝愿奥尼尔戏剧在舞台上不断结出中美文化交流之果！

三、教室里的《天边外》：奥尼尔戏剧教学活动侧记[①]

奥尼尔戏剧在当代中国持续不断的研究热和演出热，除了老一代学者和艺术家的热情参与，还得益于中国高校有关奥尼尔戏剧的教学。在全国艺术类院校，奥尼尔戏剧成为常规的教学内容和舞台训练的传统。活跃在当代中国戏剧舞台上的许多导演、演员等艺术工作者，在大学时代都接触和学习过奥尼尔戏剧，参与过奥尼尔戏剧的教学演出活动。即使是在综合性高校，奥尼尔戏剧也成为课程教学的内容之一。奥尼尔戏剧的教学对培养年轻一代的戏剧爱好者、研究者和艺术工作者发挥了重要作用，为奥尼尔热的延续奠定了基础。笔者亲历的奥尼尔戏剧教学，或许从一个侧面反映了中国教育界对奥尼尔戏剧教学的重视，以及年轻学子对奥尼尔戏剧的热情。

自2005年开始，笔者为北京语言大学的中外研究生开设了题为"中美戏剧交流研究"的专业选修课。"奥尼尔与中国"是这门课程的一个重要专题。课程不仅重视对剧本的文本阅读和研究，更关注戏剧舞台活动，尤其是不同文化语境中的改编，以及相伴而生的文化碰撞和对话，并且在组织戏剧观摩的同时，鼓励和支持选课的学生亲自改编和演出一部美国戏剧，体验如何将西方戏剧中国化、舞台化。2008学年改编和演出的《天边外》就是其中一次非常有意义的教学实践。作为任课教师，笔者体会到：在戏剧教学中，组织戏剧观摩、改编和演出活动不仅能激发学生对文学剧本的深入阅读和思考，而

[①] 感谢北京语言大学研究生荣四华、王小芳、陈小龙、田列朋等与笔者分享了改编和演出的体会。感谢美国表演艺术家兼戏剧教授罗杰·巴伯，以及北京语言大学人文学院同仁陈戎女教授、张冠夫教授、林建萍老师、刘卫国老师等对该次教学演出活动的热忱支持。

且激发学生巨大的潜力和创造力；教师给予学生充分的鼓励和信任，不仅会对教学效果产生积极作用，更会对学生的成长产生难以估量的影响，而教师也会收获难以想象的欣慰和感动。

这次《天边外》的教学演出，源于课程组织观看的川剧《欲海狂潮》。舞台人物的命运起伏、欲望挣扎，令大家心潮起伏。演出结束后，大家久久难以平静。返回学校时，大家不约而同地选择步行，边走边聊，走走停停，到达校门口时，已是夜晚12点多钟了。在激动和兴奋的交谈中，大家完全忘记了时间。萦绕在大家脑海的仍然是舞台上一幕幕鲜活的场景，以及剧中角色"欲望"一遍遍对观众的发问——"如果没有欲望，生活是什么？如果只有欲望，生活又会是怎样？"舞台艺术的现场冲击力激发了大家改编和演出奥尼尔戏剧的热情。在笔者的鼓励和支持下，大家组成业余剧组，开始动手改编和排演奥尼尔戏剧。

（一）

在选择剧本上，出于对梦想与现实、爱情与婚姻的关注，剧组的目光很快锁定了被称为为"青春剧"的《天边外》。经过再三思考和讨论，剧组决定改编和排演《天边外》最后一幕，即第三幕。这个选择主要是基于两方面考虑：一是"好看"——在这一幕，远方大海的神秘面纱已经褪去，陆地农场的幸福光环已经消失，悲剧进入高潮；二是"好演"——这一幕，主要人物出场比较集中，对话全部在罗伯特、妻子露丝、哥哥安德鲁之间进行，主要场景也都设在

改编依据1984年《天边外》中译本（荒芜译）

室内，比较适合课堂演出。演出由四华任编剧兼导演、小龙饰罗伯特、小芳饰露丝、列朋饰安德鲁。

改编后的《天边外》演出本，在主题、人物、背景上与原剧保持一致：罗伯特和哥哥安德鲁都爱上了农家女孩露丝，露丝选择了诗人气质的罗伯特；恋爱中的罗伯特放弃了远航的理想，留在他一直想逃离的农庄，失恋的安德鲁则出海远行，离开了他所热爱的土地和庄稼，几年后变成一个唯利是图的投机商人。露丝和罗伯特婚后不久，露丝发现自己其实爱的是踏实能干的庄稼汉安德鲁，露丝难掩真情，将实情告诉了罗伯特；罗伯特得知真相，内心痛苦不堪；夫妻多年貌合神离，彼此饱受情感折磨。在命运的捉弄下，各种不幸接踵而至：露丝满怀希望的等待，换来的却是安德鲁的漠然；罗伯特不善经营，农庄败落；贫困交加中，女儿夭折，罗伯特病倒。接到露丝的告急电报后，安德鲁带着医生赶回农庄，罗伯特已经病入膏肓。临终前，罗伯特将露丝托付给安德鲁，自己悄悄地爬出窗外，拼命爬到山坡，最后一次眺望天边外。安德鲁表示要重振农庄，而露丝却欲哭无泪。

因为演出场地和时间的限制，剧组最后决定只演第三幕第一场，并对原剧作了不少删节和改编：演出本以安德鲁送走医生、返回客厅作为开始，以露丝发现罗伯特爬出窗外作为结束；通过人物的对话和独白，浓缩前两幕的主要剧情，以回顾往事作为铺垫，迅速将戏剧冲突推向高潮。全部场景都设在室内。大家一边排练一边调整演出本，在原剧基础上着力挖掘人物的情感深度，凸显人物命运的悲剧色彩。经过改编，罗伯特内心的矛盾和变化更加鲜明：他怨恨妻子露丝默默爱着安德鲁，却又体谅她的悲苦；他嫉妒哥哥得到露丝的真情，却又期待哥哥回到农庄；他一会儿挖苦露丝的等待，一会儿又表示道歉；他刚刚激发起重新开始生活的勇气，却得知自己不久于人世的真相；面对死亡，他感到一种解脱，却又难舍天边外的梦想。与此同时，改编加重了露丝角色的分量，通过人物对话和独白，展现她在饱经感情创伤和生活磨难之后，如何从一个天真浪漫、憧憬爱情和幸福的女孩，变成一个未老先衰、神情麻木的妇人。改编后的露丝更加令人同情。此外，改编还突出表现了安德鲁对罗伯特深厚的兄弟亲情：得知弟弟重病，他立即请来医生；看到病重的弟弟，他心疼不已，责备露丝没有照顾好弟弟，甚至加重了弟弟的病情。

（二）

随着排演的进行，剧组一次次地体验人物的命运悲剧，一点点地感受人物的内心世界，对《天边外》和剧中人物产生了独到的认识。在排演中，不同的观点不断碰撞和交流，也增加了大家对作品的理解。

扮演罗伯特的小龙，越来越体会到罗伯特内心的孤独、忧伤、无奈，对这个角色充满了同情。他开始追问：罗伯特向往的"天边外"究竟在哪儿？经过多次排演、反复阅读剧本，他认为：对于罗伯特而言，"天边外"不仅是地理上的远方，更是一个逃避现实和烦恼的心理空间，一个朦胧的希望和寄托。或许，每一个人的心里也都有这样一个"天边外"。扮演安德鲁的列朋认为，安德鲁是一个看似简单、实际上有着复杂感情的人物形象：他热爱土地，默默爱着露丝；得知露丝与弟弟恋爱，他痛苦不堪，决定出海远行；因为与露丝的感情纠葛，他与弟弟有了一种无形的隔膜，但他对弟弟仍然是手足情深。他责怪露丝没有照顾好弟弟；面对露丝祖露对他的爱情，他表示自己早已忘了年轻时的爱情，但他内心对露丝的爱意似乎并未消失，他答应弟弟以后与露丝结婚。如何把握安德鲁内心的复杂感情，对情感经历单纯的大鹏而言是一个难题。在大家的帮助下，他找到了感觉，在表演时，他通过时而对露丝生气埋怨，时而温情地倾听露丝的诉说，表现了这个人物的矛盾心理。女主角小芳、编剧兼导演四华，倾向从女性主义角度看待露丝的悲剧。在她们看来，露丝是一个为情所困、为情所伤的不幸女性；她内心孤独、绝望，却依旧善良、坚强。她爱着安德鲁却没有得到回应，她不爱丈夫，却仍然尽心照顾生病的丈夫，支撑着贫困的家庭。经过中国式的改编，《天边外》的人物命运更加令人同情，而每个人物也不同程度地带有中国伦理观色彩。

跨文化之旅：奥尼尔与中国

对于毫无戏剧演出经验的剧组而言，这次改编、排演的过程是一个不断学习、不断探索的过程。排演初期，演员们表情生硬，缺乏舞台动作，台词说得太快，还不时出现笑场。改编后的第一场很短，但大家仍然感到非常棘手。排演中，恰逢美国表演艺术家兼霍山女校（Mount Holyoke College）戏剧教授罗杰·巴伯（Roger Babb）到北京语言大学访问。应笔者邀请，他热情地担任了剧组的"场外指导"。他对中国学生改编和演出奥尼尔戏剧非常感兴趣，多次参与了剧组的排演活动。在他的建议下，剧组对演出本进行了调整：将剧本改为以罗伯特回屋休息为界，分为前后两部分，降低了排演的难度。在他的示范下，大家一点点地摸索表演的感觉和技巧，并且根据人物特点专门设计了一些舞台动作。例如，在剧中增设了罗伯特看书的动作，以突出罗伯特的诗人气质。此外，还根据剧情需要，增加了坐下、起立等肢体动作，表现人物内心情感的变化。经过反复的排练，大家充分体会到了戏剧改编和表演艺术的难度和乐趣，逐步学会了如何把握舞台整体空间，如何把自己置在真实情景中去体会人物的心理和语言，表演越来越自然流畅，越来越富有感情。

排演还出现了一个有趣的小插曲。按照改编后的动作设计，剧终时，露丝打开卧室的门，发现病危中罗伯特不在了，她冲向窗户，身体倚着窗台慢慢滑下，以此表现她内心的痛苦和无奈。担任场外指导的罗杰认同这一设计，但是，在实际排练中，他很认真地问道："窗户在哪？"并要求画出房间平面示意图、标识出窗户的具体位置，令剧组啼笑皆非。中国学生演员从小耳濡目染，早已熟悉中国传统戏曲舞台的写意风格和程序化表演方法，在表演开门、开窗等动作上，大家一拍即合，无须解释，这让习惯了西方写实主义舞台风格的罗杰感到十分惊讶。他虽然有着多年的舞台演出和指导经验，但没有想到像门窗道具这样的麻烦问题竟然轻而易举地让中国学生解决了。这个小插曲，让大家亲身体会到中西戏剧表演艺术的不同特点，也加深了对中国传统戏曲表演艺术的自豪。

（三）

2008年6月12日下午两点，在北京语言大学教四楼201教室，剧组上演了经过自己改编的《天边外》，为该学期的课程提交了一份具有特殊意义的"期末作业"。来自不同专业的研究生和教师观看了此次汇报演出。一些爱好文学的高年级本科生也特地前来助阵。胡珍子担任了全程录像，为这次教学活动留下了珍贵的记录。

在演出过程中，演员配合默契，生动表现了人物丰富的内心世界，在表现爱情与亲情、渴望与苦闷、孤独与绝望等情感时，融入了中国式的温情和年轻学子独特的解读。例如，为了表现露丝饱经沧桑后的精神状态，以及三个人物之间微妙的情感，剧组做了这样一个细节改编：罗伯特从卧室来到客厅，安德鲁赶紧扶他坐下，吩咐露丝去取一个枕头靠在他后背——这时，露丝缓慢地站起身，表情呆滞，眼睛直直的，不看任何人，似乎与兄弟俩毫无关联；罗伯特无力地靠着椅子，眼睛却一直依依不舍地注视着她；与此同时，安德鲁也看着露丝，眼光由埋怨、不满慢慢变得柔和、关切。演员们的倾情表演令观看演出的师生们为之动容。此外，剧组大胆创意，借用教室的多媒体设备，为演出提供了音乐、画面背景的技术支持，创造性地进行了时间和空间的切换，并且有效地烘托了演出气氛，给在场观众留下了深刻的印象。

对剧组成员而言，这次教学实践的意义，不仅在于加深了对奥尼尔戏剧的理解、收获了跨文化改编的第一手研究资料，而且还在于充分施展了自己表演潜力和艺术才能，积累了宝贵的舞台表演经验。在改编和演出实践中，大家亲身体会到表演是一门创造性的艺术；在将一部剧搬演到舞台的过程中，剧本会不同程度地发生变动；这种改动与其说是对剧本的一种背离，不如说是一种再创作；一个优秀的演员会在角色扮演中再现自己，使自己成为活的角色；演员表演得越成功，表现的作品内涵也越丰富。大家还体会到戏剧演出是一门集体性的创造活动，演出分工不同，角色主次不同，但戏剧演出的成

跨文化之旅：奥尼尔与中国

功在于整个剧组的共同努力和密切协作。在排演和交流中，大家加强了团队合作精神，加深了同学情谊。经过排练和演出实践，大家还发现戏剧是一门综合艺术，剧本是表演的基础，而表演使得剧本有了生命；在表演中，除了台词、动作和表情，场景布置、灯光和音乐、舞台技巧和观众意识等因素也同样重要。

由于经验不足，这次演出也出现了一些失误，留下了一些遗憾。例如，当演员还未准备就绪，演出的背景音乐已经响起；扮演罗伯特的小龙觉得自己刚进入角色，就到了他退场的时间。尽管如此，演出获得了意想不到的成功，获得了观众们热情而持久的掌声。演出结束后，观众兴致勃勃地围绕奥尼尔戏剧和这次演出，进行了热烈的交流和讨论，为这次奥尼尔戏剧教学活动画上了圆满的句号。

2008年6月16日，北京语言大学校园网刊登了关于这次教学演出的新闻报道，[①]不仅为这次奥尼尔戏剧教学活动锦上添花，而且更重要的是，引起了年轻学子对奥尼尔戏剧的兴趣以及改编外国戏剧的热情。奥尼尔戏剧在中国的传播和接受历程证明：正是一代又一代青年的加入，中国的奥尼尔戏剧研究和演出事业才得以薪火相传，中美之间的文化交流才能够延续不断。

四、奥尼尔热在中国：奥尼尔戏剧近百年的中国之旅

作为世界四大古老文明中唯一延续不断的文明，中国文明之所以具有强大的生命力，一个重要原因就在于：在保留自己优秀文化根基的同时，善于融合吸收外来文化。奥尼尔戏剧在中国的传播的过程也是这样一个历程。正如奥尼尔力图从东方哲学中寻找改造西方物质化社会的良药、从东方文学艺术中汲取表现技巧以加强自己的戏剧表现力一样，中国的学界、戏剧

---

① 详见荣四华、王小芳："奥尼尔剧作《天边外》校园版在我校上演"。载北京语言大学校园网2008年6月16日新闻（http://www.blcu.edu.cn）。

界也努力从奥尼尔戏剧中不断借鉴有益于中国社会发展和戏剧繁荣的思想与艺术。

奥尼尔戏剧自 20 世纪 20 年代初期引入中国,到三四十年代已经为知识界所熟悉;八九十年代,奥尼尔戏剧在研究、改编、演出、国际交流、教学等方面出现了热潮(简称"奥尼尔热")。直到 21 世纪的今天,研究界和表演界对奥尼尔戏剧的兴趣仍然热度不减。奥尼尔热在中国延续的时间之长、影响范围之广,令世界瞩目。

(一)

奥尼尔戏剧在中国的传播始于 20 世纪 20 年代。当时,受欧美小剧场运动的影响,一批受新文化运动洗礼的文学青年,在宋春舫、汪仲贤、徐半梅、陈大悲、沈雁冰、郑振铎、欧阳予倩等人倡导下,发起了"爱美剧"运动。[①] 他们在全国各地组成以学生为主体的业余剧社和戏剧团体,创作新剧或改编欧美戏剧,开展小型演出;同时,还开办文学刊物,介绍欧美戏剧改革运动和现代戏剧作品,旨在通过戏剧教育民众,改造社会。奥尼尔及其戏剧就是在这个特殊的时代背景下,经过沈雁冰、胡逸云、余上沅等人的介绍,于 20 年代初期,开始进入中国人的视野。随着奥尼尔在美国戏剧地位的确定、1928 年奥尼尔的中国之行,以及 1936 年奥尼尔获得诺贝尔文学奖,奥尼尔戏剧在中国受到越来越多的关注。即使是在炮火连天的抗日战争和解放战争中,有关奥尼尔戏剧的介绍、翻译、改编和演出也未停止。

根据现有资料统计,截至 40 年代末,中国发表了约 40 篇关于奥尼尔戏剧的介绍文章,其中包括:古有成关于《天边外》、余上沅关于《悲悼》三部曲、

[①] "爱美"是英文"amateur"的音译,意为业余的,非职业的。受欧美小剧场运动的影响,"爱美剧"运动以学生业余剧社为主体,倡导戏剧的"非职业性"、"非盈利性",以创作和演出具有艺术性和社会教育作用的新剧为宗旨,对中国现代话剧的创立做出了贡献。

1947年《天边外》中译本（顾仲彝译）

袁昌英关于《琼斯皇》与《赵阎王》的比较、萧乾关于《大神布朗》、张梦麟关于《奇异的插曲》、柳无忌关于《无穷的岁月》、顾仲彝关于《送冰的人来了》等，以及钱歌川和巩思文关于奥尼尔戏剧创作的全面评介。此外，约20部奥尼尔早期和中期剧作有了中译本。其中，《加勒比群岛之月》、《东航卡迪夫》、《归途迢迢》、《早餐之前》等独幕剧，以及《天边外》、《安娜·克里斯蒂》、《琼斯皇》、《奇异的插曲》、《悲悼》等多幕剧，先后由古有成、钱歌川、马彦祥、范方、顾仲彝、洪深、王实味、朱梅隽、荒芜等翻译（或改译）。《加勒比群岛之月》、《天边外》等剧还出现了多个译本。

这期间，大约有十来部奥尼尔戏剧先后在中国上演，其中包括《东航卡迪夫》《归途迢迢》《捕鲸》《战线内》《早餐之前》《天边外》《琼斯皇》《马可百万》《榆树下的欲望》等。一些剧社还结合中国的现实对奥尼尔戏剧进行了大胆的改编，演出了以下几部改编剧：以军阀混战为背景的《还乡》（根据《归途迢迢》改编）、以抗日战争为背景的《遥望》（根据《天边外》改编）和《田园恨》（根据《榆树下的欲望》改编）。熊佛西、洪深、马彦祥、冰心、黄佐临、赵丹、白杨、张瑞芳等一大批知名作家、导演和表演艺术家当年都参与过奥尼尔戏剧的改编和演出活动。

奥尼尔戏剧不仅频频出现在中国新兴的话剧舞台上，而且还影响了一批中国现代作家、导演、戏剧活动家，尤其现代话剧先驱洪深（1894—1955）、杰出的剧作家曹禺（1910—1996）。在继易卜生、萧伯纳之后，奥尼尔成为对中国现代话剧产生深刻影响的外国作家之一。

1919年，洪深进入哈佛大学，师从贝克教授学习戏剧写作，与奥尼尔成为同门。1920年，奥尼尔《琼斯皇》在纽约百老汇热演时，洪深恰好在纽约。《琼斯皇》中的表现主义方法给他留下了深刻印象。1922年，洪深回国后即对《琼斯皇》进行了创造性的模仿，创作了中国版的《琼斯皇》——《赵阎王》。1923年2月，《赵阎王》在上海公演。《琼斯皇》中具有震撼力的非洲鼓声开始在中国舞台上响起。1933年1月，洪深撰文"欧尼尔与洪深——一度想象的对话"，与奥尼尔进行了一次跨越时空的"对话"。他以奥尼尔《悲悼》对古希腊悲剧题材的借鉴为例，表达了对奥尼尔创作观的赞同，阐明了自己关于创造性模仿的主张。[1]1934年，洪深还与顾仲彝合译了《琼斯皇》（同年，由洪深指导的复旦剧社上演）。

奥尼尔戏剧对曹禺也产生了不小的影响。据曹禺回忆，他在中学时代就阅读过奥尼尔的《天边外》等剧，剧中人物的悲惨故事深深地打动了他。[2]他还通过老师张彭春的介绍和推荐，[3]了解和接触了奥尼尔的其他作品。奥尼尔的《琼斯皇》《榆树下的欲望》等剧在舞台技巧和情节处理等方面，给予曹禺不少启发。与洪深1922年创作《赵阎王》时相似，曹禺1936年在创作《原野》时，也不知不觉地使用了《琼斯皇》中的非洲鼓声、人物逃亡时的恐惧幻影等表现手法。他的代表作《雷雨》（1933年完稿，1935年4月首次公演）常常让人联想起奥尼尔剧中人物压抑、扭曲的物欲、情欲，被称为中国版的《榆树下的欲望》。成名后的曹禺曾多次谈到他对奥尼尔的佩服，以及奥尼尔戏剧对他的影响。

---

[1] 详见洪深："欧尼尔与洪深——一度想象的对话"。孙青纹主编：《洪深研究专集》。
[2] 曹禺："我所知道的奥尼尔"。载《外国戏剧》，1985年第1期，第20页。
[3] 张彭春（1892—1957），中国戏剧教育家、早期话剧的活动家、导演。曾主持南开新剧团，上演和改编了多部外国名剧。曾留学美国，熟悉奥尼尔戏剧。1920年，《琼斯皇》在纽约上演时，他和洪深都在纽约。1921年，他和洪深改编的英文剧《木兰从军》在纽约上演。他作为艺术指导先后参加梅兰芳京剧团1930年的访美演出、1935年的访苏演出。

跨文化之旅：奥尼尔与中国

洪深和曹禺在创作中对奥尼尔戏剧艺术不约而同的借鉴，并非偶然。他们在创造性地表现中国现实生活的同时，表达了话剧界对奥尼尔戏剧艺术的认同和赞赏。奥尼尔戏剧在影响中国话剧舞台和剧作家的同时，也借助后者的影响力，在中国得到更广泛、更持久的传播。

1949年以后，国际间长期的冷战，以及国内接连不断的左倾运动，严重阻碍了中美文化交流，以及中美学界、戏剧界的往来。在近30年的时间里，国内发表的奥尼尔戏剧研究成果屈指可数，而奥尼尔戏剧演出活动几乎完全停滞——这段时间因此常常被学者们称为奥尼尔戏剧在中国的"中断期"、"停顿期"或"低谷期"。然而，正如奥尼尔从未停止对古老中国的遥望，中国的学界和艺术界也并没有忘记奥尼尔戏剧。即使在万马齐喑的"文革"时期，仍然有学者在坚持研究和翻译包括奥尼尔戏剧在内的外国文学作品。奥尼尔戏剧从未停止在中国的跨文化之旅。

（二）

"文革"结束以后，中国进入了生机勃勃、迅速发展的新时期。随着中美文化交流的复苏，奥尼尔戏剧再次成为关注的对象。

1979年，赵澧在《戏剧学习》第4期，率先发表了题为"美国现代戏剧家尤金·奥尼尔"的评介文章。同年，林之鹤在《安徽戏剧》第6期，发表了"奥尼尔——美国剧坛上的拓荒者"。1980年，荒芜、龙文佩、朱虹、廖可兑、欧阳基、袁鹤年、闻起等一大批学养深厚的中老年学者纷纷发表了介绍和评论奥尼尔戏剧的文章，打破了奥尼尔戏剧在中国多年的沉寂。自1981年开始，国内发表的奥尼尔研究成果逐年增加。国内外国文学专业最早的一批研究生也迅速加入了奥尼尔戏剧研究的队伍。1983年，汪义群撰写的国内第一部奥尼尔专著《奥尼尔创作论》由中国戏剧出版社出版。

1985年，"奥尼尔戏剧研究中心"（简称"中心"）在中央戏剧学院成立。中心由廖可兑先生担任主任，龙文佩、欧阳基、郭继德、刘海平、吴雪莉（美籍)、汪义群、姚锡娟等担任顾问,组成了一个"老中青"结合的学术团队,在全国组织和开展奥尼尔戏剧学术活动。中心的成立对奥尼尔戏剧在当代中国的传播产生了极其重要的影响。

1987年2月24—27日,全国首届"奥尼尔学术研讨会"在北京召开。会议由中央戏剧学院和山东大学联合主办,来自全国各地共一百多名专家、学者出席了会议。中国著名剧作家、剧协主席曹禺在开幕式上发表了热情洋溢的讲话。会议期间,来自30多家科研机构、院校、艺术剧院的代表们围绕奥尼尔戏剧进行了热烈讨论,表现了学界、艺术界等各界人士对奥尼尔戏剧浓厚兴趣和高涨的学术热情。这次学术会议在全国产生了广泛影响,开启了奥尼尔戏剧研究、改编和演出在中国的重要发展时期。

此后,自1987年至1999年,在十余年的时间内,中国共召开一次大型国际奥尼尔学术会议、八次全国奥尼尔戏剧研讨会,会议期间演出了近20部奥尼尔剧作。这些连续不断、有声有色的奥尼尔学术活动成为八九十年代奥尼尔研究热的一大亮点。

1988年,为纪念奥尼尔诞辰一百周年,中国学界、戏剧界、艺术界等各界开展了一系列的奥尼尔戏剧学术讨论和演出活动。这些接连不断的奥尼尔学术会议和演出活动,极大地激发全国各界对奥尼尔戏剧的热情,掀起了研究和演出奥尼尔戏剧的热潮。5月5—7日,"全国外国文学研究生奥尼尔学术讨论会"在天津南开大学召开。会议期间,南开大学的学子们演出了奥尼尔的《啊,荒野!》,彰显了中国新一代青年研究和演出奥尼尔戏剧的蓬勃朝气,拉开了中国当代奥尼尔研究热潮和演出热潮的序幕。6月6—9日,中国首届"国际奥尼尔学术会议"在南京召开。会议由南京大学与美国奥尼尔学会(Eugene O'Neill Society)联合主办,来自中国和世界各地近百名代表参加了这次大会。会议期间和之后,南京、上海两地接连举办了奥尼尔戏剧节(6月6—17日),改编和演出了包括《天边外》《琼斯皇》《悲悼》《休伊》等十来部奥尼尔剧作,将这次以奥尼尔戏剧为平台的国际交流推向了高

跨文化之旅：奥尼尔与中国

潮。锦上添花的是，这一年的12月17—19日，全国第二届奥尼尔学术研讨会在北京召开。会议由奥尼尔研究中心、山东大学、中国戏剧家协会联合主办。来自全国各地约百名代表参加了会议。时任中国文联执行主席的曹禺特地发来贺辞。

进入90年代后，中国学界和艺术界对奥尼尔戏剧的热情继续升温，围绕奥尼尔戏剧的学术讨论和研究、改编和演出、中美同行之间的交流、高等院校里的教学，全面展开。借用奥尼尔专家刘海平的话来形容，中国的奥尼尔热"并没有在1988年的全球性纪念热潮后消减，而是如滔滔潮水，一浪推一浪。"①

1990—1999年，奥尼尔戏剧研究中心在全国各地组织了多次奥尼尔学术研讨会，形成了每隔两年召开一次全国奥尼尔学术会议的格局。1990年10月5—7日，第三届奥尼尔学术研讨会在太原举行。会议由中心与山西省话剧院联合主办。会议期间上演了刘明厚根据奥尼尔传记创作的独幕剧《迷雾人生》（山西省话剧院演出）。1991年11月20—23日，第四届奥尼尔学术研讨会在开封召开；会议由中心与河南大学联合主办。1993年5月5—7日，第五届奥尼尔学术研讨会在济南召开；会议由中心与山东大学联合主办、山东艺术学院和山东师范大学协办。1995年6月16—18日，第六届奥尼尔学术研讨会在上海召开；会议由中心与复旦大学、上海戏剧学院联合主办。会议期间，上演了《悲悼》（中央戏剧学院表演专修班学员演出）、根据《进入黑夜的漫长旅程》改编的《进入黑夜》（上海戏剧学院表演系学生演出）。1997年5月3—7日，第七届奥尼尔学术研讨会在广州召开；会议由中心与广东省戏剧家协会、中山大学、广东省文化厅对外文化交流中心、广州市文化局联合主办。会议期间举办了奥尼尔戏剧演出周，上演了奥尼尔五个剧本：《安娜·克里斯蒂》（广东省戏剧家协会演出）、《天边外》（广东省话剧院演出）、《休伊》（中央戏剧学

---

① 刘海平："中美文化交流的杰出使者——纪念尤金·奥尼尔逝世50周年"。载《外国文学研究》，2003年4期，第5页。

176

院演出）、《早餐之前》（上海人民艺术剧院演出）、《上帝的儿女都有翅膀》（上海戏剧学院演出）——在继 1988 年之后，奥尼尔研究热再次达到高峰。1999 年 6 月 10—13 日，第八届奥尼尔学术研讨会在成都召开；会议由中心与四川大学联合主办。会议期间，成都川剧院为代表们演出了根据《榆树下的欲望》改编的川剧《欲海狂潮》（徐棻改编，张曼君导演，首演于 1989 年），引起代表们对《榆树下的欲望》及其改编的热烈讨论。这次会议和会议期间的精彩演出，为奥尼尔戏剧在 20 世纪中国的跨文化旅行做了一个完美总结。

蔚为大观、数量众多的奥尼尔研究成果成为中国奥尼尔研究热的又一大亮点。从公开发表的研究成果数量看，中国或许是美国之外发表奥尼尔戏剧研究成果最多的国度。中国知网（CNKI）收录的论文数据显示：从 80 年代中期开始，国内发表的奥尼尔研究论文数量在持续不断地增多；90 年代发表的论文总数远远超过 80 年代。其中，1988 年、1997 年发表的论文数量更是直线上升，分别达到 80 年代和 90 年代的最高峰。此外，数据还显示：进入 21 世纪后，论文数量仍然呈攀升趋势。知网显示的数值和峰值，与中国八九十年代奥尼尔学术会议和学术活动的频率基本一致，从而印证了奥尼尔研究在当代中国的动态和趋势：奥尼尔戏剧在中国八九十年代出现了研究热，而且奥尼尔研究热并没有随着 20 世纪的结束而告终，奥尼尔研究热一直延续至今。

由于知网的数据库并没有包括国内以书代刊的论文集，以及境外学术期刊等刊物上发表的研究成果，也没有包括奥尼尔研究专著、译著、编著等重要成果，因此其统计数据并不完全。实际上的奥尼尔研究成果数量更多、更丰富。

奥尼尔戏剧学术会议论文集，即《尤金·奥尼尔戏剧研究论文集》（简称"奥尼尔论文集"），以书代刊，是国内发表奥尼尔论文最集中的刊物。1988 年至今，奥尼尔论文集共出版了七部（前五部由廖可兑主编，后两部由郭继德主编），[①] 收录专题论文共约两百篇。这些论文集汇集了大批国内知名专家、学

---

① 七部奥尼尔论文集的出版时间依次为：1988、1990、1997、1999、2001、2004、2013。

跨文化之旅：奥尼尔与中国

《尤金·奥尼尔戏剧研究论文集》（第七辑）书影

者的研究成果，对中国的奥尼尔研究产生了很大影响。

在奥尼尔学术会议论文集中，还有一部是由刘海平等主编奥尼尔国际会议论文集（Eugene O'Neill in China: An International Century Celebration，1990），收录国内外论文30余篇，其中包括刘海平、龙文佩等五位中国学者的论文。另外，《美国文学研究论文集》等也刊发了不少奥尼尔研究论文。

除了这些论文集和数量众多的期刊论文以外，八九十年代还出现了一系列非常有影响力的奥尼尔研究专著、编著、译著。其中包括：汪义群著《奥尼尔创作论》（1983），刘海平、朱栋霖著《中美文化在戏剧中交流：奥尼尔与中国》（1988），廖可兑著《尤金·奥尼尔剧作研究》（1999），龙文佩主编《尤金·奥尼尔评论集》（1988），荒芜译《奥尼尔剧作选》（1982），陈渊译《尤金·奥尼尔传：坎坷的一生》（1988），陈良廷等译《尤金·奥尼尔的剧本：一种新的评价》（1993），汪义群等译《奥尼尔集》（上、下，1995），郑柏铭译《尤金·奥尼尔和东方思想》（1997）。

在总结八九十年代奥尼尔研究时，奥尼尔专家郭继德说："中国当代的奥尼尔研究是廖可兑、欧阳基、龙文佩等老一代学者开拓的，特别是廖先生的贡献最大。"[①] "他晚年几乎把自己的全部精力耗尽在奥尼尔戏剧研究上。中国共召开了十次全国奥尼尔戏剧研讨会，前九次他都亲自主办或参与协办，第

---

① 郭继德主编：《尤金·奥尼尔戏剧研究论文集》（2013），第1页。

十次也是遵照他的遗愿在山东举行的。"① 奥尼尔专家孟华也曾感慨地说："中国奥尼尔学术研究活动开展范围之广，参加人员之众，发表论文至多，令国际同为瞩目。这些成绩的取得，均与先生的辛勤操劳无法分开。"② 奥尼尔专家汪义群也强调指出：在回顾八九十年代奥尼尔热时，"我们尤其不能忘怀的是已故的中央戏剧学院廖可兑教授所起的巨大作用……为了办好奥尼尔戏剧研讨会，廖可兑先生锲而不舍地为解决开会的经费，为联系落实主办单位，为组织研讨会论文集的出版而四处奔走。这在我国奥尼尔研究历史上是应该永远铭记的一笔。"③ 这些奥尼尔学术研讨会和论文集，推动了奥尼尔研究的深入展开，促进了中国当代戏剧的繁荣和中美文化的交流，对培养奥尼尔研究的新生力量，起到了不可低估的作用。

除了连续不断的全国奥尼尔学术活动和不断涌现的研究成果，八九十年代的奥尼尔热还有一大亮点，即奥尼尔戏剧在话剧舞台、戏曲舞台的热演。据不完全统计，八九十年代共改编和演出了二十多部奥尼尔戏剧。除了奥尼尔戏剧学术研讨会期间组织的多场演出，以及校园内的教学演出、观摩演出，全国多个专业剧院和剧团还进行了公演和巡回演出。演出形式丰富多样，除了话剧形式，奥尼尔戏剧还改编为歌剧、舞剧、各种地方戏曲。八九十年代活跃在中国奥尼尔戏剧舞台上的著名编剧、导演包括张孚琛、滕岩、谢兀、赵惠珍、朱静兰、熊国栋、冯昌年、胡伟民、徐棻、孟华、王晓鹰等。这个时期主要改编和上演的作品包括《早餐之前》《天边外》《安娜·克里斯蒂》《琼斯皇》《马可百万》《上帝的儿女都有翅膀》《悲悼》《大神布朗》《送冰的人来了》《休伊》《进入黑夜的漫长旅程》等。其中，《安娜·克里斯蒂》和《榆树下的欲望》的改编和演出次数最多。1984年根据《安娜·克里斯蒂》改编的话剧《安娣》（黄宗江改编、乔治·怀特导演）、1986年根据《榆树下的

---

① 郭继德主编：《尤金·奥尼尔戏剧研究论文集》（2004），第264页。
② 孟华："后记"。载廖可兑主编：《尤金·奥尼尔戏剧研究论文集》（2001），第288页。
③ 汪义群：《奥尼尔研究》，第310—311页。

欲望》改编的同名话剧（沈阳话剧团演出，张孚琛、朱静兰导演）、1989年根据《榆树下的欲望》改编的川剧《欲海狂潮》等，上演后通过电视传播到全国各地，产生了很大影响。

八九十年代的奥尼尔学术研究、舞台上的改编和演出，凝聚了一大批著名的剧作家、戏剧理论家、教育家、导演、表演艺术家等，其中包括曹禺、荒芜、陈瘦竹、黄嘉德、凤子、赵澧、吴富恒、廖可兑、欧阳基、梅邵武、龙文佩、吴伟仁、孙道临、黄宗江、刘厚生、兰瑛、徐晓忠、蒋虹丁、蒋嘉、吴雪莉、陈渊、于乐庆、朱红、陶洁、张耘、袁鹤年、丁扬忠、郭继德、刘海平、汪义群、吴定柏、徐荦、潘永长、姚锡娟、孟华，等等。他们对推动奥尼尔戏剧在中国的传播和本土化进程、加快中国当代戏剧的发展，发挥了重要作用。

奥尼尔戏剧不仅在中国八九十年代出现了研究热、改编和演出热，而且还融入了中美文化交流的热潮。两国的艺术界、学界，围绕奥尼尔戏剧频繁互访，开展了广泛、深入的交流与合作。奥尼尔戏剧为中美文化交流开辟了道路。

80年代，奥尼尔戏剧中心（Eugene O' Neill Theater Center）主席、导演乔治·怀特应中国戏剧家协会邀请多次访问中国。1984年，在中国戏剧家协会与美国奥尼尔戏剧中心共同筹划下，怀特带领他的美国团队（舞美设计师、服装设计师、灯光设计师）一行四人来到北京，与中央戏剧学院演出团队共同努力，成功上演了中国版的《安娜·克里斯蒂》。该剧的成功上演成为中美戏剧界密切合作、中美文化友好交流的典范。怀特撰文记录了这次合作排演的过程和文化交流的体会。他的文章分别于1984年10月17日、1985年1月13日刊登在《人民日报》《纽约时报》，[1]在中国和美国都引起很大的反响。此

---

[1] 乔治·怀特："为人与人之间的交流开辟道路"，载《人民日报》，1984年10月17日。White, "Directing O' Neill in China." *New York Times*, Jan. 13, 1985. 全文载：Wilkins, ed. *The Eugene O' Neill's Newsletter*, Vol. IX, No.1, 1985.

外，80年代以来，美国学界的奥尼尔专家也纷纷来华访问。1987年，诺曼·伯林（Norman Berlin）访华，在复旦大学、上海戏剧学院、南京大学等院校做了有关奥尼尔戏剧的学术讲座。1988年，美国国际奥尼尔学会与南京大学合作，在中国成功举办了国际奥尼尔学术会议，不少美国专家和学者来到中国，参加了这次大会。

与此同时，中国的奥尼尔专家和学者、戏剧家和艺术家，也不断应邀到美国进行访问和交流。80年代，著名戏剧艺术家黄宗江代表中国戏剧家协会，多次访问美国奥尼尔戏剧中心，探讨中美戏剧界合作事宜。1984年1月，中国著名的奥

1984年《安娣》（怀特导演）演出单封面

尼尔专家刘海平在波士顿参加了美国第一届奥尼尔国际学术会议，并在大会上并做了"奥尼尔在中国"的发言，引起了美国及世界各地代表们的极大兴趣。著名戏剧艺术家英若诚和黄宗江一起访问了美国奥尼尔戏剧中心；同年由黄宗江、导演陈颙、《外国戏剧》编委谢榕津组成的中国戏剧家代表团，参加了美国国际剧作家会议。1987年7月，著名导演夏淳、刘诗嵘参加了美国奥尼尔戏剧中心举办的国际剧作家年会。1988年9月，著名表演艺术家孙道临应邀在旧金山与美国同行同台演出了《马可百万》（饰演剧中的主要人物忽必烈可汗）。1994年6月，廖可兑、张孚琛、姚锡娟、谢兀、刘明厚、朱静兰等中国学界和艺术界代表，参加了美国国际奥尼尔学术会议。会议期间，中国著名表演艺术家姚锡娟表演了《进入黑夜的漫长旅程》最后一幕（饰演女主人公玛丽）。奥尼尔戏剧成为中美学界、戏剧界进行广泛交流的平台。

跨文化之旅：奥尼尔与中国

曲剧《榆树孤宅》剧照

　　值得一提的还有八九十年代高等院校师生对奥尼尔戏剧教学的热情。在奥尼尔专家和学者的推动下，奥尼尔戏剧教学在中国的高等院校迅速普及。尤其是在戏剧学院和艺术学院，奥尼尔成为主要教学内容之一。奥尼尔的《早餐之前》等独幕剧，以及现实性和戏剧性比较强的《天边外》《安娜·克里斯蒂》《榆树下欲望》等多幕剧，成为教学训练、教学演出、毕业演出的保留剧目。当年许多年轻的导演、演员都在学校都参加过奥尼尔戏剧的教学演出，对奥尼尔戏剧十分熟悉和喜爱。奥尼尔戏剧对年轻一代剧作家、导演、演员等艺术工作者都产生了不同程度影响。

　　八九十年代的奥尼尔热，不仅促进中国当代学术研究和戏剧舞台艺术的繁荣，推动了国际交流与合作的发展，而且培养了一大批年轻的奥尼尔戏剧爱好者、学者、表演和导演人才，为中国 21 世纪的奥尼尔热奠定了基础。

（三）

进入 21 世纪以后，中国八九十年代兴起的奥尼尔热并没有随着 20 世纪的结束而告终，而是保持延续。不仅如此，新世纪的奥尼尔研究更加深入，奥尼尔戏剧的改编和演出更加具有中国特色、时代特色，奥尼尔戏剧教学更加普及。阅读、观看、讨论、翻译、研究、改编、演出奥尼尔戏剧的人越来越多。奥尼尔戏剧以其超越时代的现实力量和艺术感染力，在中国备受青睐。

2000 年 9 月 23—25 日，全国第九届奥尼尔学术研讨会在郑州召开；会议由中心与郑州大学、郑州市文化局联合主办。会议期间演出了根据奥尼尔《榆树下的欲望》改编的曲剧《榆树古宅》（孟华改编，谢亢导演，郑州市曲剧团演出）。2001 年 3 月，

2003年《安娜·克里斯蒂》在京演出现场（王晓鹰导演）

中心主任廖可兑先生在北京逝世，中国的奥尼尔戏剧研究遭受了重大损失。不过，中国的奥尼尔研究事业并没有因此中断。"当年的中青年学者已逐渐成为奥尼尔研究的中坚力量，不少人已挑起大梁，像汪义群、刘海平、郭继德、程朝翔、刘明厚、邹慧玲、郑闽江、张冲、谢亢、侯宏、华明、任生明、陈立华、李兵、谢群等都不断在论文集中发表自己的成果，现在正在支撑全国的奥尼尔研究。"[①]

2001 年 12 月 13—16 日，第十届奥尼尔学术研讨会如期在山东大学召开。会议由山东大学、中央戏剧学院、山东艺术学院联合主办。会议期间，山东艺术学院戏剧系演出了奥尼尔的《奇异的插曲》。会议期间还成立了美国戏剧研

[①] 郭继德："新中国 60 年奥尼尔戏剧研究之考察与分析"。载《尤金·奥尼尔戏剧研究论文集》（2013），第 5 页。

跨文化之旅：奥尼尔与中国

究会，由郭继德教授担任会长。2004年，山东大学主办了第十一届奥尼尔戏剧研讨会（与第十二届全国美国文学年会同时召开）。之后，奥尼尔戏剧专题研讨会并入"美国戏剧研讨会"，融入了更大的学术交流平台。美国戏剧研讨会每隔两年在全国范围内召开。截至2015年，美国戏剧研讨会先后在苏州、上海、武汉、成都、徐州、南京共召开六届。奥尼尔戏剧依然是美国戏剧研讨会的重点。在各次会议论文集中，有关奥尼尔研究的论文仍然占相当大的比例。

自2004年奥尼尔戏剧研讨会并入美国戏剧研讨会之后，全国没有再单独组织召开奥尼尔戏剧专题学术研讨会。然而，不少专家和学者对奥尼尔戏剧仍然情有独钟。从发表的众多期刊论文、硕士和博士学位论文看，作者多是中青年学者，显示出中国新一代奥尼尔学者的潜力和朝气。除了数量众多的论文，21世纪还出现了更多的奥尼尔专著、译著、编著。这些成果包括：廖可兑主编《尤金·奥尼尔戏剧研究论文集》（2000；2001），郭继德主编《尤金·奥尼尔戏剧研究论文集》（2004；2013），沈建青著《尤金·奥尼尔女性形象研究》（2002），谢群著《语言与分裂的自我：尤金·奥尼尔剧作解读》（2005），郭继德主编《奥尼尔文集》（六卷，2006），汪义群著《奥尼尔研究》（2006），陈立华著《用戏剧感知生命——尤金·奥尼尔与曹禺前期剧作比较研究》（2006），卫岭著《奥尼尔的创伤记忆与悲剧创作》（2009）等。其中，由郭继德主编的六卷本《奥尼尔文集》是中国目前最全的中文版奥尼尔作品集、文论

2006年多媒体音乐舞台剧《榆树下的欲望》演出剧照

集。这套大型文集历时数年,全国一大批奥尼尔专家和学者先后参与了这项工程。《奥尼尔文集》的出版,标志奥尼尔戏剧、诗歌、文论在中国有了全面、系统的翻译。

除了学界,戏剧界对奥尼尔戏剧也依然热情不减。除了谢㠇、孟华、王晓鹰等著名导演、编剧继续活跃在奥尼尔戏剧舞台之外,一批年轻有为的导演和演员也纷纷加入了改编和演出奥尼尔戏剧的队伍。2000—2016 年,主要改编和演出的奥尼尔戏剧包括《早餐之前》《天边外》《安娜·克里斯蒂》《榆树下的欲望》《大神布朗》《悲悼》《奇异的插曲》《送冰的人来了》《进入黑夜的漫长旅程》

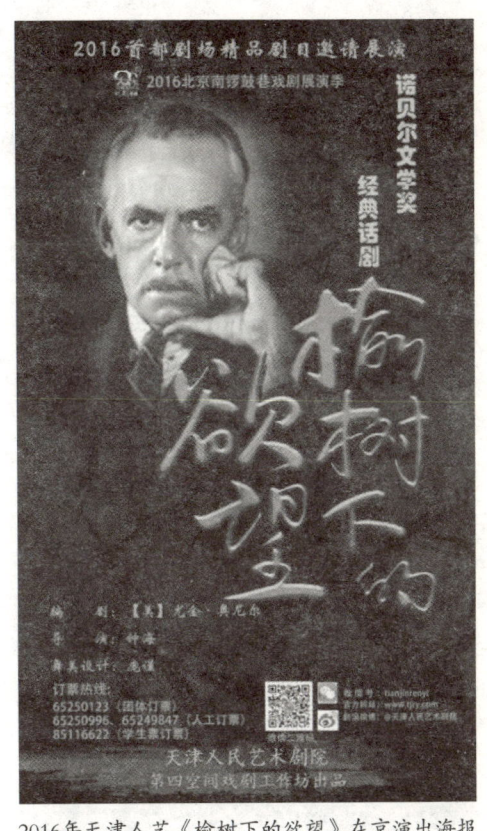

2016年天津人艺《榆树下的欲望》在京演出海报

等。其中,《榆树下的欲望》的改编和演出次数最多。

2000 年 9 月,根据《榆树下的欲望》改编的曲剧《榆树古宅》由河南曲剧团在郑州成功首演(孟华编剧,谢㠇导演),开启了《榆树下的欲望》在中国 21 世纪的改编热和演出热。2002 年 1 月 20 至 21 日,上海戏剧学院学生在上海话剧中心艺术剧院演出了《榆树下的欲望》片断。2006 年 4 月,川剧《欲海狂潮》复排后公演。2006 年 10 月,曲剧《榆树古宅》复排后公演,剧名改为《榆树孤宅》。2006 年 5 月 19 日到 21 日多媒体音乐舞台剧《榆树下的欲望》,在北京保利剧院上演,白永成导演,翁虹等主演;改版后于 8 月 9 日至 19 日在上海话剧艺术中心艺术剧场上演。2007 年,北京人艺演出了话剧《榆树下的欲望》。2009年，在第十四届美国戏剧研讨会期间，中南财经政法大学师生演出了《榆树下的欲望》。2015年11月21日，天津人民艺术剧院也推出了话剧《榆树下的欲望》。2016年1月，明星版话剧《榆树下的欲望》在上海东方艺术中心上演（沈亮导演、史可、张秋歌、刘小锋主演）。首演后，开始在全国各地巡演。继20世纪八九十年代以后，《榆树下的欲望》的改编和演出热在21世纪高潮迭起，被中国戏剧界亲切称为"榆树热"。

此外，20世纪八九十年代热演的《天边外》《安娜·克里斯蒂》等剧也再次成为专业剧院、剧团改编和演出的选择对象。2013年，宁波甬剧上演了根据《安娜·克里斯蒂》和话剧《安娣》改编的甬剧《安娣》（孟华改编，王晓鹰导演）。

21世纪，中美戏剧界、学界围绕奥尼尔戏剧展开的交流与合作更加频繁、更加广泛。2002年8月22—9月15日，曲剧《榆树古宅》在美国举行了访问演出；2014年10月25—11月2日，川剧《欲海狂潮》在美国华盛顿、纽约、亚特兰大等地进行了巡演；2014年10月7—15日，甬剧《安娣》在美国进行了交流演出。这些地方戏的访美演出，

2016年明星版《榆树下的欲望》演出海报

2014年甬剧《安娣》演出现场

所到之处无不受到热烈欢迎。奥尼尔早已成为中美戏剧交流、文化交流的友好桥梁。

中、美奥尼尔专家和学者的互访和交流在 21 世纪已成为常态。2008—2009 年，笔者作为富布莱特学者在美国访问、交流，与劳琳·珀特（Laurin Porter）、柏娣·曼德尔（Bette Mandl）、戴安妮·施奈瑞（Diane Schinnerer）等奥尼尔专家和学者结下了深厚的友谊。21 世纪以来，越来越多的中国专家和学者、戏剧家、艺术家加入了美国国际奥尼尔学会，并且在国际刊物发表奥尼尔研究成果。中国的奥尼尔研究已经成为国际奥尼尔研究的组成部分。中国的奥尼尔专家和学者在国际舞台上发挥了越来越多的作用。

与此同时，奥尼尔戏剧教学在中国高等院校也已成为常态。奥尼尔戏剧不仅成为戏剧学院、艺术学院戏剧系的表演训练的主要内容，而且还进入了综合类大学的课堂。在所有讲授美国文学的课堂，都要提到奥尼尔的剧作。一些高校的外语专业、文学专业，还开设了有关奥尼尔戏剧的课程。全国每年都出现了不少硕士、博士学位论文。校园里还不时出现奥尼尔戏剧的教学演出。2008 年北京语言大学的研究生改编和演出的《天边外》就是其中一例。美国表演艺术家、戏剧教授罗杰·巴伯在北京语言大学访问期间，热情加入了该校学子排演《天边外》的活动，并担任了"场外指导"。这位美国戏剧专家与中国学生剧组的相遇，与其说是一种巧合，不如说是一种必然。

在 21 世纪的中国，奥尼尔戏剧的普及率越来越高，奥尼尔戏剧的爱好者也越来越多。以奥尼尔戏剧为平台的中美文化

2017年《天边外》在香港天边外剧场上演

交流越来越频繁,交流范围也越来越广泛。

20多年前,在全国第六届奥尼尔研讨会上,一位美籍教授对中国的奥尼尔热非常感兴趣,好奇而关切地问道:"现在的奥尼尔热在中国将会持续下去吗?"① 事实证明,中国的奥尼尔热不仅仍然在持续,而且赋予了奥尼尔戏剧更丰富的文化意义。今天,当我们回溯奥尼尔戏剧在中国近百年的跨文化之旅,更加深切地感受到奥尼尔戏剧穿越时代和国界的艺术魅力,感受到奥尼尔戏剧与时俱进的现实力量,感受到奥尼尔戏剧与中国的不解之缘。

---

① 廖可兑主编:《尤金奥尼尔戏剧研究论文集》(1997),第300页。

主要参考文献

一、英文文献

Adler, Thomas P. *American Drama, 1940-1960*. NY: Ywayne Publishers, 1994.

Ahuja, Chaman. *Tragedy, Modern Temper and O' Neill*. New Delhi: Macmillan India Limited, 1984.

Alexander, Doris. *Eugene O' Neill' s Creative Struggle: The Decisive Decade, 1924-1933*. University Park: The Pennsylvania State University Press, 1992.

—— *Eugene O' Neill' s Last Plays: Separating Art from Autobiography*. Athens: The University of Georgia Press, 2005.

Bagchee, Shyamal, ed. *Perspectives on O' Neill: New Essays*. Victoria: English Literary Studies, 1988.

Barlow, Judith E. *Final Acts: The Creation of Three Late O' Neill Plays*. Athens: The University of Georgia Press, 1985.

—— "O' Neill' s Many Mothers: Mary Tyrone, Josie Hogan, and their Antecedents." Ed. Bagchee, *Perspectives on Eugene O' Neill*, 1988; Houchin, *The Critical Response to Eugene O' Neill*, 1993.

Beauvoir, Simone de. *The Second Sex*. Trans. and ed., H. M. Parshley. Hamondsworth: Penguin, 1972.

Ben-Zvi, Linda. "Susan Glaspell and Eugene O' Neill." *The Eugene O' Neill' s Newsletter,* Vol. 6, No. 2, 1982.

—— "Suan Glaspell and Eugene O' Neill: The Imagery of Gender." *The Eugene O' Neill Newsletter,* Vol. 10, No. 1, 1986.

Berkowitz, Gerald M. *American Drama of the Twentieth Century.* NY: Longman Group UK Limited, 1992.

Berlin, Normand. *Eugene O' Neill.* London: The Macmillan Press Ltd, 1982.

—— *O' Neill' s Shakespeare.* Ann Arbor: The University of Michigan Press, 1993.

Bernheimer, Charles and Claire Kahane, eds. *In Dora' s Case: Freud—Hysteria—Feminism.* NY: Columbia University Press, 1985.

Bethell, John T., ed. *Harvard Observed: An Illustrated History of the University in the Twentieth Century.* Cambridge: Harvard University Press, 1998.

Bigsby, C.W.E. *A Critical Introduction to 20th-Century American Drama,* Vol. I. NY: Cambridge University Press, 1982.

Black, Stephen A. *Eugene O' Neill: Beyond Mourning and Tragedy.* NH: Yale University Press, 1999.

Bloom, Harold. *Eugene O' Neill' s "Long Day' s Journey into Night".* NY: Chelsea House, 1987.

—— ed. *Eugene O' Neill.* NY: Infobase Publishing, 2007.

Bogard, Travis. *Contour in Time: The plays of Eugene O' Neill.* NY: Oxford University Press, 1988.

—— *The Unknown O' Neill: Unpublished or Unfamiliar Writings of Eugene O' Neill.* NH: Yale University Press, 1988.

—— *"From the Silence of Tao House": Essays about Eugene O' Neill & Carlotta O' Neill and the Tao House Plays.* Danville, Tao House: The Eugene O' Neill Foundation, 1993.

—— "C. W. D's" at Tao House." *The Eugene O' Neill's Newsletter*. Vol I, No. 1, 1977.

Boulton, Agnes. *Part of a Long Story: Eugene O' Neill as a Yong Man in Love*. NY: Doubleday & Company, Inc., 1958.

Bower, Martha G. *Eugene O' Neill's Unfinished Threnody and Process of Invention in Four Cycle Plays*. Lewiston: The Edwin Mellen Press, 1992.

Brietzke, Zander, ed. *The Eugene O' Neill Review*. Vol. 31. Boston: Suffolk University, 2009.

Brooks, Marshall. "Eugene O' Neill's Boston." *The Eugene O' Neill's Newsletter*. Vol. 8, No. 2, 1984.

Bryer, Jackson F., ed. *Sixteen Modern American Authors*. Durham and London: Duke University Press, 1990.

Cargill, Oscar, ed. *O' Neill and His Plays: Four Decades of Criticism*. NY: New York University Press, 1988.

Carpenter, Frederick I. *Eugene O' Neill*. Boston: G. K. Hall & Co., 1979.

—— "Eugene O' Neill, the Orient, and American Transcendentalism." Ed. Griffin, Eugene O' Neill: A Collection of Criticism, 1976.

Case, Sue-Ellen. *Feminism and Theatre: New Directions in Theatre*. London: Macmillan Publishers Ltd., 1988.

Chodorow, Nancy J. *Feminism and Psychoanalytic Theory*. NH: Yale University Press, 1989.

Chothia, Jean. *Forging a Language: A Study of the Plays of Eugene O' Neill*. London: Cambridge University Press, 1979.

Clark, Barrett. *Eugene O' Neill: The Man and His Plays*. NY: Robert M. McBride & Co., 1929.

Cornillon, Susan Koppelman. *Images of Women in Fiction: Feminist Perspectives*.

Bowling Green: Bowling Green University, 1972.

Dowling, Robert M. , ed. *Critical Companion to Eugene O'Neill: A Literary Reference to His Life and Work*. NY: Infobase Publishing, 2009.

Downer, Alan S., ed. *American Drama and Its Critics: A Collection of Critical Essays*. Chicago: The University of Chicago Press, 1965.

Drucker, Trudy. "Sexuality as Destiny: The Shadows Lives of O'Neill's Women." *The Eugene O'Neill Newsletter*, Vol. 6, No. 2, 1982.

Eisen, Kurt. *The Inner Strength of Opposites: O'Neill's Novelistic Drama and the Melodramatic Imagination*. Athens: The University of Georgia Press, 1994.

Engel, Edwin A. *The Haunted Heroes of Eugene O'Neill*. Cambridge: Harvard University Press, 1953.

Estrin, Mark W., ed. *Conversations with Eugene O'Neill*. Jackson: University Press of Mississippi,

Falk, Doris V. *Eugene O'Neill and the Tragic Tension: An Interpretive Study of the Plays*. NJ: Rutgers University Press, 1958.

Finney, Gail. *Women in Modern Drama: Freud, Feminism and European Theater at the Turn of the Century*. Ithaca and London: Cornell University Press, 1989.

Floyd, Virginia. *The Plays of Eugene O'Neill: A New Assessment*. NY: Frederick Ungar Publishing Co., 1985.

—— ed. *Eugene O'Neill at Work: Newly Released Ideas for Plays*. NY: Frederick Ungar Publishing Co., 1981.

—— ed. *Eugene O'Neill: A World View*. NY: Ungar, 1979.

Frank, Glenda. "The Tiger as Daddy's Girl." *The Eugene O'Neill Review,* Vol. 19, Nos. 1 & 2, 1995.

Frazer, Winifred. *Love as Death in "The Iceman Cometh."* Gainesville: University of Florisa Press, 1965.

Frenz, Horst. "Eugene O' Neill and China." *Tamkang Review* 10, 1979.

—— "*Marco Millions*, O'Neill's Chinese Experience and Chinese Drama." *Comparative Literature Studies* 18, 1981.

Freud, Sigmund. "Femininity." Trans. and ed., James Strachery. *The Standard Edition of the Complete Psychological Works of Sigmund Freud*. London: Hogarth Press, 1964.

Friedan, Betty. *The Feminine Mystique.* NY: Dell, 1963.

Gallup, Donald. "The Eugene O' Neill Collection at Yale." *The Eugene O' Neill Newsletter*, Vol. IX, No. 2, Summer-Fall, 1985.

Garner, Shirley Nelson, ed. *The M (other) Tongue: Essay in Feminist Psychoanalytic Interpretation.* Ithaca: Cornell University Press, 1985.

Gassner, John, ed. *O' Neill: A Collection of Critical Essays*. NJ: Prentice-Hall, Inc., 1964.

Gayvey, Sheila Hickey. "Anna Christie and the 'Fallen Woman Genre.' " *The Eugene O' Neill Review*, Vol. 19, Nos. 1 & 2, 1995.

Gelb, Arthur and Barbara. *O' Neill*. NY: Harper & Row Publishers, 1973.

—— *O' Neill: Life with Monte Cristo*. NY and London: Applause Books, 2000.

Gelb, Barbara. "To O'Neill, She Was Wife, Mistress, Mother, Nurse." *The New York Times*, October 21, 1973.

Griffin, Ernest G., ed. Eugene O' Neill: A Collection of Criticism. Toronto: McGraw-Hill, 1990.

Halfmann, Ulrich, ed. *Eugene O' Neill: Comments on the Drama and the Theater*. Tubingen: Gunter Narr Verlag, 1987.

Hall, Ann C. *"A Kind of Alaska"* : *Women in the Plays of O' Neill, Pinter, and Shepard*. Carbondale: Southern Illinois University Press, 1993.

Herzog, Callie Jeanne. "Nora's Sisters: Female Characters in the Plays of Ibsen,

Strindberg, Shaw, and O'Neill." Diss., University of Illinois, 1982.

Hinden, Michael. *Long Day's Journey into Night: Native Eloquence.* Boston: G. K. Hall & Co., 1990.

Houchin, John H. *The Critical Response to Eugene O'Neill.* Westport: Greenwood Press, 1993.

Howe, Flowrence, ed. *Tradition and Talents of Women.* Urbana: University of Illinois Press, 1991.

Hunter, Dianne. "Hysteria, Psychoanalysis, and Feminism." Ed. Shirley Nelson Garner, *The M (other) Tongue: Essay in Feminist Psychoanalytic Interpretation.* Ithaca: Cornell University Press, 1985.

Irigary, Luce. *This Sex Which Is Not One.* Ithaca: Cornett University Press, 1985.

—— *Speculum of the Other Woman.* trans., Gillian C. Gill. Ithaca: Cornell University Press, 1985.

Joseph, Lois S. "The Women of Eugene O'Neill: Sex Role Stereotypes." Ball State University Forum, Summer, 1973.

Kaplan, E. Ann. *Motherhood and Presentation: The Mother in Popular Culture and Melodrama.* London: Routledge, 1992.

King, William D., ed. *The Eugene O'Neill Review.* Vol. 33, No. 2. University Park: The Pennsylvania State University Press, 2012.

Lacan, Jacques. *Feminine Sexuality.* ed., Juliet Mitchell and Jacqueline Rose. NY: Norton, 1982.

Lampert, Lanrence. *Nietzsche and Modern Times.* NH: Yale University Press, 1993.

Lewis, Ward B., ed. *Eugene O'Neill: The German Reception of America's First Dramatist.* NY: Peter Lang Publishing, Inc., 1984.

Liu, Haiping and Lowell Swortzell, eds. *Eugene O'Neill in China: An International Century Celebration.* NY: Greenwood Press, 1990.

Magnus, Bernd, ed. *The Cambridge Companion to Nietzsche*. NY: Cambridge University Press, 1996.

Mandl, Bette. "Absence as Presence: The Second Sex in *The Iceman Cometh*." *The Eugene O' Neill Newsletter,* Vol. 6, No. 2, 1982.

—— "Wrestling With the Angel in the House." *The Eugene O' Neill Newsletter,* Vol. 12, No.3, 1988.

—— "Gender as Design in Eugene O' Neill' s *Strange Interlude*." *The Eugene O' Neill Review*, Vol. 19, No. 1 & 2, 1995.

Manheim, Michael. *Eugene O' Neill' s New Language of Kinship*. NY: Syracuse University Press, 1982.

Martin, James J., ed. *Critical Essays on Eugene O' Neill*. Boston: G. K. Hall & Co., 1984.

Maufort, Marc, ed. *Eugene O' Neill and the Experience of American Drama*. Amstersam: Rodopi, 1989.

Miller, Jordan Y., ed. *Playwright' s Progress: O' Neill and the Critics*. Chicago: Scott, Foresman, 1965.

—— *American Drama between the Wars: A Critical History*. Boston: G. K. Hall & Co., 1991.

Moi, Toril. "Representation of Patriarchy: Sexuality and Epistemology in Freud' s Dora." Eds, Charles Bernheimer and Claire Kahane. *In Dora' s Case: Freud—Hysteria—Feminism*, 1985.

Moorton Jr, Richard F., ed. *Eugene O' Neill' s Century: Centennial Views On America' s Foremost Tragic Dramatist*. NY: Greenwood Press, 1991.

Mordden, Ethan. *The American Theatre*. NY: Oxford University Press, 1981.

Morison, S. Eliot, ed. Three Centuries of Harvard: 1636-1936. Cambridge: Harvard University Press, 1946.

Murphy, Brenda. *American Realism and American Drama, 1880-1940*. London: Cambridge University Press, 1987.

National Park Service. *Cultural Landscape Report: Eugene O'Neill National Historic Site*. National Park Service, 2004.

Nelson, Doris. "O' Neill' s Women." *The Eugene O' Neill Newsletter*, Vol. 6, No, 2, 1982.

Nobel Prize Library. *William Faulkner, Eugene O' Neill, John Steinbeck*. NY: Helvetica Press, Inc., 1971.

O' Neill, Eugene. *Complete Plays*. Ed. Travis Bogard. NY: The Library of America, 1988.

—— *Selected Letters*. Eds. Travis Bogard and Jackson F. Bryer. NH: Yale University Press, 1988.

—— Inscriptions: Eugene O' Neill to Carlotta Monterey O' Neill. Ed. Donald Gallup. NH: Privately Printed, 1960.

—— *"The Theater We Worked For": The Letters of Eugene O' Neill to Kenneth Macgowan*. Ed. Jackson F. Bryer. NH: Yale University Press, 1982.

—— *"As Ever, Gene": The Letters of O'Neill to George Nathan*. Eds. Nancy L. and Arthur W. Roberts. London and Toronto: Associated University Presses, 1987.

Olson, Sarah M. *Historic Furnishing Report/HFC: Eugene O' Neill National Historic Site*, 1983.

Pfister, Joel. *Staging Depth: Eugene O' Neill and the Politics of Psychological Discourse*. Chapel Hill: University of North Carolina Press, 1995.

Raileigh, John H. *The Plays of Eugene O' Neill*. Carbondale: Southern Illinois University Press, 1965.

Ranald, Margaret L. *The Eugene O' Neill Companion*. Westport: Greenwood Press,

1984.

Scheibler, Rolf. *The Late Plays of Eugene O' Neill*. Bern: A. Francke, 1970.

Schlueter, June, ed. *Modern American Drama: The Female Canon*. London: Associated University Press, 1990.

—— *Feminist Readings of Modern American Drama*. Rutherfield: Fairleigh Dickinson University Press, 1989.

Sewall, Richard B. *The Vision of Tragedy*. NH: Yale University, 1980.

Shafer, Yvonne, ed. *Performing O' Neill: Conversations with Actors and Directors*. NY: St. Martin' s Press, 2000.

Shea, Laura. *A Moon for the Misbegotten on the American Stage: A History of the Major Productions*. Jefferson: McFarland & Company, Inc, Publishers, 2008.

Sheaffer, Louis. *O' Neill: Son and Playwright*. Boston: Little, Brown & Co., 1968.

—— *O' Neill: Son and Artist*. Boston: Little, Brown & Co., 1973.

—— "Saxe Commins and the O' Neills." *The Eugene O' Neill' s Newsletter*, Vol 2, No. 2, 1978.

Sievers, W. David. *Freud on Broadway: A History of Psychoanalysis and the American Drama*. NY: Hermitage house, 1955.

Simon, Bernett. *Tragic Drama and the Family: Psychoanalytic Studies from Aeschylus to Beckett*. NH: Yale University Press, 1988.

Sinha, C. P. *Eugene O' Neill' s Tragic Vision*. NJ: Humanities Press, 1981.

Smith-Rosenberg, Carroll. *Disorderly Conduct: Vision of Gender in Victorian America*. NY: Oxford University Press, 1985.

Stroupe, John H., ed. *Critical Approached to O' Neill*. NY: AMS Press, 1988.

Törnqvist, Egil. *A Drama of O' Neill' s Super-Naturalistic Technique*. Weden: Almqvist & Wiksells Boktrycker, 1968.

—— *Eugene O' Neill: A Playwright's Theatre*. Jefferson: McFarland & Company, Inc., Publishers, 2004.

Voelker, Paul D. "O' Neill and George Pierce Baker." *The Eugene O' Neill's Newsletter*. Vol. I, No. 2, 1977.

Vorlicky, Robert. *Act Like a Man: Challenging Masculinities in American Drama*. Ann Arbor: The University of Michigan Press, 1995.

Wagner, Charles A., ed. Harvard: Four Centuries and Freedoms. NY: E. P. Dutton &Company, Inc., 1950.

Waterstradt, Jean Anne. "Three O' Neill Women: An Emergent Pattern." Eds. Liu Haiping and Lowell Swortzell. *Eugene O' Neill in China: An International Century Celebration,* 1992.

White, George. "Directing O' Neill in China." *New York Times*, Jan. 13, 1985.

Whitford, Margaret. *The Irigaray Reader*. Oxford: Basil Blackwell Ltd, 1991.

Wilkins, Frederick C., ed. *The Eugene O' Neill's Newsletter*. Boston: Suffolk University, 1977-1988.

—— *The Eugene O' Neill Review*. Vol. 19, No. 1 & 2. Boston: Suffolk University, 1995.

Wilson, Susan, ed. *Garden of Memories: A Guide Book to Historical Forest Hills*. Boston: Forest Hills Educational Trust, 2009.

Woolf, Virginia. *A Room of One's Own*. London: Hogarth, 1929.

Yunovich, Nancy W. "The Women in the Plays of Eugene O' Neill." Diss. University of Kansas, 1966.

二、中文文献（按作者姓名拼音顺序排列）

鲍恩：《尤金·奥尼尔传》。陈渊译。杭州：浙江文艺出版社，1988。

博加德："在寂静的大道别墅所想到的"，西门露沙译。廖可兑主编：《尤金·奥尼尔戏剧研究论文集》，外语教学与研究出版社，1997。

——主编：《奥尼尔集》（上、下），王义群等译。北京：三联书店，1995。

陈立华："历史与时代的选择，审美与文化的共鸣——探索尤金·奥尼尔在中国的接受与传播"。《英美文学研究论丛》，2007年第2期。

——"国内奥尼尔研究述评"。郭继德主编：《尤金·奥尼尔戏剧研究论文集》（2013），山东大学出版社，2013。

陈伟：《西方人眼中的东方戏剧艺术》。上海：上海教育出版社，2004。

丁罗男：《中国话剧学习外国戏剧的历史经验》。北京：中国戏剧出版社，1983。

杜建华主编：《川剧表现手法通览》，成都：四川文艺出版社，2002。

弗吉尼亚·弗洛伊德：《尤金·奥尼尔的剧本：一种新的评价》，陈良廷等译。上海：上海译文出版社1993。

伍尔夫：《一间自己的屋子》，王还译。北京：三联书店，1989。

高鉴："1988年南京-上海-奥尼尔戏剧节演出巡礼"。《中国戏剧》，1988年第8期。

郭继德：《美国戏剧史》。天津：南开大学出版社，2011。

——"奥尼尔戏剧在中国的接受与影响"。《山东外语教学》，2012年第3期。

——主编：《奥尼尔文集》（共六卷）。北京：人民文学出版社，2006。

——主编：《尤金·奥尼尔戏剧研究论文集》。上海：上海外语教育出版社，2004。

——主编：《尤金·奥尼尔戏剧研究论文集》。济南：山东大学出版社，

2013。

——主编：《美国文学研究》。济南：山东大学出版社，2014。

——主编：《美国文学研究》。济南：山东大学出版社，2016。

华明："怀念先生"。《戏剧》，2001年第2期。

怀特："为人与人之间的交流开辟道路"。《人民日报》，1984年10月17日。

洪深："欧尼尔与洪深——一度想象的对话"。孙青纹编：《洪深研究专集》。杭州：浙江文艺出版社，1986。

蒋虹丁："奥尼尔创作源泉究竟是什么：与欧阳基先生商榷"。《外国文学评论》，1989年第2期。

卡品特："三种生活的三个妻子"，蒋虹丁译。《戏剧艺术》，1989年第2期。

康建兵："近20年国内尤金·奥尼尔研究述评"。《山东艺术学院学报》2008年第4期。

李巧丽、张凌："尤金·奥尼尔的中国之旅"。《河北理工学院学报》（社会科学版），2004年第1期。

廖可兑：《尤金·奥尼尔剧作研究》。北京：中国美术出版社，1999。

——"论《毛猿》"。《外国文学研究》，1986年第3期。

——"论奥尼尔的《马可百万》"。《外国文学研究》，1987年第4期。

——"一次盛大的国际学术会议和戏剧节"。《戏剧艺术》，1988年第4期。

——"访美归来"。《戏剧》，1994年第4期。

——主编：《美国戏剧论辑》。北京：中国戏剧出版社，1981。

——主编：《尤金·奥尼尔戏剧研究论文集》。北京：中国戏剧出版社，1988。

——主编：《尤金·奥尼尔戏剧研究论文集》。北京：外语教学与研究出版社，1997。

——主编：《尤金·奥尼尔戏剧研究论文集》。北京：外语教学与研究出版社，2000。

——主编：《尤金·奥尼尔戏剧研究论文集》。郑州：河南文艺出版社，2001。

廖心文："陪伴父亲最后的日子"。《戏剧》，2001年第2期。

——"周恩来与'铁三号'的文化名人"。《纵横》，2013年 第7期。

刘保端等编译：《美国作家论文学》。北京：三联书店，1984。

刘海平："奥尼尔与老庄哲学"。廖可兑主编：《奥尼尔戏剧研究论文集》（1988）。

——"中美文化交流的杰出使者——纪念尤金·奥尼尔逝世50周年"。《外国文学研究》，2003年4期。

刘海平、朱栋霖：《中美文化在戏剧中交流——奥尼尔与中国》。南京：南京大学出版社，1988。

刘明厚："生命的延续——怀念我的恩师廖可兑先生"。《戏剧》，2001年第2期。

刘文尧："奥尼尔东方之行及其对中国现代戏剧的影响"。《成都大学学报》（社会科学版），2015年第6期。

龙文佩："奥尼尔在中国"。《复旦学报》（社会科学版），1988年第4期。

——主编：《尤金·奥尼尔评论集》。上海：上海外语教育出版社，1988。

吕艺红："奥尼尔热在中国"。《外国文学研究》，1989年第1期。

罗宾森：《尤金奥尼尔和东方思想》，郑柏铭译。沈阳：辽林教育出版社，1997。

孟华："奥氏剧作与中国戏曲的龃龉与磨合（两题）——河南曲剧改编演出尤金·奥尼尔《榆树下的欲望》的体会"。廖可兑主编：《尤金·奥尼尔戏剧研究论文集》（2001）。

——"后记"。廖可兑主编：《尤金·奥尼尔戏剧研究论文集》（2001）。

牛国玲：《中外戏剧美学比较简论》。北京：中国戏剧出版社，1994。

田本相：《现当代戏剧论》。南昌：江西高校出版社，2006。

汪义群：《奥尼尔研究》。上海：上海外语教育出版社，2006。

——"由奥尼尔热引起的思考"。《戏剧艺术》，1988年第4期。

吴戈：《中美戏剧交流的文化解读》。昆明：云南大学出版社，2006。

徐棻："如果没有或如果只有——改编《欲海狂潮》后记"。《中国电视》，1994年第9期。

徐晓钟："缅怀廖可兑先生"。郭继德主编：《尤金·奥尼尔戏剧研究论文集》（2004）。

羽军："世纪之交回眸尤金·奥尼尔"。《四川戏剧》，2000年第1期。

岳小燕："奥尼尔研究在中国"。廖可兑主编：《尤金·奥尼尔戏剧研究论文集》（1988）。

张春蕾："奥尼尔90年中国行程回眸"。《南京晓庄学院学报》2013年第1期。

张法：《中西美学与文化精神》。北京：北京大学出版社，1994。

张艳红："尤金·奥尼尔与中国戏剧之缘"。《剧作家》，2015年第5期。

朱恒夫：《中国戏曲美学》。南京：南京大学出版社，2008。

朱雪峰："爱美剧舞台上的奥尼尔"。《戏剧》，2011年第4期。

三、主要网络资料来源

www.eugeneoneill.org

www.eoneil.com

www.liu.edu

www.bu.edu/today

www.newyorker.com/magazine

www.nobelprize.org

www.blcu.edu.cn

附录一

警报[1]
（独幕剧）
奥尼尔著　沈建青译

人物

詹姆斯·纳普 "女皇"号的无线电发报员

玛丽·纳普 詹姆斯·纳普的妻子

他们俩的孩子：

查尔斯 15 岁

多丽 14 岁

丽芝 11 岁

苏伊 8 岁

婴儿 1 岁

哈德威船长 "女皇"号船长

梅森 "女皇"号大副

迪克·惠特尼 同一航线上的"公爵夫人"号的无线电发报员

---

[1] 译自：O'Neill, *Complete Plays 1913-1920*. Ed. Bogard. 75-94.

跨文化之旅：奥尼尔与中国

场景

第一场

纽约的布朗克斯区，詹姆斯·纳普家的饭厅。

第二场

"女皇"号甲板上，从这里可以看见无线电发报室。时间大约在两个月以后。

第一场

景：纽约的布朗克斯区，詹姆斯·纳普家的饭厅。左边，有扇门通向客厅；往里一点，有一把椅子，还有一块墨绿色的布帘子挂在那里，遮着一处凹进去的地方，那儿很可能被当成了一间卧室。右边，有扇门通向厨房，可以看得见一把椅子和一扇窗子。窗台上种了几盆植物，窗外上一个院子，窗前挂着个镀金的鸟笼，一只金丝雀在里面睡意蒙眬地叫着。屋里的墙壁上贴着难看的绿色墙纸，地上铺着块和墙纸差不多颜色的旧地毯。墙壁上间隔地挂着几张周日报副刊上的画儿，画很俗气，镶着廉价的镀金画框。饭桌靠在墙的中间，以便使厨房和公寓前半部分之间的走道宽敞一点；饭桌上铺着块花布，上面靠墙的地方有个壁炉台；壁炉台中间放着个黑色大理石钟，发出忧伤的嘀嗒声。钟的两侧拥挤地陈列着家人的照片。壁炉台上方挂着一条镶着黑框的格言"家，甜蜜的家"。一盏韦尔斯巴式煤气吊灯①，悬挂于屋顶中间，照得这间狭小的屋子亮堂堂的。时间大约是十月某个晚上的八点半。

纳普太太坐在饭桌紧靠厨房的位置上。她面色苍白，身体瘦削，看上去急躁易怒。她的年龄40岁左右，但生活拮据带来的无数烦恼已经使她未老先衰。由于生了好几个孩子，原来较好的身体也垮掉了，因为每一个孩子的到来就意味着又添了一张要吃饭的嘴，使得本来就不够的生活必需品更加匮乏。

---

① 以奥地利化学家和发明家韦尔斯巴（Carl Auer von Welsbach, 1858–1929）名字命名——译注。

她的头发紧紧地挽在脑后，原本棕颜色的头发已经有了一缕缕的白发。她的嘴唇很薄，嘴角忧伤地朝下撇着。她的蓝眼睛暗淡无光，神态焦虑而疲惫。她穿着一件脏兮兮的灰颜色睡袍、一双黑颜色的拖鞋。说话的时候，声音哀怨，毫无威信。

她的左边坐着两个孩子，一个是丽芝，一个是苏伊。两人面朝着壁炉台上的照片，头挨着头趴在桌子上，两人都是金色的卷发。苏伊的面前有一个草稿本，她在丽芝的指点下正努力在上面写着什么。两人都穿着看上去干干净净的黑颜色衣服和鞋袜。

丽芝　　"g"不是那样写的。把铅笔给我，我来写给你看。（她极力想把铅笔从苏伊那儿夺过来。）

苏伊　　（不肯给，开始哭）我不愿意给你。妈妈呀！叫她别抢！

纳普太太　　（有气无力地）看在上帝的份儿上，别闹了，苏伊，把笔给她！丽芝，你也不害臊，竟然和妹妹干架，你比她大多了！我告诉你们，有你们这几个孩子整天打打闹闹，没人能在这屋子里清净一会儿。

苏伊　　（尖叫声更大了）妈妈呀！她不给我！

纳普太太　　（试图加重语气）丽芝！听见我说的了吗？马上把笔给她！

丽芝　　（无动于衷）我要教她写字母"g"，可她不让。叫她别闹，妈妈！

苏伊　　（哭喊着）我写的是"g"！我写的就是"g"吗！

丽芝　　哼！听听她的谎话，妈妈。她写的根本不是"g"。她根本就不会写。

苏伊　　我会！把笔还给我。

丽芝　　你不会。我不给你。

纳普太太　　（火冒起来，腾地一下从椅子上站起来，啪地一下给了丽芝一记耳光）好啦！你这个淘气的孩子！非得这么教训一下才听话。把笔给我。（她把笔从丽芝手上夺过来，然后给了苏伊）给你笔！看在上帝的份儿上，别哭了！（苏伊的哭号变成了抽泣，可是这时，丽芝却捂着耳朵拼命地哭号起来。）

苏伊　　（发现笔尖断了，又开始哭起来）看啦，妈妈！她把笔尖弄断了！

纳普太太　　（心不在焉地）别哭了，我给你削。（转过身，把丽芝抱在膝上）好了！好了！别哭了！妈妈并不想打痛你。（丽芝这下哭得更厉害了。）别哭了，我去给你拿块糖。（丽芝的哭声戛然而止。）现在，亲一亲妈妈，保证以后再也不淘气了！

丽芝　　（顺从地亲了亲她）我保证。糖呢，妈妈？

苏伊　　（不再对铅笔感兴趣了）我也要一块糖。

纳普太太　　（走进厨房，拿了两块黏糊糊的软糖回到饭厅）这是给你的，丽芝！这是给你的，苏伊！（苏伊好不容易才把糖塞进小嘴巴。）你们谁都没有说声"谢谢"。（丽芝顺从地嘟囔了一声"谢谢"，而苏伊满嘴是糖，什么都说不出来。）我告诉你们，我真不知道拿你们这些孩子怎么办。你们总是不懂规矩，举止就像是在街头长大的野孩子。（钟敲了一下，八点半了。纳普太太如释重负地看了看钟。）好了，孩子们，现在八点半了，你们俩都该上床了。上帝知道我每天早上叫你们起床上学有多费劲。

苏伊　　（嘴里的糖吃得差不多了，可以表示抗议了）我不想睡觉。

丽芝　　（不高兴地）你说过我们可以等见到爸爸以后再睡。

苏伊　　我想见爸爸。

纳普太太　　够了。我不想再听你们说什么了。你们一下午都和爸爸在一起。你们是在找借口不去睡觉。爸爸看病去了，上帝知道他什么时候回来。我答应你们可以待到八点半再上床，现在时间到了。来吧！亲亲我，就像小乖乖那样，然后马上去睡觉。（两个小乖乖敷衍了事地亲了亲她，然后磨磨蹭蹭地穿过那间凹室睡觉去了。）

纳普太太　　动作轻一点，千万别把小宝宝吵醒了，否则我要让爸爸好好揍你们一顿。（她又补充一句。）还有，别忘了祷告！（她坐了下来，长长地舒了口气，从桌上拿过一份晚报，开始看起来。她刚刚舒舒服服地往椅子背上靠一下，就听见门栋的楼梯上传来大声说话的声音和脚步跑动的声音。随后是一连串砰砰的敲门声；接着，门的锁孔处又传来一个女孩连喊带笑的声音："开门，妈妈！"）

纳普太太　（疾步赶到门边，开了门）看在上帝的份儿上，别这么大声音！想把小宝宝吵醒吗？从没见过你们这样的孩子。对妈妈一点感情都没有。

（查尔斯和多丽急忙进了屋。纳普太太把门关好，然后回到原来的座位上。查尔斯是一个举止笨拙、身形瘦长的15岁少年；他身上的衣服太小了，显得他的四肢格外长。他的五官又大又不协调；他的眼睛是淡蓝色的，很小。摘掉帽子后，一撮淡茶色的头发耷在前额上。他穿着一身很旧的灰色衣服。多丽也非常瘦，不过，长得很好看：黑眼睛，齐肩的棕色卷发。她的衣着很简洁：深蓝色的外套，黑颜色的长袜和鞋子，一顶看上去也是黑颜色的帽子。和一般的城里人一样，她的脸上没有什么血色，只是由于刚才一路跑上楼梯，这才泛起了一些红晕。）

多丽　（跑过去亲了亲母亲，调皮地说）妈妈，你猜我看见什么了？

查尔斯　（声音很大，几乎是在喊着说）妈妈，猜猜我看见什么了？

纳普太太　看在上帝的份儿上，查尼，声音小一点，想让旁边楼里的人也听见吗？如果你把小宝宝吵醒了，我非得告诉你爸爸不可。进屋后应该把帽子脱下来！怎么回事？难道不长记性吗？你的举止真让我害臊。

查尔斯　（脱下帽子）这是怎么了，妈妈？今晚你的脾气这么大。

纳普太太　别这么跟妈妈说话，年轻人。你像一头牛犊似的在这里大喊大叫，叫我怎么不发脾气？我刚刚把小宝宝哄睡着，如果你把她吵醒了，上帝知道我还有没有安宁可言。

多丽　（还没等她说完就笑着看了一眼查尔斯）你不会猜到我刚才看见什么了，妈妈。

查尔斯　（不好意思地）嗨，随你的便，你想告状就告吧，我不在乎。我也会把我看见的事告诉她的。

多丽　你看见什么了？

查尔斯　我看见了。

多丽　你没有。

纳普太太　看在上帝的份上，别吵了！刚才是丽芝和苏伊吵，现在又是你们俩吵，害得我连看看报纸的时间都没有。你到底看见什么了，多丽？要说就快点说。

多丽　我看见查尼和那个哈里斯家的红头发女孩在拐角的小卖铺里，他在那儿给她买冰淇淋圣代吃，花的是爸爸给他的那枚两角五分钱的硬币。

查尔斯　我才不是那号人呢。

多丽　哼，撒谎！你做的事，你心里明白。

纳普太太　你真该感到害臊，你这个大傻瓜，跟着和你一般大的女孩子瞎逛，还在她们身上花钱。我要告诉你爸爸，你是怎么把他给钱花掉的，让他以后很长的时间都不再给你一分钱。

查尔斯　（阴沉沉地）哦，别以为就我一个人这样。（指着多丽）我看见她和那个荷兰小子待在楼道里，那小子的爸爸在旁边的楼里开了家酒吧。楼道里黑黢黢的，我几乎看不清他们俩是谁。还有，那小子是个斗鸡眼！

多丽　他不是。

查尔斯　他就是。他的眼睛是斜的，否则他也不会看上你。

多丽　他比你强。

查尔斯　（声音变了，喊叫道）下次我一看见他，就会对着他的眼睛来一拳。我要给这个荷兰小子一点儿颜色瞧瞧。你要是再放肆，我也会在你脸上来一巴掌的。（多丽哭起来了。）

纳普太太　（腾地一下子站起来，打了他一耳光）我先来教训教训你，年轻人！你要是敢对你妹妹动一下手，你爸爸会抽掉你的皮。

查尔斯 （捂着耳朵往后退，呜咽着）嗷，你干吗老是说我不对？你怎么不说她呢？

纳普太太 （转身对着还在哭泣的多丽）还有你，小姐！别再让我听到你和小伙子们待在黑洞洞的楼道里这种事，否则我要打你的屁股，我会说到做到的。亏你想得出来！真不明白你是怎么回事。我在你这么大的时候，从来不可以单独和男人待在一起，在和你爸爸订婚以前，甚至和他单独在一起也不行。真不知道你们现在的年轻人是怎么回事。

多丽 当时楼道里并不黑。

纳普太太 那也一样。听见我刚才说的话了吗？下不为例。（多丽擦了擦眼睛，对查尔斯做了个鬼脸。）

查尔斯 （拉开嗓门，得意洋洋地）当时楼道里黑极了。她在撒谎，妈妈。

纳普太太 闭嘴！你说得够多的了。别这么大嗓门，我没聋。

查尔斯 （压低嗓门）好吧，妈妈。不过，自打爸爸回来后，我就习惯这么大声音说话了。因为声音小了，他好像根本听不见我说什么。

多丽 没错，妈妈。今天早上我跟他说话的时候，等我说完了，他连一半还没听明白。

纳普太太 他得了重感冒，头昏脑胀的。他自己说他没有感冒，可我知道他是感冒了。我感冒的时候也是头昏脑胀的。其实他只需要吃一片奎宁就没事了，可他就是不信，非要花五美元去看什么耳科。他说做无线电发报员的人不能有什么闪失。我对他说，做无线电发报员的人也浪费不起五美元，尤其是有妻子和五个孩子的人。（抱怨地）真不知道你们的爸爸是怎么回事。这趟从海上回来，他好像变了一个人似的。我想肯定是南美洲的气候给闹的。

多丽 他这次回来，脾气坏极了，无缘无故地冲着我和查尼大喊大叫。

纳普太太 如果他能另找份活干就不会这样了，可他又怕辞了现在这份活就找不到别的活了。你们的爸爸已经不再年轻了,他们现在只雇年轻人。他只好接着干下去。要不然,我们连房租都付不起了。上帝知道,他的薪水少得不能再少了。如果没有你们的哥哥吉姆每个月给我们寄几美元,加上查尼每周挣的五美元,还有我给人洗衣服挣的一点钱,只靠你们爸爸的那点收入是没法过下去的。可是,上帝知道,如果少了他那份薪水,我们就会被赶到大街上去了。

查尔斯 爸爸今晚看医生去了吗?

纳普太太 是的。不知道为什么这么晚还没回来。晚饭后你们一走,他就去了。本以为他出海前的最后这个晚上会在家过的,因为他一出海我们又要等三个月以后才能再见到他。

查尔斯 要不要我出去看看他回来没有?

纳普太太 别想找理由溜到街上去。要是你还想明早到点起床,现在最好就上床睡觉去。还有你,多丽。

多丽 我还有作业没有做完呢。(楼道传来缓慢而沉重的脚步声。)

纳普太太 是你们的爸爸回来了!多丽,要是你还要做作业,快到客厅去,别让他看见你这么晚还没睡。把灯开小点,别把小宝宝弄醒了。(脚步声在门口停了下来,接着传来敲门声。)查尼,去开门。我站了一整天了,两脚累得都走不动了。(查尼打开门,詹姆斯·纳普走进屋子。他的年龄约在50岁左右,后背微微弯曲,脸颊瘦癯,脱下帽子以后,脑袋显得又长又窄,头发也几乎掉光了,只剩下后脑勺到耳根一圈又稀又薄的灰白色头发。他脸上的皮肤被赤道的太阳晒得黑黑的,这会儿被白色的灯光一照,却显得有些蜡黄。他的眼睛是黑色的,不大,两眼的距离很近;鼻子又宽又短,说不出是什么形状;嘴巴大而无力,穿着一身褪了色的棕颜色衣服、一双失去光泽的旧皮鞋。他不知所措地摸着灰白的胡子,神情十分沮丧。纳普太太直盯盯地看了他一会,然后迅速站起来,走到他面前,亲了亲他。)

纳普太太　（替他把桌旁的一把手扶椅拉过来）来，坐下！你看上去累坏了。你真不该走这么远的路。

纳普　（重重地坐到椅子上，声音低沉而疲倦地说）是有点累了。（他盯着桌布上的图案呆呆地看了一会，然后长长地叹了口气。）

纳普太太　你到底是怎么了？看上去就像是失去了最后一个朋友似的。

纳普　（打起精神，勉强微笑着）可能是我心情不太好的缘故吧，因为我想到明天又要出海去了，又要开始又漫长又孤单的航行了。一想到有三个月见不到你们，我就感到难过。真希望能辞掉这份工作。真希望自己还年轻，还可以试一试别的工作。

查尔斯　（两手插在口袋里，没精打采地坐在一长椅子上，用很柔和的声音说）哦，爸爸，别难过！时间不算长。我想你会为自己能够躲开这种坏天气而高兴的。呵，我还巴不得有你这个机会呢。

纳普　（茫然地看着他）啊？什么，查尼？我没听清你刚才说什么。

查尔斯　（耐着性子）我刚才说，别难过！时间不会很长。

纳普　（忧郁地摇摇头）说起来容易啊。因为你年轻。（绿帘子后面的凹室传来婴儿尖声的哭叫。）

纳普太太　（转过身，朝着查尔斯，恼怒地）瞧！你的大嗓门干的蠢事！刚才还在叫你小声点儿。（转过身，面朝丈夫）詹姆斯，希望你想想办法，教教他的举止。他一点都不听我的话。看看他，坐在椅子上，两腿伸得这么长，谁都会被他绊一跤。有这么坐的吗？别人还以为你是在牛棚里长大的呢。你这副样子到了外面，真给我丢脸。

查尔斯　不用你担心，我没处可去；就算有地方可去，穿着这身破衣服，我也不愿意去。你干吗不说爸爸？因为他听不见我说什么，我才抬高嗓门的。

纳普　（突然烦躁起来）我当然听得见你说什么了。不过，我当时没有注意你在说什么。因为除了听你不停地说话，我还有别的事情要考虑。（查尔斯没精打采地重新在椅子上坐下。）

纳普太太　没错，詹姆斯。我知道你会教训教训他的。瞧他那副样子，就像他是这房子的主人似的。（绿帘子后面又传来刺耳的哭声。纳普太太急急忙忙地朝绿帘子方向走去，边走边说）嘘！嘘！我来了。（绿帘子后面传来她哄孩子的声音。）

查尔斯　（见母亲走出饭厅，鼓起勇气）我说，爸爸！

纳普　嗯，查尼，什么事？

查尔斯　给我添套新衣服，好吗？我真的很需要呀。我这身衣服到处是补丁和破洞。街上的孩子全都笑话我，因为我的裤子太短了，一点都不合身。爸爸，给我买套新的吧，好不好？

纳普　（脸上露出痛苦的神情）恐怕现在还不行，儿子。（查尔斯的情绪变得非常低落。）你看，我得看医生（犹豫了一下），因为，嗯，因为我的胃有问题，可是，看医生很花钱。不过，等我这次出航回来，我要做的第一件事就是给你买件像样的新衣服和一条长裤，我保证做到。你知道我从不食言。在我回来以前，能将就就先将就着穿吧。

查尔斯　（懊恼地）好吧，爸爸。我尽量吧。不过，恐怕我再长大一点，这身衣服就会绷烂了。

纳普　真是个好孩子。近来，我们运气不好。我们都只好将就着过吧。我还得干下去，即使没有多少——（为了不让查尔斯看见他难过的样子，他把脸背过去。他无声地饮泣了一下，肩膀抽动着。查尔斯感觉到了，动作笨拙地走到他跟前，拍了拍他的后背。）

查尔斯　爸爸，怎么啦？没有新衣服也没关系。早知道你会这么难过，我就不会向你开口了。

纳普　别介意，儿子。我不过是觉得身体有点不舒服，没什么要紧的，我一定是吃坏了什么东西，也许只是有点发烧而已。（他看了看钟）时间不早了，查尼，明天你还要起早床呢。赶紧去睡吧。我和你妈妈还有很多事情要聊，都是些你不会感兴趣的事情。

查尔斯　那好吧,爸爸,晚安。明早我上班前再过来看你。

纳普　晚安,记着,我会尽力而为的。(查尔斯消失在绿帘子后面。纳普双手抱着脑袋,眼睛呆呆地盯着桌子,满脸愁苦。纳普太太回到饭厅,小宝宝又睡着了。)

纳普太太　打发查尼睡觉去了吗?(他点了点头。)这就好了。他晚上总是睡得太迟,总是在街上瞎逛。真不知道他会变成什么样子。多丽今天晚上告诉我,她看见他给哈里斯家的那个红头发女孩买汽水喝,花的是你上次给他的那枚两角五分钱。

纳普　(柔声地)那又有何妨?都还是些孩子,不过是好玩而已。

纳普太太　好玩?真高兴你把这叫做"好玩",我认为这是可耻。

纳普　好了,好了。别什么都这么夸张。我看不出这事有什么严重的。我已经够操心的了,别再拿孩子们的瞎胡闹来烦我了。

纳普太太　(刻薄地)你操心?我倒想听一听,你都操些什么心了?你出海快乐去了,什么也不做,吃着最好的食物,还可以和一等舱的漂亮女人聊聊天。你操心?我倒宁愿你留在家里,和我换换位置——你来做饭,擦地,照管孩子们,与杂货店和肉店的老板周旋,洗衣服,每一分钱都得省着用。那时你就明白什么才叫操心了。

纳普　(安慰地)我知道你受了不少累,我也想能做点什么来减轻你的负担。(难过地)可现在,我不知道我们以后的日子会怎么样。

纳普太太　我看呐,还不是和从前一样,将就着过吧。

纳普　可是,玛丽,现在发生了一件可怕的事。我几乎不敢告诉你。

纳普太太　什么意思?难道你把饭碗丢了吗?

纳普　我刚才看过了耳科大夫,他说——(他难过地说不下去了,只好停下来让自己恢复平静。)

纳普太太　他说什么了?

纳普　(不由自主地,嗓音都变了)他说,我的听力在丧失,也就是说,我随时都可能变成一个什么也听不见的聋子。（他双手抱着脑袋，掩面而泣。）

纳普太太 （走过去，用一只手搂着他）好了，吉姆！别这么当真。这些医生们就会危言耸听。他不过是想吓唬吓唬你，好让你以后不停地找他看病。瞧，你的听力一点都不比我差。

纳普 不行了。我已经发现最近在接收电文时非常吃力，而且这次回来后，我经常听不见孩子们在说什么。大夫说，也许在很长的一段时间里我还能听得见，但是我得有所准备，任何突然刺激都会让我变成一个什么也听不见的聋子。

纳普太太 （急速地）这件事，船上的人知道了吗？

纳普 当然不知道。假如他们知道了我的听觉有问题，我的饭碗马上就保不住了。（声音颤抖地）可是，现在只好告诉他们了。我不得不把工作辞掉。

纳普太太 你没有告诉那个耳科大夫你是干什么的吧？

纳普 没有。我说我是个机械工。

纳普太太 （从椅子上站起身来，声音硬邦邦地）那你干吗要去告诉他们呢？如果你不说，他们就不会知道了。你自己不是说，医生说你的耳朵还可以将就很长一段时间吗？

纳普 他说的是"可能"。

纳普太太 （气得脸越来越红）你是个傻瓜吗？怎么一个医生就把你吓成了胆小鬼呢？

纳普 我并不是因为自己害怕，我并不害怕自己变成了个聋子。你不懂，你不理解我这种工作的责任。

纳普太太 责任？你自己告诉过我，平常几乎没有什么电文要发，所以连你都不明白他们干吗要雇个无线电发报员。你这会儿是怎么啦？你现在又没聋。就算那个谎话连篇的医生说的是真话，你还有很长一段时间能听得见呢。他说你会突然变聋，不过是要让你以后总是去找他看病罢了。我知道他们那一套。

纳普　（极力辩驳）不对，我应该告诉他们，并且把工作辞了。我也许还可以找份别的活干。

纳普太太　（恼怒地）什么是对？你以为你到处闲荡而我们被赶到大街上就对了？上帝知道，你的薪水少得可怜，可是，如果连这份收入都没了，我们就会饿死。难道你不能为其他人想想吗？我和孩子怎么过呢？拿什么给他们买衣服和食物呢？我挣不到什么钱，查尼挣的连养活他自己一个星期都不够。虽说吉姆每个月都给我们几个美元，可他自己挣的也不多，何况他的工作也不稳定。眼下，我们还可以在杂货店和肉店赊账，但是，如果他们发现你没有工作了，他们就不会让我们再赊账了。房东那里呢？他还会让我们住多久呢？你去找其他的工作干？别忘了上次你试的情形了。那时，我们典当了所有的东西。当你找到现在这份工作时候，我们都已经饿得半死了。当时你不还是只好重操旧业吗？没有什么电报部门愿意雇你，是不是？说你年纪大了，动作太慢了，是不是？你现在年纪更大了，动作也更慢了，除了现在这份工作，你还适合干什么呢？（尖刻地）你再找份工作去！（她坐下，双手捂着脸，哭泣起来）我辛辛苦苦，累得手指都要掉了，换来的就是这样的回报！我可怜的孩子们，竟然有你这样的父亲！哎，我当初怎么嫁给你这样一个男人？打那以后，除了操心和受罪，我什么都没得到过。

纳普　（她的讥讽一直像鞭子一样在抽打着他，令他无比痛苦。当她说到最后几句话时，他再也无法忍受了）看在上帝的份上，你饶了我吧！我去！我去！不过，这是我最后一次出海，之后我还是要做该做的事。（他站起来，拉开绿帘子。）行了行了！我去睡了。（他撇下纳普太太一个人在饭厅。她抬起泪痕斑斑的脸，松了口气，关上煤气灯。）

第二场

景："女皇"号驾驶台后面的甲板上。甲板向船头的方向倾斜得特别厉害。左边是高级船员的船舱，有几个舷窗还亮着灯。无线电发报室位于这些船舱后面与甲板中部之间的地方。发报室的门敞开着，发报机放在屋子靠前的位置。詹姆斯·纳普的身子俯在发报机上。他面色苍白，神情严峻。他在忙着发送信号，不时地停一下，似乎拼命地想接收一些回应的信号。每次他按动发报的键钮的时候，发报机就发出一阵刺耳的声音，这声音几乎盖过从散步甲板上传来的混乱不清的惊恐声。发报室右边的船舷上有一只救生筏。再往右，有一个烟囱，背景是星光闪烁的赤道夜空。夜空下，隐约可见电线从发报室一直牵到主桅上。时间是夜晚11点钟左右。

哈德威船长急匆匆地从驾驶台那边走过来，来到发报室的门口，看着里面的纳普。哈德威船长是一个50岁左右的敦实汉子，穿着一身朴素的蓝色制服。风吹日晒使他的脸——除了被灰白胡须遮住的地方——变成了古铜色。他用力地敲打着发报室的房门，纳普装着没看见他，做出一副专心工作的样子。

哈德威船长 还没有应答吗？（纳普没有答话。哈德威船不耐烦地俯下身子，用手摇晃了一下纳普的肩膀。）我问你，有没有应答的信号？

纳普 （躲躲闪闪地看着他）先生，我还没有听到什么信号。

哈德威船长 该死！他们到底是怎么回事？难道他们都睡着了吗？

纳普 我再试一试，先生。（他按动着面前的键钮，发报机即刻发出刺耳的声音。）

哈德威船长 （咕哝着一句骂人的话，一边转过身去）那好吧，我得回到驾驶台上去了，你一收到信号就立马告诉我。

纳普 （一直在注意看着他嘴唇的动作）是，先生。（他的声音含含糊糊，好像在琢磨着回答问题。）

哈德威船长　告诉他们，我们撞上了一艘沉船，我们的船正在下沉。尽量把信号发得清楚一些。我需要救援，需要立刻救援。

纳普　（声音比先前更加含糊）是，先生。

哈德威船长　你应该能收到"福德里"号的回答呀。如果我没估计错的话，她离我们的距离不会超过一百英里。（又转过身去）我得走了。继续发送信号，直到收到应答。

纳普　是，先生。

哈德威船长　（压低嗓音）去你的"是，先生"。我看你是给吓傻了。（他朝驾驶台疾步而去。中途，在甲板上遇到梅森大副。梅森大副是个高个子的中年汉子，胡子刮得干干净净的，身着制服，正从前面匆匆忙忙地赶过来。）梅森，下面的情况怎么样了？

梅森　很糟糕，先生。恐怕机舱的防水板快不行。他们正在拼命加固。但我看它难以挡住水压。看来它只能坚持半个小时，顶多一个小时。

哈德威船长　船斜得相当严重。可能你是对的。梅森，要是防水板不行了，那也就是五分钟或十分钟的事了。船员们把要载人的小船都准备好了吗？

梅森　都准备好了，先生。

哈德威船长　好！旅客们都在甲板上准备好动身了吗？

梅森　准备好了，先生。

哈德威船长　好！幸亏只有几名乘客，否则就乱套了；也幸亏今晚风平浪静，我们也不必惊慌。（下面甲板传来的嘈杂声打断了他的话。）真是怪事，我们的呼救怎么没有应答呢？你不觉得很怪吗？

梅森　是很怪，先生。这会儿，"福德里"号应该就在我们附近。我想，我们应该能和四五艘船联系上的。

哈德威船长　我刚才就是这么对纳普说的。可怜的家伙好像吓得要命，只会说（模仿纳普的声音）"还没听见什么，先生！"

梅森 他也这么对我说过三四遍了。我觉得不大对劲,先生。我看他的举止很反常。

哈德威船长 没错。这次出海,他一直很怪,跟谁都不说话。我还以为他肯定是身体不好呢。会不会是喝多了?

梅森 不会,先生。我从没见他沾过一滴酒,即使是在岸上他也不喝。

哈德威船长 咱们去瞧瞧他现在会说什么。上帝啊,我们得赶紧收到一份回电,否则后果不堪设想。(两人来到发报室门前。纳普正发疯似地一个接一个地发送信号。哈德威船长走进屋子,站在纳普身边;梅森则站在门外。纳普抬头,怯怯地看了他们每人一眼。)

哈德威船长 和"福德里"号联系上了吗?

纳普 (用先前那种不确定的口吻说)还没听到什么,先生。

哈德威船长 你肯定这台发报机没有毛病吧?

纳普 (不知所措地)没有,先生。没有任何回答,先生。我无法解释,先生。

哈德威船长 (气恼地)我知道。你这话已经对我说了好几遍了。你回答我刚才问你的话!(纳普茫然地看着他,然后又去按动发报机的键钮。哈德威船长一把抓过他的肩膀。)你听见我说的话了吗?该死,回答我的话。

纳普 (嘴唇颤抖着)没有,先生。

哈德威船长 (火冒三丈)什么?

梅森 (插话)冒昧地说一句,先生,他有点问题。我想他根本就没有听见你说了什么。

哈德威船长 这个胆小鬼被吓傻了,问题就出在这。(他俯身对着纳普的耳机,大声喊道)你不会说话吗?你聋了吗?(纳普畏缩着,吓得脸色苍白,但没有答话。)

梅森 可能是因为戴着那东西,所以听不见,先生。

哈德威船长 (一把抓住纳普头顶上面的金属环线,猛地摘下他的耳机)行了！回答我的话！你到底是怎么了？（然后，声音变得柔和了一些）要是你病了，干吗不说呢？

纳普 （无助地看了他一会，然后，双手抱着脑袋，歇斯底里地啜泣起来）我的上帝啊！真的发生了！（哈德威船长和梅森惊讶地交换了一下眼神。这时，纳普一边啜泣，一边脱口而出）我先前还不肯定。我抱着一线希望。事情和医生说的一模一样。（抬头看着哈德威船长，可怜巴巴地抓住他的手，然后又放开）唉，我本来应该早点告诉您的，先生，在咱们动身前——可是，我家太穷了，我又找不到其他工作。我本来想这次不出海了，可她不让。她说，我想把他们饿死——查尼还要我买套新衣服。（他抽泣得喘不过气来。）上帝啊，谁料到会出这种事啊——在这节骨眼上。我以为不会出事的——只出这一次海。我不是坏蛋，船长。我现在聋了——完全聋了。我听不见您说什么。我聋了！上帝啊！我的上帝啊！（他伸手抱着面前的发报机，把脸贴在上面，伤心地哭泣着。）

哈德威船长 （转过身对梅森说）嗨，真见鬼！你怎么看？

梅森 我看他说的是实话，先生。他已经聋了。所以我们一直没有收到任何答复。

哈德威船长 （又生气又无奈）我们还能做什么呢？在下令放下小船以前，我需要知道有没有援救的船只正在向我们靠近。（他思考片刻，忽然眼前一亮，用拳头猛击了一下手掌。）嗨，有了。你认识迪克·惠特尼吧？（梅森点点头。）"公爵夫人"号船的无线电发报员——因为发烧耽搁在巴伊亚港[①]——在那儿上的船——他休假回家——住头等舱——快跑去找他。（梅森向驾驶台方向跑去。）快点，看在上帝的份上！（梅森消失在甲板上。哈德威船长转过身来，把纳普扶起来，搀着他走出发报室，让他坐在救生筏上。然后，在他的背上重重地拍了拍。）打

[①] 巴伊亚（Bahia），巴西东部海港萨尔瓦多（Salvador）旧称——译注。

起精神来！可怜的穷光蛋！（纳普依然在伤心地啜泣。梅森回来了，后面跟着迪克·惠特尼。迪克·惠特尼，一个约25岁的小伙子，穿着一件浅色的宽松衫，身体瘦削，脸色蜡黄，看得出他刚刚与热带高烧搏斗过。不过，他非常自信地走进发报室，在发报机前坐下。）

哈德威船长　快和别的船联系，惠特尼。告诉他们我们就要放小船了。

惠特尼　（已经戴上了耳机）他们正在向我们呼叫，先生。（他发出回应信号，然后停顿一下）是"福德里"号。

哈德威船长　好！我就知道她不会离我们很远。

惠特尼　发报员说他们正在火速赶来——天亮前能到——想知道我们是否能坚持到那时候。

哈德威船长　不能。告诉他们防水板几乎不行了。我们最多还有不到一小时就要沉了。（对梅森交待道）你最好下去看看下面的情况。（梅森急速离去。）

惠特尼　好的，先生。（他按动键钮，发报机又开始响起刺耳的声音，然后他停顿一下。）

哈德威船长　他们这会儿说什么？

惠特尼　（淡淡一笑）"真倒霉。"

哈德威船长　（火冒地）该死的同情！

惠特尼　发报员说他努力和我们联系了很长时间。他收到了我们的信号，但好像我们没收到他的。（哈德威船长看了看依旧掩面坐在救生筏上的纳普。）他说他接到过一艘水果公司的船发出的信号。那艘船也正在火速赶来援救我们。他想知道我们是否收到过那艘船的信号。

哈德威船长　没有。（他又看了看纳普，然后冷冷地说。）告诉他，我们的接收器出了毛病。

惠特尼　（惊讶地抬起头，继而发出了信号，然后他停顿了一下）他问我们是否肯定撞上了一艘沉船——他说"福德里"号昨天在我们现在的位置附近看见了一艘沉船，随后他向所有能联系上的船只发出了警报——他说他还特别努力与我们联系，因为他知道我们要经过这里；不过要是我们的接收器坏了，那就难怪了。

哈德威船长 （瞪着纳普）上帝啊！

惠特尼 还要说什么吗，先生？

哈德威船长 （木然地）叫他们快点，没别的了。（突然气冲冲地向纳普大步走去，对他举起拳头，似乎要揍他。梅森从船尾赶过来。挡在他们中间。哈德威船长瞪着他看了一会，然后平静下来。）你是对的，梅森。我不应该碰他；可是，这个可恶的胆小鬼让我的船没了。（哈德威船长脸上痛苦的表情说明这一损失对他而言是多么的巨大。他转身回到发报室。年轻的惠特尼正等着他的指令。）听着，惠特尼！记下"福德里"号最后发来的那条电文——他们昨天就给我们发出了关于那条沉船的警报，而我们却没有收到；记下"福德里"号的发报员如何特地使劲向我们发出警报，因为他知道我们要经过这里。（梅森此时恍然大悟，他十分鄙视地看了纳普一眼，转身离开了他。惠特尼在报告簿上迅速地写着，随后把那页电文交给哈德威船长。后者走到纳普跟前，用手推了推他，把电文递给他。纳普一只手颤抖地接过电文。）

梅森 我已经把下面的伙计们都召集起来了，先生。防水板随时会被水冲垮。我要不要叫有的船先走，先生？

哈德威船长 好。（梅森朝船尾走去。）等一会。我和你一块去。一块走吧，惠特尼，你在那儿待着也没用了。（当他朝船尾走去时，他在纳普面前停下脚步。纳普正失魂落魄地盯看着手上那页纸，他的脸在抽搐，面色苍白。哈德威船长示意他跟他们一起走。他们往右边走去。纳普拿着那页纸一动不动地坐在原地。这时传来船板嘎吱嘎吱的响声以及梅森高喊指令的声音。）

纳普 （声音嘶哑地低语）上帝啊！那么，这是我的错了！是我的错！（他摇摇晃晃地站起来。)要是船没了咋办!(他向船尾望去,只见大家正在放船——他脸因恐惧而抽动着——他痛苦而绝望地大喊了一声。)天啦!他们在放船了!船没了!船没了!(他踉踉跄跄地从甲板上走进发报室,拉开抽屉,拿出一只左轮手枪,对着脑门。)船没了!(一声尖锐的枪响传来,纳普身体向前,倒在发报机前的地上。他的身体抽动了一会儿,然后就一动不动了。发报员惠特尼从船的右边跑了过来,一边跑一边喊:"纳普!大家都在等你。"他惊愕地看了一眼地上的尸体,目瞪口呆地说:"上帝啊!"然后惊恐万状地迅速朝船尾跑去。)

(幕落)

附录二

奥尼尔生平年表[①]

1888　10月16日出生于美国纽约巴里特旅馆（Barrett House）。父亲詹姆斯（James O' Neill）、母亲埃拉（Ella Quinlan O' Neill）都是爱尔兰人。詹姆斯·奥尼尔自学成才，成为当时颇有名气的戏剧演员，以扮演基督山伯爵著称。

1895　就读于纽约圣·阿洛伊修斯天主教男生寄宿学校（St. Aloysius Academy for Boys）。

1900　就读于纽约德拉萨天主教男子中学（De La Sa Institute）。

1902　就读于康州海边城镇的柏芝中学（Betts Academy, Stamford, Connecticut）。

1906　9月就读于普林斯顿大学（Princeton University），不到一年辍学，被校方除名。

1909　与凯思琳·詹金斯（Kathleen Jenkins）秘密结婚，随后赴洪都拉斯勘探金矿。

[①] 由笔者主要根据以下资料加以编辑和整理：O' Neill, *Complete Plays*. Ed. Bogard. "Appendix" and "Notes"; Gelbs, *O' Neill: Life with Monte Cristo*（2000）. "Chronology"; "Eugene O' Neill Chronology"（http://www.eoneil.com）。

1910　5月，加入父亲所在的《白衣修女》(The White Sister)巡回演出剧组，担任舞台助理；长子小尤金 (Eugene, Jr.)出生。6月，乘坐大型帆船"查尔斯·拉辛号"(Charles Racine)，从波士顿前往阿根廷布宜诺斯艾利斯。下船后，在港口一带流浪，打过各种短工。

1911　春天，在英国蒸汽货船"伊卡拉号"(S. S. Ikala)做普通水手,从布宜诺斯艾利斯返回纽约，寄居在海滨一家下等酒吧"吉米神父酒吧"(Jimmy-the-Priest's)。7月，在美国航运公司开往英国的"纽约号"(S.S. New York)做普通水手，到过利物浦等地；返回美国时，在"费城号"(S.S. Philadelphia)做一等水手。8月底，回到纽约；继续寄住在"吉米神父酒吧"。

1912　初春，在"吉米神父酒吧"自杀未遂。回到父母位于新伦敦的住所"基督山小屋"(Monte Cristo Cottage)。8月开始在《新伦敦电讯报》(New London Telegraph)当记者。10月，正式与凯思琳·詹金斯离婚。12月25日，因患肺结核入住疗养院治疗。

1913—1914　在疗养院治疗六个月，开始戏剧创作。回到新伦敦以后继续写作。

1914—1915　在父亲资助下，1914年6月在波士顿自费出版了独幕剧选集《渴：五个独幕剧》；9月，到哈佛大学求学，成为贝克教授戏剧写作课的学员。2015年6月，课程结束，回到新伦敦。秋天，前往格林威治村(Greenwich Village)，继续戏剧创作。

1916　夏天，加入"普罗文斯顿演员剧社"(Provincetown Players)。《东航卡迪夫》《渴》《早餐之前》等剧由普罗文斯顿剧社上演。

1917　《雾》《狙击手》《鲸油》《归途迢迢》等剧由纽约"剧作家剧场"(Playwrights Theater)上演。

1918　在格林威治村，结识女作家艾格妮丝·博尔顿(Agnes Boulton)，一起搬到普罗文斯顿。4月，正式结婚。在海边一个经过改造的海防站安家。《加勒比群岛之月》《绳索》《划十字的地方》上演。

1919　次子沙恩（Shane）出生。《梦孩子》上演。

1920　《天边外》纽约百老汇上演。同年，获普利策奖。奥尼尔的父亲詹姆斯去世，葬于新伦敦圣·玛丽公墓（St. Mary Cemetery）。《琼斯皇》在纽约上演。《驱魔》《与众不同》上演。

1921　《黄金》《救命草》《安娜·克里斯蒂》在纽约上演。同年，《安娜·克里斯蒂》获普利策奖。

1922　奥尼尔的母亲埃拉在加州去世，葬于新伦敦圣·玛丽公墓。《最初的人》《毛猿》在纽约上演。

1923　奥尼尔的兄长吉米（Jimie）去世，葬于新伦敦。

1924　《难舍难分》《上帝的儿女都有翅膀》《榆树下的欲望》等剧在纽约上演。

1925　与艾格妮丝搬到百慕大。女儿乌拉（Oona）出生。《泉》上演。

1926　《大神布朗》在纽约上演。与艾格妮丝在百慕大购置了房产。获耶鲁大学名誉文学博士学位。

1927　爱上女演员卡洛塔·蒙特雷（Carlotta Monterey）。

1928　《拉撒路笑了》《马可百万》《奇异的插曲》上演。同年，《奇异的插曲》获普利策奖。2月，与艾格妮丝正式分居，与卡洛塔赴欧洲旅行。10月，与卡洛塔开始东方之旅，11月中旬到达中国上海。

1929　《发电机》在纽约上演。7月，与艾格妮丝离婚，与卡洛塔在巴黎正式结婚。在法国租住了一所古城堡（Chateau du Plessis）。

1931　5月，从法国返回美国。10月，《悲悼》在纽约上演。

1933　《啊，荒野！》在纽约上演。

1934　《无穷的岁月》在纽约上演，受到冷遇。离开纽约，迁居加州。

1936　获诺贝尔文学奖。

1937—1944　在"大道别墅"（Tao House）。创作了一生最后几部戏剧。

1945　返回纽约。

1946　《送冰的人来了》在纽约百老汇上演。同年出版。

1947　《月照不幸人》上演。

1948　从纽约移居到波士顿海边大理石岬（Marblehead Neck）。

1950　小尤金自杀。与卡洛塔关系紧张。

1951　搬入波士顿谢尔顿酒店（Shelton Hotel）。

1952　《月照不幸人》出版。

1953　11月27日，在谢尔顿酒店去世。12月2日，葬于波士顿森林山公墓（Forest Hills Cemetery）。

1956　2月，《进入黑夜的漫长旅程》上演。5月，《送冰的人来了》在纽约重新上演。

1957　《进入黑夜的漫长旅程》被追授普利策奖。3月，《诗人的气质》在瑞典斯德哥尔摩首演。5月，《月照不幸人》在纽约重演。

1958　9月，《休伊》在瑞典斯德哥尔摩上演。

1962　9月，《更庄严的大厦》（改编本）在瑞典斯德哥尔摩上演。

附录三

奥尼尔剧作年表[①]
（括号的时间依次为作品完成时间和首次发表时间）

热爱生活的妻子（A wife for a Life，1913；1950），独幕剧

网（The Web，1913；1914），独幕剧

渴（Thirst，1913；1914），独幕剧，首演于1916.9.1

鲁莽（另译：不顾一切，Recklessness，1913；1914），独幕剧

警报（Warnings，1913；1914），独幕剧

雾（Fog，1914；1914），独幕剧，首演于1917.1.5

面包与黄油（另译：生计，Bread and Butter，1914；1914），四幕剧

东航卡迪夫（Bound East for Cardiff，1914；1916），独幕剧，首演于1916.7.28

堕胎（另译：流产，Abortion，1914；1950），独幕剧，首演于1959.10.27

拍电影的人（The Movie Man，1914；1950），独幕剧，首演于1959.10.27

奴役（Servitude，1914；1950），三幕剧，首演于1960.4.22

狙击手（The Sniper，1915；1950），独幕剧，首演于1917.2.16

---

① 由笔者主要根据以下资料加以编辑和整理：O'Neill, *Complete Plays*. Ed. Bogard. "Appendix" and "Notes"；Gelbs, *O' Neill: Life with Monte Cristo*（2000）. "Chronology"；John Lahr, "Found Page"（http://www.newyorker.com/magazine/2011/10/17）.

人为误差（The Personal Equation，1915；1988），四幕剧

早餐之前（另译：早点前、早餐前，Before Breakfast，1916；1916），独幕剧，首演于1916.12.1

我且问你（另译：现在我问你，Now I Ask You，1916；1988），三幕剧

在交战区（In the Zone，1917；1919），独幕剧，首演于1917.10.31

鲸油（另译：捕鲸，Ile，1917；1918），独幕剧，首演于1917.11.30

归途迢迢（另译"漫长的归程"，The Long Voyage Home，1917；1917），独幕剧，首演于1917.11.2

加勒比群岛之月（The Moon of the Caribbees，1917；1918），独幕剧，首演于1918.12.20

绳索（The Rope，1918；1919），独幕剧，首演于1918.4.26

天边外（另译：天外，Beyond the Horizon，1918；1920），三幕剧，首演于1920.2.3

弹震症（Shell Shock，1918；1972），独幕剧

梦孩子（The Dreamy Kid，1918；1920），独幕剧，首演于1919.10.31

划十字的地方（Where the Cross Is Made，1918；1919），独幕剧，首演于1918.11.22

驱魔（Exorcism，1919；2011），独幕剧，首演于1920.3.27

救命草（The Straw，1919；1921），三幕剧，首演于1921.11.10

克里斯·克里斯托弗森（Chris Christophersen，1919；1982），三幕剧，首演于1920.3.8

黄金（Gold，1920；1920），四幕剧，首演于1921.6.1

安娜·克里斯蒂（Anna Christie，1920；1922），四幕剧，首演于1921.11.2

琼斯皇（The Emperor Jones，1920；1921），八场，首演于1920.11.1

与众不同（Diff'rent，1920；1921），二幕剧，首演于1920.12.27

最初的人（The First Man，1921；1922），四幕剧，首演于1922.3.4

毛猿（The Hairy Ape，1921；1922），八场，首演于1922.3.9

泉（The Fountain，1922；1926），十一场，首演于1925.12.10

难舍难分（Welded，1923；1924），三幕剧，首演于1924.3.17

上帝的儿女都有翅膀（All God's Chillun Got Wings，1923；1924），二幕剧，首演于1924.5.15

榆树下的欲望（另译：榆树下的恋情，Desire Under the Elms，1924；1924），三幕剧，首演于1924.11.11

马可百万（Marco Millions，1925；1927），三幕剧，首演于1928.1.9

大神布朗（The Great God Brown，1925；1926），四幕剧，首演于1926.1.23

拉撒路笑了（Lazarus Laughed，1926；1927），四幕剧，首演于1928.4.9

奇异的插曲（Strange Interlude，1927；1928），九幕剧，首演于1928.1.30

发电机（Dynamo，1928；1929），三幕剧，首演于1929.2.11

悲悼（另译：梅农世家、素服总相宜，Mourning Becomes Electra，1931；1931），三部曲，共十三幕，首演于1931.10.26

啊，荒野！（Ah, Wilderness!，1933；1933），四幕剧，首演于1933.10.2

无穷的岁月（Days Without End，1933；1934），四幕剧，首演于1934.1.7

送冰的人来了（The Iceman Cometh，1939；1946），四幕剧，1946.10.9

进入黑夜的漫长旅程（另译：长日入夜行、漫漫长日入夜行，Long Day's Journey into Night，1941；1956），四幕剧，首演于1956.2.10

更加庄严的大厦（More Stately Mansions，1939；改编本，1964；全本，1988），四幕剧，改编本首演于1962.9.11

诗人气质（A Touch of the Poet，1942；1957），四幕剧，首演于1957.3.29

休伊（另译：休吉，Hughie，1942；1959），独幕剧，首演于1958.9.18

月照不幸人（A Moon for the Misbegotten，1943；1945），四幕剧，首演于1947.2.20

附录四

奥尼尔大道别墅时期大事记
（1937—1944）[①]

1937　4月22日，奥尼尔夫妇首付1.5万美元，在加州圣·拉蒙山谷（San Ramon Valley）购买了一块158公顷的土地，用于建造大道别墅。地价总金额为7.5万美元，其他相关费用约6千美元。12月22日，入住大道别墅。

1938　手部颤抖症加重。继续构想大型组剧《占有者自己剥夺自己的故事》（自1935年1月开始构思，包含11部作品）。2月，完成组剧作品《贪婪的温柔》（The Greed of the Meek）初稿；9月，完成组剧作品《更庄严的大厦》初稿。次子沙恩到访。因沙恩的教育问题而烦恼。

1939　完成《更庄严的大厦》第二稿。修改组剧作品《诗人气质》。5月，起草组剧作品《南回归线的无风带》（The Calms of Capricorn）。6月，创作并完成《送冰的人来了》。起草《进入黑夜的漫长旅程》（写作持续到1941年）。波兰被占领。对世界局势甚感焦虑。长子小尤金到访。

[①] 由笔者主要根据以下资料加以编辑和整理：O' Neill, Complete Plays. Ed. Bogard. "Chronology"；Olson, Historic Furnishing Report/HFC: Eugene O' Neill National Historic Site, "Appendix"；National Park Service, Cultural Landscape Report: Eugene O' Neill National Historic Site, "Appendix: Carlotta's Diary and Eugene O' Neill's Work Diary".

1940　开始创作独幕剧《休伊》。修改《进入黑夜的漫长旅程》。因爱犬布莱明（Blemie）去世，写下"一只狗的遗嘱"（"The Last Will and Testament of Silverdene Emblem O' Neill"）。

1941　健康不断出问题。颤抖症加剧，疑为"帕金森症"，治疗后没有好转。构思《月照不幸人》，完成《进入黑夜的漫长旅程》。珍珠港被炸。对世界局势更加忧虑。女儿乌拉、长子小尤金先后到访。

1942　身体日益衰弱。1月，完成《月照不幸人》初稿；6月，修改并完成《休伊》；11月，完成《诗人气质》的修改稿。将作品手稿、打印稿等文件送到普林斯顿大学和耶鲁大学图书馆保存。因战争缘故，佣人和司机先后离开。生活、就医出现困难。反对女儿乌拉进入社交界和影视界，父女关系出现裂痕。

1943　手部颤抖严重，握笔困难，每天仍然坚持写作三个小时。5月，完成《月照不幸人》第二稿。销毁了七部组剧的提纲和笔记。得到《毛猿》电影版权费三万美元，经济方面的焦虑有所缓解。6月，女儿乌拉与年长于奥尼尔的影星查尔斯·卓别林结婚，父女决裂。

1944　颤抖症从手部发展到全身，健康每况愈下。2月，搬入旧金山一家酒店。销毁了两部未完成的组剧作品手稿。

附录五

奥尼尔关于中国的藏书目录[①]
(截至1944年)

Binyon, Laurence. *The Flight of the Dragon: An Essay on the Theory and Practice of Art in China and Japan.* London: John Murray, 1922.

Bland, John Otway Percy. *China under the Empress Dowager; Being the History of the Life and Times of Tzu Hsi.* Rev. ed. Boston and NY: Houghton Mifflin Co., 1914.

Boerschmann, Ernst. *Picturesque China, Architecture and Landscape: A Journey through Twelve Provinces.* NY: Brentano's, 1923.

Brinkley, Frank. *Japan and China: Their History, Arts and Literature*, 12 vols. London: T. C. & E. C. Jack. 1903-1904.

Cementi, Cecil, trans. *Cantonese Love Songs.* Oxford: Clarendon Press, 1904.

[①] 由笔者主要根据以下资料加以编辑和整理：Robinson, *Eugene O' Neill and Oriental Thought: A Divided Vision*, 218-229; Chothia, *Forging a Language: A Study of the Plays of Eugene O' Neill*, 394-396；Olson, *Historic Furnishing Report/HFC: Eugene O' Neill National Historic Site*, 141-183; National Park Service, *Cultural Landscape Report: Eugene O' Neill National Historic Site*. Appendix: Carlotta's Diary and Eugene O' Neill's Work Diary; "Eugene and Carlotta O'Neill Library"（www.liu.cwp.libguides.com/archives），以及大道别墅书房的样书。

Creel, Herrlee Glessner. *The Birth of China: A Study of the Formative Period of Chinese Civilization*. NY: Reyna' &Hitchcock, 1937.

Der Ling. *Old Buddha*. NY: Dodd, Meade &Co., 1928.

Douglas, Robert Kennaway. *China*. 4th ed. London: T. Fisher Unwin, Ltd., 1920. c. 1899.

Fry, Roger Eliot. *Chinese Art: An Introductory Review of Painting, Ceramics, Textiles, Bronzes, Sculpture, Jade, Etc*. London: For the Burlington Magazine by B. T. Batsford, Ltd., 1925.

Geil, William Edgar. *Eighteen Capitals of China*. Philadelphia & London: J.B. Lippincott Co., 1911.

Goddard, Dwight and M. E. Reynolds. *Lao-tzu's Tao and Wu Wei*. NY: Brentano's, 1919.

Graham, Dorothy. *Chinese Gardens: Gardens of the Contemporary Scene, an Account of Their Design and Symbolism*. NY: Dodd, Mead & Co., 1938.

Grantham, A. E. *Hills of Blue: A Picture Roll of Chinese History*. London: Methuen, 1927.

Hill, A.P. *Broken China: A Vocabulary of Pidgin English*. Shanghai: A. P. Hill & C. B. Weiss Publishers, 1920.

Hobson, R. L. *Chinese Art*. NY: Macmillan, 1927.

Hsiung S. I., trans., *Lady Precious Stream*：*An Old Chinese Play*. London: Methuen, 1934.

Johnston, Reginald Fleming. *Twilight in the Forbidden City*. London: V. Gollanez, Ltd., 1934; NY: Appleton-Century, 1934.

Lin, Yutang. *The Importance of Living*. NY: Reynal &Hitchcock, 1937. Autographed copy.

—— *My Country and My People*. NY: Reynal & Hitchcock, 1935.

Lindbergh, Anne Morrow. *North to the Orient*. NY: Harcourt, Brace and Co., 1935.

Maugham, William Somerset. *On a Chinese Screen: Sketches of Life in China*. NY: GeorgeH. Doran Co., 1922. Autographed copy.

Mowrer, Edgar Ansel. *Mowrer in China. Harmondsworth, Middlesex*. England: Penquin Books, Ltd., 1938. Autographed copy.

Müller, Max, ed. *The Sacred Books of the East*. Vols. 39 and 40. *The Texts of Taoism*. Trans. James Legge. Oxford: Clarendon Press, 1891; London: Oxford University Press, 1927.

Norton, Henry Kittredge. *China and the Powers*. NY: The John Day Co., 1927.

Nott, Stanley Charles. *Chinese Jade Throughout the Ages: A Review of Its Characteristics, Decoration, folklore and Symbolism*. London: B.T. Batsford, Ltd., 1937. Autographed copy.

Obata, Shigeyoshi, trans. *The Works of Li Po, the Chinese Poet*. NY: E.P. Dutton & Co., 1922.

Parker, Edward Harper. *China: Her History, Diplomacy and Commerce from the Earliest Times to the Present Day*. London: J. Murray, 1917. c. 1901.

Reid, John Gilbert. *The Manchu Abdication and the Powers, 1908-1912*. Berkeley, California: University of California Press, 1935.

Smith, Arthur Henderson. *Chinese Characteristics*. Enl. and rev. ed. NY and Chicago, etc.: Fleming H. Revell Company, 1894. c.1892.

Waley, Arthur, trans. *More Translations from the Chinese*. NY: Alfred A. Knopf, 1919.

Werner, Edward Theodore Chalmers. *Myths & Legends of China*. NY: Farrar & Rinehart, 1933.

附录六

奥尼尔戏剧在中国的改编和演出资料汇编[①]
（1929—2016）

1929　《马可·波罗》，根据《马可百万》改编，燕京大学"热闹"剧社演出。冰心（饰公主）等主演。

1930　《捕鲸》，北平国立艺术学院演出，熊佛西导演。

1931　6月30日，《战线内》，上海劳动大学那波剧社演出，向培良导演。

1932　《东航卡迪夫》，上海复旦剧社演出。

1934　《捕鲸》，根据《鲸油》改编，上海无名剧人协会演出，章泯导演。

1934　6月，《琼斯皇》，复旦剧社演出，朱端钧导演，孔包时（饰琼斯）主演。

1935　1月，《天边外》，上海拓声剧团演出，赵铭彝导演，赵丹（饰罗伯特）等主演。

1936　5月5日，《早餐之前》，联合剧社演出，马彦祥导演，白杨（饰罗兰太太）主演。

1936　6月26日，《还乡》，根据《归途迢迢》改编，国立戏剧专科学校演

[①] 由笔者根据演出报道和评论、奥尼尔研究综述等资料加以编辑和整理，未完全包括内部演出、教学片段演出。

出，马彦祥导演。

1938　10月28日，《早点前》，根据《早餐之前》改编，上海剧艺社演出，李健吾导演，张可（饰罗兰太太）主演。

1941　12月，《遥望》，根据《天边外》改编，中央广播电台演出，李庆华编剧，凌鹤导演，项堃（饰黄志兰）、张瑞芳（饰田爱珠）等主演。

1944　1月，《田园恨》，根据《榆树下的欲望》改编，苦干剧团演出，陈叙一编剧，黄佐临导演，孙景璐等主演。

1948　7月，《大地之爱》，根据《天外边》改编，上海实验戏剧学校演出，顾仲彝编剧，吴天导演，庄则敬、金蕾等主演。

1981　9月，《安娜·克里斯蒂》，中央戏剧学院教学片段演出，张孚琛导演。

1982　5-6月，《安娜·克里斯蒂》，中央戏剧学院演出，滕岩导演。

1982　12月-1983年1月，《安娜·克里斯蒂》，长春话剧院演出，滕岩导演。

1983　《安娜·克里斯蒂》，陕西省话剧院演出，赵惠珍导演。

1983　2-5月，《天边外》，山西省话剧院演出，谢亢导演。

1983　9月，《榆树下的欲望》，中央戏剧学院教学片段演出，张孚琛导演。

1984　《安娣》（*Andi*），根据《安娜·克里斯蒂》改编，中央戏剧学院演出，黄宗江编剧，（美）乔治·怀特（George White）导演，麻淑云（饰安娣）、鲍国安（饰老桂）、薛山（饰马海生）等主演。

1984　6月，《进入黑夜的漫长旅程》，中央戏剧学院教学片断演出，张孚琛导演。

1986　1-2月，《榆树下的欲望》，沈阳话剧团演出，张孚琛总导演，朱静兰导演，朱静兰（饰爱碧）等主演。

1986　4月，《悲悼》三部曲之一《归家》，中央戏剧学院演出，张孚琛导演。

1988　5-6月，《悲悼》，上海青年话剧团演出，娄际成、焦晃导演，张英、卢时初、娄际成、焦晃等主演。

1988　6月，《悲悼》，上海戏剧学院学生演出，张应湘导演。

1988　6月，《啊，荒野！》，南开大学学生演出（英语）。

1988　6月，《啊，荒野！》，复旦大学外文剧社学生片段演出（英语）。

1988　6月，越剧《白色的陵墓》，根据《悲悼》改编，上海越剧院演出，黄之一编剧，孙虹江导演。

1988　6月，《大神布朗》，上海青年话剧团演出，胡伟民导演。

1988　6月，《休伊》，上海青年话剧团演出，胡伟民导演。

1988　6月，《天边外》，江苏省话剧团演出，熊国栋导演。

1988　6月，歌剧《鲸油》，东方歌舞团演出，张民权导演、主演。

1988　6月，《琼斯皇》，江苏省话剧团演出，冯昌年导演。

1988　6月，《上帝的儿女都有翅膀》，江苏省话剧团演出，冯昌年导演。

1988　6月，《马可百万》，上海人民艺术剧院演出，（美）杰克逊·费品（Jackson Phippin）导演。

1988　6月，《进入黑夜的漫长旅程》（前线话剧团演出）

1988　9月，《马可百万》，孙道临（饰忽必烈汗）在旧金山与美国艺术剧院演员同台演出。

1989　1月，《大神布朗》，蛙实验剧团演出，牟森导演。

1989　5月，川剧《欲海狂潮》，根据《榆树下的欲望》改编，成都川剧院演出，徐棻编剧。

1994　6月，《进入黑夜的漫长旅程》，访美交流演出片段，姚锡娟（饰玛丽）主演。

1995　6月，《进入黑夜的漫长旅程》，上海戏剧学院表演系学生演出，刘云导演。

1995　6月，《悲悼》，中央戏剧学院表演专修班学员演出，赵之成导演。

1997　5月，《早餐之前》，上海人民艺术剧院演出。

1997　5月，《天边外》，广东话剧院演出，鲍黔明导演。

1997　5月，《上帝的儿女都有翅膀》，上海戏剧学院学生演出。

1997　5月，《安娜·克里斯蒂》，广州话剧团演出，王晓鹰导演，王虹（饰安娜）、李邦禹（饰老克里斯）、张页川（饰迈特）等主演。保留剧目，2001—2003年多次演出。

1997　5月，《休伊》，中央戏剧学院学生演出，赵之成导演。

1999　3月，《送冰的人来了》，中国青艺剧场演出，冯旭改编，张驰导演。

2000　7月，《送冰的人来了》，北京电影学院教学演出，黄磊导演。

2000　9月，曲剧《榆树古宅》（后改名《榆树孤宅》），根据《榆树下的欲望》改编，河南曲剧团演出，孟华编剧，谢亢导演，潘永长作曲。

2002　8—9月，曲剧《榆树古宅》访美交流演出。

2001　12月，《奇异的插曲》，山东艺术学院戏剧系演出，侯宏、丁建军导演。

2003　《悲悼》，上海戏剧学院教学演出，何雁导演。

2006　4月15日，川剧《欲海狂潮》复排后公演，徐棻编剧，张曼君导演，王文训作曲，陈巧茹（饰蒲兰）、孙普协（饰白老头）、王超（饰白三郎）等主演。

2006　4月21日，多媒体音乐舞台剧《榆树下的欲望》，刘志新、白永成导演，翁虹（饰爱碧）、白永成（饰伊本）、娄际成（饰凯勃特）主演。

2006　10月，曲剧《榆树古宅》复排后重新公演，剧名更改为《榆树孤宅》。

2007　9月，《奇异的插曲》，改编为四幕剧（第一主人公为达莱尔医生），国家话剧院演出，张奇虹导演，黄小立（饰达莱尔医生）、刘金山（饰尼娜）等主演。

2007　9-10月，《榆树下的欲望》，北京人民艺术剧院演出，任鸣、王鹏导演。郑天玮（饰爱碧）、张志忠（饰凯勃特）、王雷（饰伊本）等主演。

2008　6月12日，校园版《天边外》，北京语言大学教学演出，荣四华、（美）罗杰·巴伯（Roger Babb）导演，王小芳（饰露丝）、陈小龙

（饰罗伯特）、田列朋（饰安德鲁）主演。

2009　11月，《榆树下的欲望》，中南财经政法大学莎剧社片段演出。

2009　12月，《悲悼》，北京电影学院教学演出，林洪桐导演。

2011　12月，《悲悼》，上海戏剧学院教学演出，林洪桐导演。

2013　2月，甬剧《安娣》，根据《安娜·克里斯蒂》改编，宁波甬剧团演出，孟华编剧，王晓鹰导演，王锦文（饰安娣）等主演

2013　9月，《大神布朗》，上海话剧艺术中心、现代人剧社演出，张先衡导演。

2014　8月29至9月14日，《早餐之前》鼓楼西剧场演出，张彤导演。

2014　10月，甬剧《安娣》访美演出。

2014　10-11月，川剧《欲海狂潮》访美交流演出。

2014　12月，《长夜》，根据《进入黑夜的漫长旅程》改编，李宝群编剧，查明哲导演。

2015　11-12月，《榆树下的欲望》，天津人民艺术剧院演出，钟海导演，张艳秋（饰爱碧）、刘景范（饰凯勃特）、张文明（饰伊本）等主演。

2016　1月29日，明星版话剧《榆树下的欲望》，沈亮导演，史可（饰爱碧）、张秋歌（饰凯勃特）、刘小峰（饰伊本）等主演。

2017　3月22—31日，《天边外》，香港天边外剧场演出，陈曙曦导演。

附录七

中国奥尼尔学术研讨会资料汇编[①]

第一届全国奥尼尔学术研讨会

时间：1987 年 2 月 24-27 日

地点：北京，中央戏剧学院

主办：中央戏剧学院奥尼尔研究中心、山东大学

主持：廖可兑

会议论文集：廖可兑主编《奥尼尔戏剧研究论文集》。北京：中国戏剧出版社，1988。

第二届全国奥尼尔学术研讨会

时间：1988 年 12 月 17-19 日

地点：北京，中央戏剧学院

主办：中央戏剧学院奥尼尔研究中心、山东大学、中国戏剧家协会

主持：廖可兑

---

① 由笔者根据奥尼尔戏剧研讨会报道、奥尼尔研究综述等资料加以编辑和整理。

第三届全国奥尼尔学术研讨会

时间：1990年10月5-7日

地点：太原，山西省话剧院

主办：中央戏剧学院奥尼尔研究中心、山西省文化局、山西省话剧院

主持：廖可兑

会议演出：《迷雾人生》（刘明厚据奥尼尔传记创作，山西省话剧院演出）。

会议论文集：廖可兑主编《奥尼尔戏剧研究论文集》。山西省文化局内部印刷，1990。

第四届全国奥尼尔学术研讨会

时间：1991年11月20-23日

地点：开封，河南大学

主办：中央戏剧学院奥尼尔研究中心、河南大学

主持：廖可兑

第五届全国奥尼尔学术研讨会

时间：1993年5月5-7日

地点：济南，山东大学

主办：中央戏剧学院奥尼尔研究中心、山东大学、山东艺术学院、山东师范大学

主持：廖可兑、郭继德

第六届全国奥尼尔学术研讨会

时间：1995年6月16-18日

地点：上海，复旦大学

主办：中央戏剧学院奥尼尔研究中心、复旦大学、上海戏剧学院

主持：廖可兑

会议演出：《进入黑夜》（据《进入黑夜的漫长旅程》改编，上海戏剧学院表演系学生演出）

《悲悼》（中央戏剧学院表演专修班学员演出）

第七届全国奥尼尔学术研讨会（暨奥尼尔戏剧演出周）

时间：1997年5月3-7日

地点：广州，中山大学

主办：中央戏剧学院、广东省戏剧家协会、中山大学、广东省文化厅、广州市文化局

主持：廖可兑

会议演出：《安娜·克里斯蒂》（广州话剧团演出）

《天边外》（广东省话剧院演出）

《休伊》（中央戏剧学院演出）

《早餐之前》（上海人民艺术剧院演出）

《上帝的儿女都有翅膀》（上海戏剧学院演出）

会议论文集：廖可兑主编《奥尼尔戏剧研究论文集》。北京：外语教学与研究出版社，1997。

第八届全国奥尼尔学术研讨会

时间：1999年6月10-13日

地点：成都，四川大学

主办：中央戏剧学院、四川大学

主持：廖可兑

会议演出：川剧《欲海狂潮》（徐棻据《榆树下的欲望》改编，张曼君导

演，成都川剧院演出）

会议论文集：廖可兑主编《奥尼尔戏剧研究论文集》。北京：外语教学与研究出版社，1999。

第九届全国奥尼尔学术研讨会

时间：2000年9月23-25

地点：郑州，郑州大学

主办：中央戏剧学院、郑州大学、郑州市文化局

主持：廖可兑

会议演出：曲剧《榆树古宅》（孟华据《榆树下的欲望》改编，谢亢导演，郑州曲剧团演出）

会议论文集：廖可兑主编《奥尼尔戏剧研究论文集》。郑州：河南文艺出版社，2001。

第十届全国奥尼尔学术研讨会

时间：2001年12月13-16日

主办：山东大学、中央戏剧学院、山东艺术学院

地点：济南，山东大学

主持：郭继德

会议演出：《奇异的插曲》（山东艺术学院戏剧系演出）

会议论文集：郭继德主编《奥尼尔戏剧研究论文集》。上海：上海外语教育，2001。

第十一届全国奥尼尔学术研讨会（与第十二届全国美国文学年会同时召开）

时间：2004年10月14-17日

地点：济南，山东大学

主办：山东大学

主持：郭继德

首届全国外国文学研究生奥尼尔学术讨论会

时间：1988年5月5-7日

地点：天津

主办：南开大学、天津电视台

会议演出：《啊，荒野！》（南开大学学生演出）

首届中国国际奥尼尔学术会议（暨国际奥尼尔戏剧节）

会议时间：1988年6月6-9日；

地点：南京

主办：南京大学、美国奥尼尔学会

主持：刘海平

会议论文集：Liu, Haiping and Lowell Swortzell, eds. *Eugene O' Neill in China: An International Century Celebration*. NY: Greenwood Press, 1990.

国际奥尼尔戏剧节

时间：1988年月6-13日

地点：南京、上海

主办：南京大学、江苏省文化厅、爱德基金会、江苏国际文化交流中心、南京电视台、复旦大学、上海市文化局、上海戏剧学院（承办）

主持：刘海平（南京）、龙文佩（上海）

戏剧节演出：歌剧《鲸油》（上海歌剧院演出）

越剧《白色的陵墓》（据《悲悼》改编，上海越剧院演出）

《天边外》（江苏省话剧团演出）

《琼斯皇》（江苏省话剧团演出）

《进入黑夜的漫长旅程》（前线话剧团演出）

《休伊》（洛杉矶奥尼尔剧社、上海青年话剧团分别演出）

《悲悼》（上海青年话剧团、上海戏剧学院表演系学生分别演出）

《大神布朗》（上海青年话剧团演出）

《啊，荒野！》（复旦大学学生外文剧社演出）

《马可百万》（上海人民艺术剧院演出）

后 记

笔者研究奥尼尔戏剧，始于20世纪80年代在华中师范大学中文系攻读世界文学专业研究生的时候。1988年，为参加在南京举办的奥尼尔国际学术会议，笔者完成了第一篇奥尼尔戏剧研究论文；1993年，笔者在山东大学第一次参加了全国奥尼尔戏剧专题研讨会；1998年，笔者在北京大学完成了英文博士学位论文"A Study of Eugene O'Neill's Female Portraits"（《尤金·奥尼尔女性形象研究》）；2002年，该学位论文经过修改，由湖南教育出版社出版，成为笔者研究奥尼尔的第一部专著。

奥尼尔戏剧研究为笔者开启了跨文化探索之旅。通过奥尼尔戏剧研究，笔者开始关注中美戏剧交流史、中西文化交流史。2005-2006年，笔者在俄亥俄州立大学东亚系任访问教授，为该系高年级本科生和研究生开设了中国文化选修课，深切感受到不同国家、不同民族之间加强文化交流的必要。在此期间，笔者收集了有关资料，回国后为北京语言大学的中外研究生开设了选修课"中美戏剧交流研究"。该课程的一个重点议题就是"奥尼尔与中国"。2008-2009年，笔者作为富布莱特学者，先后访问了哈佛大学比较文学系、德克萨斯州立大学阿灵顿分校英文系，并且还先后为俄亥俄州立大学中国研究所、德克萨斯州立大学英文系师生做了两场题为"奥尼尔与中国"的讲座。在美国访学期间，笔者寻访了奥尼尔的足迹，收集了不少重要资料，拓展了研究的视野，也由此产生了撰写这本专著的想法。

后记

本书是笔者多年研究奥尼尔及其戏剧的阶段性成果，也是笔者研究奥尼尔的第二本专著。全书分为三个部分。第一部分是关于奥尼尔生平与创作研究——该部分以寻访奥尼尔足迹为线索，由此走近奥尼尔的创作生涯和戏剧世界，探讨其人生经历对艺术创作的影响，以及奥尼尔对中国文化的兴趣。第二部分是关于奥尼尔作品的性别研究——该部分以文本细读为主，借鉴文化研究、女性主义批评等方法，解析奥尼尔戏剧在女性形象塑造和性别问题处理上的特点和演化，探讨奥尼尔戏剧创作中的局限和超越。第三部分是关于奥尼尔戏剧在中国的传播研究——该部分围绕奥尼尔戏剧研究、改编和演出、教学、文化交流等方面，通过笔者亲身经历，透视奥尼尔戏剧的中国之旅，考察中国"奥尼尔热"的相关因素。本书参考前人的研究成果，依据实地访问、文本细读、现场观摩、教学实践，力图展现一位中国学者眼中的奥尼尔及其戏剧。本书部分内容已先后发表在《外国文学研究》《尤金·奥尼尔戏剧研究论文集》《美国文学研究》等刊物；在撰写本书过程中，笔者对这部分内容又做了补充和修改。

从跨文化角度研究奥尼尔及其戏剧是一项漫长的工程。其中甘苦，一言难尽。本书的撰写和出版有幸得到了许多帮助和支持。笔者首先要感谢富布莱特出版项目的资助、中国书籍出版社的出版支持。笔者还要感谢中美富布莱特项目助理杨春菊女士、美国驻华使馆文化事务专员安美珊女士（Margreet A. Turley）、富布莱特出版项目联系人周月女士及其团队的鼓励和信任。笔者尤其要感谢张建华工程师在资料复印和计算机文字处理等方面给予的重要帮助、李敏辞博士对书稿修改提出的宝贵建议、王俊义编辑对书稿的大力推荐、责任编辑安玉霞女士为本书的完善和出版付出的巨大努力。没有他们的支持和帮助，本书很可能难以面世。笔者向他们致以由衷的感谢！

笔者在美国为本书收集资料过程中，曾得到以下机构和部门的支持：美国富布莱特基金会、美国教育交流中心、哈佛大学比较文学系、德克萨斯州立大学阿灵顿校区英文系、奥尼尔学会、大道别墅基金会、俄亥俄州立大学东亚系和中国研究所、中国国家留学基金委、北京语言大学等。与此同时,笔者还得到许多个人的支持和帮助,尤其是哈佛大学比较文学系教授宇文所安(Steven Owen)、德克萨斯州立大学阿灵顿分校英文系教授兼奥尼尔学会主席劳琳·珀特(Laurin Porter)、萨福科大学英文系教授兼《尤金·奥尼尔评论》编委柏娣·曼德尔(Bette Mandl)、奥尼尔学会秘书长戴安妮·施奈瑞(Diane Schinnerer)、加利福利亚州立大学富勒顿分校研究馆员田杰(Jie Tian),以及俄亥俄州立大学东亚系教授吴伟克(Galal Walker)、野田真理(Marie Noda)、夏颂(Patricia Sieber)、俄亥俄州立大学副校长罗伯特·麦克格拉斯博士(Robert T. McGrath)、俄亥俄州立大学东亚中心主任助理李敏儒博士(Minru Li)等。多亏他们的支持和帮助,笔者在美国的访问和研究得以顺利进行。

在多年从事奥尼尔研究过程中,笔者得到了钱满素教授、廖可兑教授等名家的关怀和指点,得到了郭继德教授、刘海平教授等专家的关心和支持。在求学过程中,笔者得到了硕士生导师王忠祥教授、博士生导师陶洁教授全面而细致的指导和训练。笔者永远感激他们的教诲和提携。

借此机会,笔者向亲爱的父母、家人和朋友致以特别感谢——感谢亲友们一如既往的厚爱和支持!因为他们的厚爱和支持,笔者的人生之路充满阳光和温暖。今天,能够将这本记录了多年思考轨迹的薄著呈献给年迈的父母、家人和朋友,是笔者难得的福分。

由于笔者能力和写作时间有限,本书留下了不少遗憾和有待完善之处。路漫漫其修远兮,吾将继续努力前行。

2017 年 9 月于北京

图书在版编目（CIP）数据

跨文化之旅：奥尼尔与中国 / 沈建青著. —北京：
中国书籍出版社，2018.1
ISBN 978-7-5068-6505-0

Ⅰ. ①跨… Ⅱ. ①沈… Ⅲ. ①奥尼尔(O'Neill, Eugene 1888-1953)—人物研究 Ⅳ. ①K837.125.6

中国版本图书馆CIP数据核字（2017）第239149号

跨文化之旅：奥尼尔与中国

沈建青 著

策划编辑	安玉霞
责任编辑	安玉霞
责任印制	孙马飞　马 芝
版式设计	中尚图
出版发行	中国书籍出版社
地　　址	北京市丰台区三路居路97号（邮编：100073）
电　　话	（010）52257143（总编室）（010）52257140（发行部）
电子邮箱	chinabp@vip.sina.com
经　　销	全国新华书店
印　　刷	北京墨阁印刷有限公司
开　　本	710毫米×1000毫米　1/16
字　　数	248千字
印　　张	16
版　　次	2018年1月第1版　2018年1月第1次印刷
书　　号	ISBN 978-7-5068-6505-0
定　　价	48.00元

版权所有　翻印必究